El misterio
OVNI

El misterio
OVNI

Un alto secreto al descubierto:
investigaciones y evidencias

BRUNO CARDEÑOSA

nowtilus

Colección: Investigación abierta

Título: El misterio OVNI
Subtítulo: Un alto secreto al descubierto: investigaciones y evidencias
Autor: ©Bruno Cardeñosa

© 2006 Ediciones Nowtilus S. L.
Doña Juana I de Castilla 44, 3º C, 28027 Madrid

Editor: Santos Rodríguez
Coordinador editorial: José Luis Torres Vitolas

Diseño y realización de cubiertas: Rodil&Herraiz
Diseño y realización de interiores: JLTV

ISBN 13: 978-849763341-3
Printed in U.S.A.

Este libro NO está dedicado a todos aquellos que desde posturas negativistas, recalcitrantes y anticientíficas, pretenden soslayar, esquilmar, tergiversar, ocultar y menospreciar el mayor enigma de nuestro tiempo: la presencia en nuestros cielos de los Ovnis. En especial, esta "no dedicatoria" está pensada para aquellos negadores profesionales adscritos al colectivo "Alternativa Racional a las Pseudociencias" (ARP).

Y, por supuesto, SÍ está dedicado a todos los investigadores, periodistas y ufólogos que tratan de resolver el misterio más apasionante que existe.

Ciencia es creer en la ignorancia de los científicos

Richard Phillips Feynman
Premio Nobel de Física, 1965

ÍNDICE

Prefacio

Con este libro pretendo demostrar dos cosas: que los Ovnis sobrevuelan nuestros cielos con la misma intensidad que antaño, y que hay sobradas evidencias documentales, físicas y testimoniales para demostrar que nos enfrentamos ante un fenómeno absolutamente real.

Hubo un tiempo durante el cual el enigma OVNI mereció la consideración de la opinión pública de forma masiva. Sin embargo, el tratamiento que determinados medios de comunicación han efectuado de este enigma, dando pábulo y cancha a personajes delirantes por un lado, y a escépticos histéricos que niegan todo por sistema por otro, provocó que la sociedad comenzara a desconfiar sobre lo que había detrás de los No Identificados.

Sin embargo, las investigaciones no han cesado y las observaciones OVNI, durante los últimos años, en especial desde finales de los ochenta y durante los noventa, se cuentan por miles. El enigma de los No Identificados retornó a los cielos y también a los medios de comunicación, pero quizá no de la forma más recomendable.

Me daría por satisfecho si con esta obra se lograra reconsiderar la situación. Por ello me he centrado en dos asuntos cruciales: la actualidad OVNI de los últimos años, en especial desde 1988 y hasta finales de los noventa, y las más concluyentes investigaciones. Quienes piensen que ya no se ven Ovnis y que apenas existen pruebas para demostrar su existencia quizá no deberían obviar el trabajo que les presento.

Encontrarán decenas de casos sorprendentes, en los cuales los Ovnis han sido vistos por testigos dignos de todo crédito; episodios que son corroborados por radares y, en ocasiones, por miles de personas; avistamientos tras los cuales quedaron huellas de la presencia de los No Identificados, e incluso sucesos en los cuales los testigos sufrieron en sus propias carnes los efectos de estos misteriosos artefactos.

La "invasión OVNI" es silenciosa y esquiva, pero no –en absoluto– agresiva. Se trata de una "invasión" cuyo objetivo parece ser quebrar las conciencias e invitarnos a pensar que ni conocemos todo, ni sabemos si estamos solos en el Universo. No sé si los Ovnis son extraterrestres, o si sus tripulantes pertenecen a una esfera de vida inteligente que ni siquiera imaginamos, pero la posibilidad de que así sea exige continuar con las investigaciones.

En ello estamos.

Capítulo 1

GÉNESIS DE UN MISTERIO

2 4 de junio de 1947. 15.00 horas. Monte Rainer, estado de Washington (Estados Unidos).
A esa hora, ese día, y allí, iba a comenzar la historia moderna de la ufología...

Kenneth Arnold, un joven aficionado a volar en su avioneta privada, era un hombre de negocios próspero y acomodado. Pero el motivo de aquel vuelo no era ni mucho menos ocioso: buscaba los restos de un avión presuntamente estrellado días atrás con 32 militares a bordo.

A la hora del suceso el cielo presentaba un aspecto limpio y radiante. Tanto que el reflejo de aquellos artefactos fue un auténtico relámpago para sus ojos...

Reaccionó pronto al "fogonazo", giró la vista y observó nueve objetos volando en formación. Parecían alas delta, con la parte delantera redondeada y sin cola. Estaba seguro de que aquellas aeronaves que efectuaban maniobras deslumbrantes no correspondían a nada conocido.

Horas después, preguntado por los periodistas, describió el movimiento de los nueve objetos como "platillos rebotando sobre el agua". En contra de lo que comúnmente se ha dicho siempre, cuando Kenneth Arnold realizó esta descripción se refería al modo de desplazamiento de los objetos; no aludía en absoluto a su forma. Sin embargo, debido a la alquimia interpretativa de alguno de los primeros periodistas que dieron a conocer la sorprendente noticia, el término "platillo volante", relativo al aspecto de los artefactos avistados, se hizo inmensamente popular.

Y, en cuestión de horas, todo el planeta hablaba ya de los "platillos volantes"…

A la izquierda, Kenneth Arnold explica su avistamiento. Horas antes había visto 9 "platillos volantes" sobre el monte Rainer en Washington (EE.UU.). Con él comenzó la historia moderna de la ufología.

LA PRIMERA OLEADA

Cuando Arnold quiso explicar que los objetos volantes que vio no eran así, ya era demasiado tarde. El mito, la leyenda y la fiebre OVNI ya se habían extendido por todo el mundo.

Desde entonces, los avistamientos se sucedieron uno tras otro sin solución de continuidad.

Los "platillos volantes" han sido la forma clásica de los OVNIs desde 1947. Sin embargo, Arnold no los describió como tal. Se refería, únicamente, al movimiento de las "alas volantes" que dijo ver: "Revoloteaban como platillos sobre el mar".

En el mismo estado de Washington (no confundir con la ciudad que es capital de los Estados Unidos) los Ovnis ya se habían dejado ver tres días antes frente a la costa de Tacoma, sobre la Isla Maury. Un guarda costero, Harold A. Dahl, junto a su hijo y dos marineros, observó seis objetos enormes a una altura que según sus cálculos debía de ser de unos 600 metros. Eran similares a "rosquillas" rodeadas de ventanas. Uno de los objetos estaba en el centro y los otros cinco parecían flanquearlo.

Poco a poco comenzaron a descender y el del centro quedó suspendido sobre el agua a 60 metros de altura.

En ese momento se produjo un estampido, tras el cual, y bajo el objeto –que ahora parecía un globo–, empezaron a caer cientos de pedazos de "algo parecido a una lluvia de periódicos" que resultaron ser "ligerísimas piezas de aspecto metálico semejantes a rocas volcánicas". Los cuatro acudieron prestos a la costa para evitar la mortífera lluvia, sin embargo el hijo de Dahl resultó herido. Desde un acantilado observaron cómo los objetos, que de nuevo volvían a parecer "rosquillas", se elevaron y desaparecieron mar adentro.

Dahl pudo recoger algunos fragmentos e incluso realizó varias fotografías de los objetos. Arnold, a las pocas horas del suceso, acudió a visitar a los protagonistas del episodio de Isla Maury, convencido de que aquel evento podría tener alguna relación con su observación. Junto al empresario llegaron al lugar, a bordo de un avión B-25 del Ejército, el teniente Brown y el capitán Davidson de los servicios de información militar, con el objetivo de averiguar qué había ocurrido.

Los militares hablaron con ambos, recogieron muestras de aquella extraña lluvia y las fotografías obtenidas desde la costa de Tacoma. Brown y Davidson subieron, a las pocas horas, al B-25 rumbo a la capital del estado para informar sobre los hechos…

Veinte minutos después, el bombardero se incendió y, en llamas, se estrelló cerca de la localidad de Kelso. Nunca se hallaron las "pruebas" que llevaban a bordo. Al cabo de unos días, para alimentar más aún el misterio, Dahl y su superior, Fred Chrisman, desaparecieron misteriosamente.

Jamás se supo de ellos.

Y en cuanto el público norteamericano supo de tan extraños hechos, comenzó a gestarse la sospecha de que detrás de los No Identificados se cernía un auténtico secreto.

Más aún cuando en esos mismos días se producía en Roswell, Nuevo México, otro extraño evento. Varios testigos habían visto una "bola de fuego" caer en las inmediaciones de la citada localidad. Los restos fueron recuperados por los militares del 509 Escuadrón de Bombarderos. La USAF llegó a notificar al público a través de una nota de prensa el hallazgo. Sin embargo, días después, se aseguraba oficialmente que todo se había debido a la caída de un globo sonda.

Durante más de 50 años, el suceso de Roswell ha motivado agrios debates. Incluso, el Gobierno de los Estados Unidos, durante los noventa, publicó dos informes que pretendían explicar el suceso. Sin embargo, nunca han dejado de aparecer testigos y pruebas que abogan a favor de la posibilidad de que se estrellara una nave de origen desconocido.

Es más: en abril de 2002 han aparecido entre los últimos documentos desclasificados por el FBI y la CIA dos escritos que podrían confirmar que, efectivamente, un OVNI se estrelló en Roswell. Se trata, por un lado, de un dossier del FBI en el cual se exponen una serie de fotografías tomadas en Phoenix, Arizona, el mismo día de los hechos, y que podrían corresponder al objeto estrellado en Roswell o a uno de idénticas características. Por otro lado, el escrito de la CIA es un memorándum fechado en agosto de 1947 y firmado por el entonces director de la agencia de inteligencia, el almirante Roscoe Hillenkoetter, en el cual, entre otras afirmaciones sobre el tema, asegura: "El estrellamiento de un platillo volante el 7 de julio en Nuevo México y recuperado por el 509 Escuadrón de Bombarderos está confirmado".

Durante los días siguientes a los avistamientos citados, los periódicos de decenas de estados reflejaron, casi a diario, la presencia de extraños objetos en el cielo. Un joven investigador, Ted Bloecher, inició una labor de rastreo que no finalizó hasta veinte años después. Según sus pesquisas, se produjeron en EE.UU. un total de 853 avistamientos entre el 15 de junio y el 15 de julio de ese año 1947. Las apariciones de los misteriosos objetos fueron fundamentalmente diurnas (65 % de los casos), y los estados más frecuentados por los No Identificados resultaron ser California y Washington. En esas mismas fechas, en el resto del mundo se registraron otros 600 casos.

El fenómeno de los "platillos volantes" tardó pocas semanas en popularizarse. Las cifras cuantitativas de aquella oleada nunca fueron superadas en EE.UU. Se trataba de un fenómeno novedoso, pero preocupante. El clima de Guerra

Hace más de 50 años que el enigma OVNI pasó a ser secreto. Especialmente, desde que se produjo el incidente de Roswell en 1947. Al parecer, un "platillo volante" se estrelló y los restos del artefacto fueron mostrados ante las cámaras de los periodistas, aunque luego las autoridades dijeran que se trató de un globo sonda... Nadie les creyó ni les cree.

Fría tras la contienda mundial se gestaba, y aquellos objetos, con una tecnología fuera de lo común, podrían ser –sospechaban en uno y otro bando– armas secretas de las fuerzas enemigas. Pocos, para entonces, pensaban que aquellas "naves" pudieran ser de origen extraterrestre hasta que un informe de las Fuerzas Aéreas elaborado en 1948 tras analizar la información expuso como hipótesis más probable la que atribuía estas observaciones a visitantes de otros mundos.

Hechos similares venían registrándose desde hacía tiempo. A finales del siglo XIX, cientos de ciudadanos norteamericanos denunciaron la presencia de artefactos voladores que fueron bautizados como *airships* (naves aéreas). Pequeñas oleadas similares se repitieron en 1912 en Inglaterra o en 1933 en Escandinavia. Más adelante, durante la Segunda Guerra Mundial se popularizaron entre los pilo-

tos de combate de ambos bandos los "cazas de fuego" o "*foo-fighters*", pequeñas esferas luminosas que realizaban diabluras de todo género junto a los bombarderos. Mandos de los diferentes frentes de la contienda estudiaron el fenómeno y lo interpretaron como armas secretas de los enemigos. Unos y otros llegaron a las mismas conclusiones...
Pero es evidente que hasta junio de 1947 el fenómeno no se generalizó. Y una visión objetiva de la historia del fenómeno sólo puede llevarnos a una conclusión: los Ovnis se manifestaron abiertamente desde ese momento determinado, y no antes. ¿Por qué? Imposible saberlo, pero un "examen de situación" nos conduce a interpretar que hubo una intencionalidad. Era el momento adecuado y, por supuesto, Estados Unidos se antojaba como el lugar idóneo para comenzar a manifestarse. La lógica, suponiendo que nuestra lógica sigue los mismos parámetros que la "lógica" del fenómeno, nos dice que aquel país era, ya entonces, la gran superpotencia mundial. ¿Y por qué no en la otra gran potencia, la Unión Soviética? En primer lugar, el hermetismo sobre todo lo que ocurría al otro lado del Telón de Acero hacía imposible saber si fenómenos similares se registraron de forma masiva durante esas fechas, y en segunda instancia, si esto hubiera sido así, la repercusión de la presencia de "platillos volantes" quizá no hubiera alcanzado las cotas logradas en el mundo entero a raíz de la experiencia de Arnold.

No son más que meras conjeturas, pero la conclusión, en vista del modo de actuar del fenómeno, es que éste –y aunque se trata de una hipótesis personal, es compartida por otros muchos investigadores– no resulta caprichoso: existe una velada intencionalidad en el fenómeno OVNI y ninguna de sus manifestaciones –y menos aquéllas– responde a la casualidad.

Aun así, entre 1947 y 1950, los "platillos volantes" fueron considerados como armas enemigas. Su eventual peligrosidad provocó que las Fuerzas Armadas constituyeran una comisión de estudio llamada Proyecto Signo, cuyas conclusiones, al año de la observación del monte Rainer, fueron que aquellos objetos eran reales y, por su tecnología, posiblemente extraterrestres. Una conclusión que no se dio a conocer abiertamente y que no caló en la sociedad americana hasta que el mayor Donald Keyhoe publicó en 1950 un reportaje en la popular revista *Fate* donde daba a conocer los resultados de dicha investigación oficial. Ya entonces, los militares pusieron su empeño en negar todo lo posible sobre los "platillos volantes", que llegaron a interesar a la sociedad con la misma magnitud de cualquier problema prioritario.

Por aquel entonces, la peculiar idiosincrasia del pueblo estadounidense –autómata, masificado y patriota en exceso– provocó que el "mito extraterrestre" fuera asentándose con pilares de plomo. Quizá, insisto, no se debía a la casualidad. Y quizá, ya para entonces, las autoridades habían procurado envolver al fenómeno en un aura de misterio provocada por la interesada negación de todo lo referente al asunto.

Pero ojo. Cuando utilizo la expresión mito o leyenda no lo hago con la intención de significar que el fenómeno OVNI se trata de un invento de la sociedad moderna. Me refiero a que en la sociedad moderna se comporta socialmente como tal, pero en absoluto se trata de un mito sin fundamento real. Los Ovnis, en su sentido de naves de origen desconocido, son tan reales como usted y como yo.

No identificado sobre la Casa Blanca

Pero volvamos al relato de la génesis del enigma OVNI. Tras la "invasión" de 1947, el enigma OVNI sentó definitivamente sus pilares tras el suceso ocurrido la noche del 19 al 20 de julio de 1952. Ese día, en lo que parecía un desafío sin par, extraños objetos volantes sobrevolaron –ahí es nada– el mismísimo Capitolio y la Casa Blanca. Sobrevolaron, en definitiva, el corazón del imperio americano.

Eran las 23.40 horas cuando todo comenzó. En ese instante, el radar del aeropuerto de la capital estadounidense acababa de detectar ocho ecos no identificados que desde la torre de control observaban a simple vista. Los ecos se situaban al este y al sur del aeropuerto. Pocos minutos después, varios comandantes de vuelos civiles comenzaban a notificar la observación de una escuadrilla de hasta diez objetos luminosos.

Aquel nuevo avistamiento iba, nuevamente, a poner en jaque a las autoridades militares norteamericanas, que asistían a una intensa oleada de avistamientos, la tercera en pocos años, la tercera casi consecutiva. Pero en aquella ocasión los Ovnis parecían más osados todavía: dos de los ecos saltaron de la formación y se situaron sobre el Capitolio y la Casa Blanca. Se dio la alerta militar al Comando de Defensa Antiaérea y a la base de Andrews Field, pero por problemas de operatividad en dicha base, cuyos cazas se encontraban en otra instalación a media hora de vuelo, no se dio el correspondiente *scramble* (término con el que se alude a las misiones de aviones de combate para identificar "intrusos" en el espacio aéreo).

Cuando hacia las tres de la madrugada los cazas alcanzaron la capital, los Ovnis ya habían desaparecido. Tras quince minutos de desconcierto, los F-94 regresaron a su base. Al instante, los No Identificados volvieron a aparecer ante los ojos de cientos de testigos y ante los operadores de radar que, atónitos, cifraron la velocidad de uno de los objetos en 11.500 kilómetros por hora. Por aquel entonces, la moderna tecnología norteamericana apenas alcanzaba para volar a una décima parte de esa velocidad.

Los Ovnis fueron observados y captados en el radar hasta las 5.40 horas de la madrugada. Por si fuera poco, seis días después, otra nueva formación de diez objetos sobrevoló la capital.

Y las autoridades no se anduvieron con medias tintas: orden de abatimiento.

Algunos científicos, entre quienes estaba Albert Einstein, pudieron frenar la orden.

El 29 de julio, el general John Stanford ofreció una rueda de prensa a la que asistieron periodistas de medio mundo. Junto a él se encontraban otros oficiales, entre ellos Edward Ruppelt, máximo mandatario del proyecto Libro Azul, creado por la USAF para investigar el incipiente fenómeno.

Según los responsables del proyecto, los ecos en el radar habían sido provocados por inversiones de temperatura. La respuesta indignó a cuantos deseaban saber algo más sobre los Ovnis que sobrevolaron la casa del presidente del más poderoso de los países del mundo...

Con los años se supo la verdad. La reveló el astrónomo Joseph Allen Hynek, director científico del Libro Azul, que profundamente desilusionado y decepcionado acabó abandonando el proyecto oficial al que se adhirió creyendo que era una oportunidad para solucionar el misterio. Según aseguraría Hynek, los responsables administrativos del Libro Azul le exigían, en cuanto surgía un avistamiento OVNI que alcanzaba repercusión social, dar la cara en una rueda de prensa ofreciendo explicaciones "racionales" a los sucesos.

En julio de 1952, los OVNIs se atrevieron con lo máximo: sobrevolar el Capitolio. Los OVNIs fueron detectados sobre los órganos de poder norteamericano. Los radares así lo detectaron...

Hynek sabía que muchos de aquellos casos catalogados de cara al público como errores de percepción, fenómenos atmosféricos, eventos astronómicos o simples engaños eran en realidad verdaderos sucesos inexplicables...

Pero –y ésta era la consigna– había que tranquilizar a la exigente opinión pública.

LOS OVNIS LLEGAN A ESPAÑA

Aquellos primeros cinco años de avistamientos fueron más que suficientes para que en todo el mundo comenzara a hablarse de los "platillos volantes". Tiempo después, para sustituir a esta expresión, la misma USAF acuñó el acrónimo OVNI, Objeto Volador No Identificado, que acabó popularizándose e imponiéndose.

No sólo en Estados Unidos se vieron extrañas naves en los cielos en esos primeros años. Sin ir más lejos, en España, allá entre enero y abril de 1950, se produjeron del orden de cien avistamientos de Ovnis. En lo referente a Europa, aquella fue la primera gran oleada, expresión con la que en ufolo-

ER - 3

CENTRAL INTELLIGENCE AGENCY

WASHINGTON 25, D. C.

OFFICE OF THE DIRECTOR

MEMORANDUM TO: Director, Psychological Strategy Board

SUBJECT: Flying Saucers

    1. I am today transmitting to the National Security
Council a proposal (TAB A) in which it is concluded that the
problems connected with unidentified flying objects appear to
have implications for psychological warfare as well as for
intelligence and operations.

    2. The background for this view is presented in some
detail in TAB B.

    3. I suggest that we discuss at an early board meeting
the possible offensive or defensive utilization of these
phenomena for psychological warfare purposes.

                         Walter B. Smith
Enclosure   Director

Uno de los primeros documentos de la CIA sobre los OVNIs.
Data de 1950 y en él se recomienda guardar secreto sobre el asunto y
utilizarlo para la "guerra psicológica".

gía se designan los periodos de intensa actividad –léase incremento en el número de observaciones de objetos volantes no identificados– circunscritos habitualmente a un entorno geográfico determinado.

El dossier del que disponemos sobre aquellos primeros Ovnis españoles nos da una buena idea de cómo también en nuestro país se estaba gestando el misterio.

Sería largo y tedioso exponer la grandísima cantidad de noticias que se publicaron respecto a estos avistamientos, pero sí me gustaría destacar alguna de ellas por su valor, tanto simbólico como documental e histórico.

En su edición del 5 de abril de 1950, el diario *Voluntad* de Gijón publicaba una noticia que iba encabezada por un cintillo harto significativo: "La expectación universal del momento". Y, con gran despliegue tipográfico, se leía a continuación en el titular: "Platillos volantes sobre Gijón: infinidad de gijoneses afirman haberlos visto ayer sobre nuestra ciudad". Del cuerpo de la información extraigo algunos párrafos que nos remontan a esa época en la que el mundo abría sus ojos a un nuevo misterio:

"Vamos a confesar una cosa: en eso de los platillos volantes adoptamos desde el primer momento una actitud expectante. Era muy grave la cuestión, tanto como para recoger las farragosas informaciones que nos venían de fuera, como para teorizar por nuestra cuenta. Por esos fuimos muy parcos en la divulgación de estas más o menos creíbles noticias. ¿Globos sonda lanzados por observatorios meteorológicos? ¿Meteoritos? ¿Ensayos de un nuevo método aviatorio? ¿Exploradores de sabe Dios qué clase de habitantes de otro planeta? Y todo ello resumido en una conclusión: ¿Platillos volantes?".

"Pero ayer se dieron en Gijón circunstancias que nos obligan a tomar la cosa un poco más en serio. Fueron muchos los gijoneses que nos afirman haber visto entre las nueve y cuarto y las nueve y media de la noche cruzar el firmamento unas luces de forma esférica que despedían vivos destellos. Por eso, y para no quedarnos a la zaga, en esta información de palpitante actualidad, vamos a limitarnos a las referencias verbales que nos han facilitado personas de reconocida solvencia".

"En primer término, don Guillermo Rodríguez Puerta, que vive en la calle Azcárraga número 25, nos llamó por teléfono a las diez de la noche y nos dijo textualmente: Desde mi domicilio vi en el cielo un extraño fenómeno luminoso, rodeado de un haz de luz fluorescente. ¿Será un platillo volante? Lo ignoro, pero ahí tienen ustedes la noticia".

El resto de la información expone diversos testimonios de quienes vieron el paso sobre la ciudad del "platillo volante", que fue descrito como discoidal y rodeado de una poderosa luminosidad.

La forma en la que está redactada la noticia, con ese aire tan reflexivo que se echa de menos en la prensa moderna, nos evidencia cómo ciertamente el mundo entero estaba descubriendo la magnitud del fenómeno y cómo el enigma OVNI ya era motivo de dudas, debates y controversias.

Las noticias, poco a poco fueron ganando a partir de esas fechas espacio en los medios de comunicación. Algunas hacían alusión a avistamientos más que notables, como por ejemplo el ocurrido en el aeródromo burgalés de Villafría el 28 de marzo. Ese día, varios oficiales y un meteorólogo militar vieron un objeto con forma de ala delta, de unos cinco metros de tamaño, que sobrevolaba impune las instalaciones a una velocidad que —para aquel entonces— resultaba prodigiosa: 1.800 kilómetros a la hora.

Una noticia publicada sólo un día después de darse a conocer el avistamiento de Burgos aludía a la presencia de otro "platillo volante", esta vez en Palma de Mallorca. Entre los testigos del paso de un objeto discoidal blanquecino se encontraba un fotógrafo, Enrique Haussman, que no dudó en sacar su cámara para convertirse en el autor de la primera fotografía de un OVNI en España.

Ya entonces, al margen de la observación de "platillos volantes" en pleno vuelo, comenzaron a producirse encuentros cercanos y aterrizajes. También tuvieron lugar los primeros "desembarcos" de humanoides o supuestos tripulantes de los ovnis.

Realmente, y sobra casuística en este sentido, este tipo de sucesos habían ocurrido siempre, sólo que o bien eran interpretados en otro sentido (encuentros con hadas y gnomos en la Edad Media o con seres divinos en el siglo XIX), o bien eran mantenidos en secreto por quienes los habían sufrido. De hecho, a partir de la globalización de las informaciones referentes a los Ovnis, brotaron por doquier episodios de estas características que habían sucedido en todo el mundo antes de 1947.

El fenómeno OVNI sigue vivo

Los pilares de la ufología acabaron por sentarse en Europa en 1954, especialmente tras la oleada de avistamientos que se produjo en Francia entre septiembre y octubre: "De la noche a la mañana, los periódicos empezaron a publicar observaciones de extraños meteoros, luces misteriosas, discos y platillos en todo el país", dice el desaparecido ufólogo Antonio Ribera, auténtico pionero en España de la investigación OVNI.

Los hechos sucedidos en Francia adquirieron una dimensión desconocida. Fueron cientos los avistamientos que se produjeron entonces. Se trataba de encuentros de todo tipo que tenían un denominador común: eran inexplicables a los ojos de la ciencia.

Desde entonces, no se ha dejado de hablar de Ovnis en todo el planeta. Más de uno calificó el enigma como el mayor reto científico del siglo XX, y por el camino que llevamos recorrido, el desafío proseguirá durante el presente siglo XXI.

Durante los años sesenta se produjeron nuevas oleadas de avistamientos en Estados Unidos y en Europa. Lo mismo puede decirse de los años setenta, cuando se produjeron algunas de las observaciones que adquirieron mayor trascendencia social.

El fenómeno, sin embargo, ha tenido sus altibajos. Quizá el mayor de todos acaeció en la década de los ochenta. Al celebrarse los cuarenta años de Ovnis, los No Identificados se encontraban casi en el ostracismo. Los avistamientos –que seguían produciéndose, pero en número casi ínfimo– se habían reducido casi a cero. Pero tras ese año 1987 todo cambió, y las apariciones se multiplicaron considerablemente.

En 1989, toda Europa, incluida la del este, asistió a una intensa oleada. En concreto, en Bélgica, desde finales de ese año y por espacio de otros dos, se registraron varios miles de avistamientos de extraños Ovnis triangulares.

Tras un nuevo descenso en el número de casos a comienzos de los noventa, a partir de 1994, y en especial entre 1995 y 1996, se dieron a conocer miles de casos. Los Ovnis, quizá, han perdido en los últimos tiempos parte de su fuerza mediática. Existe cierto desprestigio sobre el tema, provocado con toda seguridad por el escaso rigor de los medios de comunicación que abordan el asunto. Con toda seguridad será algo temporal, puesto que el enigma está, a día de hoy, más presente que nunca. Sin ir más lejos, en mis archivos, y sólo entre enero y junio de 2002, hay referencias sobre más de 600 apariciones de Ovnis.

En el presente libro voy a mostrar una vasta serie de pruebas que demostrarán que los Ovnis son reales, porque detrás de este enigma hay algo más que simples luces en el cielo. En el presente libro, al hilo de los últimos avances en la investigación, presentaré al lector una larga serie de evidencias que lo demuestran. Casos de por sí extraordinarios, o episodios en los cuales los Ovnis han dejado sus huellas al aterrizar, huellas que han sido investigadas y que, sin duda, corresponden a un fenómeno de naturaleza ignota. O casos en los cuales objetos o personas se han visto afectadas por el "campo energético" de estas naves de un modo que sólo se puede justificar si afirmamos que detrás de estos artefactos opera algún tipo de tecnología desconocida.

La "invasión" OVNI que comenzó en 1947, y de la que en pleno siglo XXI sigue existiendo constancia, ha dejado tras de sí múltiples pruebas y evidencias.

Algunos casos resultan paradigmáticos en este sentido. Por ejemplo, el que a continuación expongo con todo lujo de detalles. Ocurrió el 11 de noviembre de 1979. Ese día, y por primera vez en la historia, un avión comercial con 109 pasajeros a bordo se veía obligado a aterrizar en situación de emergencia porque un OVNI seguía al vuelo…

Capítulo 2

EL MEJOR CASO OVNI DE LA HISTORIA

Pese al tiempo transcurrido, el expediente del caso Manises sigue abierto. Y es lógico: nos enfrentamos al episodio más completo y complejo de la historia ufológica española.

Un hecho que, grosso modo, podríamos resumir del siguiente modo: un inmenso OVNI provocó el aterrizaje de emergencia de un avión de pasajeros en Valencia; cuarenta personas, desde tierra, observaron extrañas luces sobrevolando el aeropuerto; un caza de combate persiguió a tres extraños artefactos volantes durante casi dos horas... Días después, mientras una comisión oficial investigaba el suceso, otro piloto de guerra español perseguía a un inmenso OVNI, y varios de estos artefactos sobrevolaron Madrid con tal descaro y provocación que a punto estuvieron de provocar un auténtico conflicto aéreo sobre la capital.

Y todo esto, tan sólo en el plazo de 17 días.

Han pasado más de dos décadas, y los hechos ocurridos entonces no sólo siguen siendo considerados los más desconcertantes de cuantos ha deparado la ufología española, sino que los investigadores siguen –seguimos, si me lo permiten– polemizando sobre la naturaleza de una serie de fenómenos de todo punto –en nuestra opinión– inexplicables.

El episodio de Manises le servirá al lector profano para hacerse una idea de la magnitud y espectacularidad del fenómeno OVNI.

Sin más demora, entremos en el análisis de este hecho.

PREFIERO NO CONTINUAR CON ESTE TRÁFICO QUE ME ESTÁ SIGUIENDO

"Ningún avión de la IV Flota ni ningún navío de la U.S. Navy se encontraba en la zona durante el incidente", se apresuró a explicar por escrito el máximo responsable de la USAF en España cuatro días después de que un avión Super-Caravelle de la desaparecida compañía TAE, con 109 pasajeros a bordo, se viera obligado a aterrizar en el aeropuerto valenciano de Manises (Valencia) pocos minutos después de despegar de Son Sant Joan (Mallorca) rumbo a Tenerife.

Los hechos, como antes decía, ocurrieron el 11 de noviembre de 1979.

En realidad, comenzaron dos horas antes del despegue del mencionado vuelo, cuando el Servicio de Alerta y Rescate de Madrid informó sobre la existencia de una señal de radio de alarma emitiendo en la frecuencia 121.5 a unos 70 kilómetros al noreste de Valencia, en pleno Mediterráneo.

La odisea podría haber quedado en eso, en mera anécdota. Pero la pregunta del piloto de la TAE, Javier Lerdo de Tejada, pocos instantes después de las 23.00 horas para solicitar información sobre un tráfico no identificado que volaba en rumbo convergente –en pocas palabras, en dirección al avión– hacia él activó todas las alarmas. Además, también él escuchaba a través del canal de emergencia aquella extraña señal de radio.

La pesadilla duraría ocho interminables minutos. Durante ese tiempo, el artefacto, del tamaño de un Jumbo y con dos intensas luces rojas a los lados, subió y bajó respecto al avión, adelantó y retrocedió hasta acercarse a la peligrosa distancia de 200 metros del Super–Caravelle.

Temiéndose lo peor, el piloto tomó una drástica decisión:

–¡No continúo, con este tráfico que me está siguiendo prefiero no continuar! –exclamó Lerdó de Tejada.

Nadie en el Centro de Control de Barcelona, que centralizó todas las comunicaciones durante el incidente, rechistó ante la decisión del comandante. Al fin y al cabo, de él dependían aquellos 109 pasajeros, turistas austríacos en su mayoría.

Mientras todo esto ocurría cuando el avión sobrevolaba el Mediterráneo, los operadores del radar de la base aérea de Torrejón (Madrid) buscaban en sus pantallas al intruso no identificado, pero éste no aparecía por ningún lado. Eso sí, el radar militar de Benidorm localizó, durante todo ese tiempo, hasta 5 ecos no identificados volando sobre la zona a una altura aproximada de 10 kilómetros.

El Levante estaba viviendo una auténtica "invasión"…

Fuera lo que fuera, algo extraño y físico estaba violando el espacio aéreo español y nadie cuestionó la arriesgada decisión del comandante.

Tampoco lo hizo Miguel Morlán, director en funciones del aeropuerto valenciano, porque él y 40 empleados de las instalaciones llegaron a observar hasta tres Ovnis próximos a las instalaciones, uno de ellos tan cercano que los operarios, creyendo que se trataba de un avión, encendieron raudos las luces de las pistas… pero el extraño objeto esférico levantó su vuelo cuando parecía que tenía la intención de tomar tierra.

En suma, una aeronave de procedencia desconocida había abordado un avión de pasajeros y se había situado sobre las pistas de un aeropuerto de uso conjunto civil y militar. Por si había dudas, a todos los testimonios visuales había que sumar la detección en el radar de varios Ovnis sobre cielo español. El desafío por parte de los tripulantes de aquellos artefactos estaba servido. Así lo entendieron en el Mando Aéreo de Combate en Madrid, donde aceptaron la "afrenta" y ordenaron el despegue de un caza de intercepción –un *scramble*– desde la base aérea de Los Llanos (Albacete).

A las 00.42 horas del 12 de noviembre, un F-1 pilotado por el capitán Fernando Cámara se elevó sobre el Levante ajeno a la naturaleza de su misión. No la olvidaría jamás.

UN CAZA SE LANZA A LA PERSECUCIÓN DEL OVNI

Ya en vuelo, Pegaso (nombre en clave militar que recibe el centro de operaciones de Torrejón desde donde se vigila todo el espacio aéreo español) informó de lo que ocurría, y los generales que controlaban la situación le solicitaron al piloto militar que preparara el faro–policía y el armamento.

Para entonces, Cámara ya debía de suponer que aquello ni era un entrenamiento ni una broma, pese a que ni sus ojos ni el sofisticado radar de infrarrojos de a bordo detectaban nada extraño a la vista. Pero sí a los oídos...

De repente, un "sirenazo" se coló por todos y cada uno de los canales de radio del avión en el momento en que Pegaso detectó un No Identificado alejándose en dirección a África.

En ese momento, los oficiales que se encontraban al frente de las operaciones obligaron a Cámara a dirigirse justo hacia el lugar en donde según el radar se encontraba el OVNI.

A una velocidad próxima a la del sonido, el Mirage F-1 se dirigió hacia el intruso aéreo.

Comenzaba el "baile"…

A partir de ese momento, el OVNI o los Ovnis parecieron jugar con el caza español, obligando a Cámara a dirigirse de un punto a otro del país.

Casi al mismo tiempo, las interferencias se hicieron más y más fuertes.

Justo cuando comenzaron a menguar, el radar detectó un nuevo OVNI sobre Valencia.

"Diríjase hacia esa zona", indicaron a Cámara.

Ahí estaba: el objeto tenía forma de campana y cambiaba secuencialmente de color: verde, rojo, blanco… Al acercarse, el chirriante sirenazo volvió a introducirse por sus cascos y el misterioso objeto aceleró a una velocidad prodigiosa hasta desaparecer a lo lejos.

Antes, el No Identificado accionó sus sistemas de ataque bloqueando los del sofisticado F-1, que no lograba captarlo en su equipo de infrarrojos, como si aquel objeto no empleara calor para desplazarse.

El piloto perdió de vista durante muy poco tiempo al OVNI. En Pegaso, intranquilos y nerviosos, volvieron a registrar algo extraño:

"Hacia Sagunto hay otro… un objeto alto", le dictaron a Fernando Cámara, que en ese momento estaba viendo a lo lejos el objeto que había avistado a la altura de Valencia a la vez que otro OVNI sobrevolaba Sagunto.

Y le pidieron que se dirigiera hacia allí.

La película volvió a repetirse: vacío de radar, monstruosa aceleración, blocaje y cambios de color.

Minutos después, apareció en las pantallas un nuevo OVNI que obligó al piloto a recorrer de nuevo la mitad este de la Península. Persiguió al intruso hasta Mahón, pero sin éxito. No pudo identificarlo. Lo vio, efectivamente lo vio, y, de nuevo, fue bloqueado, de tal forma que de haber actuado de otro modo, el capitán Cámara hubiera pensando, sin duda, que era una afrenta de guerra.

Tras hora y media de persecución, el Mirage F-1 encendió el piloto rojo del combustible, y, lógicamente, el retorno a la base aérea de Los Llanos se hizo obligatorio. Cuando ya enfilaba su Mirage hacia la capital manchega, el misterioso objeto no identificado "blocó de cola" al caza. Si se hubiera tratado de un avión, y hubiéramos estado atravesando un periodo de guerra, aquello habría significado el inicio de un combate aéreo. Pero tras la desafiante y provocadora actitud del OVNI no parecía haber actitud agresiva alguna.

Con el susto instalado en su cuerpo, Fernando Cámara tomó tierra tras hora y media de insólita misión.

LA INVESTIGACIÓN OFICIAL

La mañana del 12 de noviembre fue agitada en Manises. Bullían los comentarios y el movimiento resultaba inusual, al tiempo que el ministro de transporte, Sánchez Terán, inauguraba el sector civil del aeropuerto. El gobernante, lógicamente, se interesó por la historia del OVNI, cuya presencia en los cielos se convertiría en cuestión de horas en una noticia de primera magnitud.

A los militares, probablemente, les hubiera gustado mantener en secreto todo lo que había ocurrido la noche anterior. Pero fue imposible. Y es lógico: la odisea había sido protagonizada por tantas y tantas personas que los rumores comenzaron a circular la misma noche de autos.

La situación se podía calificar como grave desde diferentes puntos de vista. Al fin y al cabo, el espacio aéreo nacional fue violado de forma impune y un avión con 109 pasajeros había sido desviado de su ruta. Lógicamente, las autoridades buscaron soluciones y, para ello, se hacía necesario seguir el protocolo habitual para abrir diligencias:

"Un avión de la TAE aterrizó de emergencia por motivo de la presencia peligrosamente cercana de un objeto no identificado. Se ha procedido a iniciar expediente", escribió vía teletipo esa mañana el coronel jefe del Sector Aéreo de Valencia a su superior en Madrid. Éste, a su vez, puso los hechos en conocimiento de Agustín Rodríguez Sahagún, por entonces ministro de Defensa.

Y, coincidiendo con las primeras luces del 13 de noviembre, un juez instructor de la III Región Aérea llegaba desde Zaragoza para interrogar a los testigos y buscar explicación a un hecho que había trascendido provocando un tremendo impacto en la opinión pública española.

El informe oficial del caso permaneció en secreto durante 15 años hasta su desclasificación el 29 de julio de 1994. A pesar de contar con 142 páginas, la información confidencial ofrecida al público se encuentra incompleta. Faltan, por ejemplo, los informes de Fernando Cámara, el piloto que persiguió a los Ovnis por todo el Levante. Sin embargo, el investigador oficial, tras advertir que "la seriedad y buen juicio de los testigos está fuera de toda duda", señaló en su informe, firmado el 28 de noviembre de ese mismo año, que tras analizar los hechos "se señala la necesidad de considerar la hipótesis de que existe una nave de procedencia desconocida propulsada por energía también desconocida".

En muy pocas de las investigaciones oficiales efectuadas por el Ejército del Aire español se pueden leer conclusiones tan determinantes: "nave desconocida" y "energía desconocida".

Además, el informe oficial del caso recoge también otros testimonios que prueban la presencia de luces no identificadas aquella noche sobre España. Incluye también una copia de mala calidad de una extraña fotografía obtenida hacia las 2.30 de la madrugada de esa misma noche del 11 al 12 de noviembre por el mecánico Pep Climent en Sóller (Mallorca) en la que aparece un objeto emergiendo del mar. La historia de los negativos de esa imagen es insólita. Días después de obtenerse la fotografía, Pep Climent recibió la visita de varios oficiales del Ejército del Aire. Uno de ellos era el capitán que se encontraba al frente de las investigaciones oficiales de los hechos acaecidos el 11 de noviembre. El militar pidió al testigo que entregara los negativos de la imagen del OVNI, a lo que Climent no pudo negarse. Lógicamente no iba a complicarse la vida por una simple fotografía de un fenómeno desconocido.

La confiscación de las fotografías ilustra bien a las claras que el Ejército se tomó muchas molestias para poner en orden todas las informaciones relativas al OVNI de Manises. La gravedad de los hechos –estimaban las altas esferas– lo exigía. Y la naturaleza desconocida de los No Identificados avistados ese día también. Evidentemente, de la investigación oficial no supo la sociedad española que gracias a los medios de comunicación sí fue informada de lo ocurrido, pero que sufrió la poca transparencia del Ejército sobre el asunto. Es importante recordar que en marzo de ese mismo año 1979, la Junta de Jefes del Estado Mayor había elevado a la categoría de "materia reservada" todo lo relacionado con el tema de los Ovnis.

Y aunque a partir de 1992 el Ejército del Aire español se vio obligado a desclasificar algunos informes sobre Ovnis, entre ellos el relativo al caso que nos ocupa, la confidencialidad sobre el enigma prosigue.

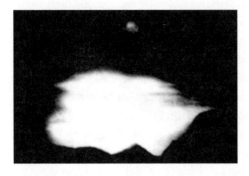

Imagen obtenida en Mallorca la madrugada del 12 de noviembre de 1979 por Pep Climent, poco después de que un caza español persiguiera al OVNI. El artefacto salió del interior del mar.

La aparente transparencia de las autoridades hispanas animó a Pep Climent a escribir en 1995 al Mando Operativo Aéreo, el organismo militar que ha gestionado la desclasificación de los informes, para solicitar del Ejército la devolución de los negativos. La respuesta fue desalentadora: "No consta que el Ejército haya dispuesto de esas imágenes".

La contestación delató a las autoridades que, pese a haber transcurrido desde entonces la friolera de 16 años, parecen desear mantener en secreto algunos aspectos del episodio que estamos analizando.

Les explicó por qué.

Al tiempo que Climent solicitaba la devolución de las imágenes, la investigadora afincada en Mallorca Carmen Domenech localizaba unas imágenes reveladoras. Las halló buceando en los archivos de un periódico local. Las tomas, sin embargo, nunca fueron publicadas. En parte porque no las había tomado ningún reportero gráfico. Las había obtenido –ha de suponerse que filtradas de algún modo desde fuentes militares– algún redactor que siguió de cerca la historia.

En la secuencia se observa cómo un coche oficial se detiene a pocos metros de la puerta del local comercial de Pep

Climent. De su interior salen varios oficiales militares vestidos de uniforme que acuden al encuentro del autor de las fotografías del OVNI. La secuencia se completa con la entrega de los negativos a los oficiales. Se trata, pues, de una prueba irrefutable de que el Ejército del Aire confiscó las imágenes. Ahora bien, ¿quién efectuó los disparos que inmortalizaron la "operación"?

Las pistas apuntan hacia los servicios de inteligencia, que bien pudieron haber seguido de cerca los pasos de los investigadores oficiales que efectuaron la investigación secreta de 1979. Es decir: contraespionaje.

LA IMPORTANCIA DEL OVNI DE MANISES

El suceso ocurrido el 11 de noviembre de 1979 cuenta con todos los ingredientes necesarios para merecerse el calificativo de mejor caso de la historia ufológica española.

Motivos, sobran. Veamos:

Testigos de alto nivel: Tanto la tripulación del vuelo de TAE como el capitán que iba al mando del Mirage F-1 son individuos más que preparados para discernir qué es normal y qué anormal en los cielos. Su preparación técnica y psicológica, y sus meticulosos estudios de física, astronomía, meteorología y astronáutica son argumentos más que suficientes para defender y postular a propósito de la calidad de los pilotos como testigos de avistamientos de Ovnis. Por algo están considerados como los observadores de más categoría.

Detección en radar: A las observaciones de los pilotos hay que sumar que los radares militares detectaron la presencia de objetos desconocidos en el cielo. Este hecho confirmaba que se trataba de auténticos artefactos sólidos y dotados de naturaleza física. Los radares difícilmente se equivocan. Y menos en este caso, pues la detección en las pantallas de radar estaba precedida de la observación visual.

Observadores desde tierra: Lo detectado por radar, y lo captado visualmente por los pilotos, fue seguido desde tierra en diferentes puntos del Levante. Sólo en el aeropuerto de Manises más de cuatro decenas de personas se convirtieron en testigos de los hechos.

Comportamiento inteligente: Todos los testigos del conocido incidente de Manises coinciden en resaltar que el comportamiento del OVNI –o los Ovnis– era inteligente. Por sus movimientos, actitud y disposición no se puede pensar otra cosa.

Tecnología desconocida: Como el propio juez informador oficial aseguró en su informe, las maniobras de los Ovnis denotaban que estaban dotados de una tecnología por encima de la desarrollada por la técnica humana en 1979.

Todos estos componentes, y otros muchos, provocaron que el suceso del 11 de noviembre de 1979 llegara incluso al Congreso de los Diputados.

El parlamentario socialista Enrique Múgica bien informado de los sucesos de Manises, meses después de que sucedieran elevó una interpelación parlamentaria al Gobierno de entonces, de la Unión de Centro Democrático (UCD), preguntando por la naturaleza del artefacto que provocó la suspensión del vuelo de la TAE. La pregunta jamás fue respondida por el ministro de Defensa, Agustín Rodríguez Sahagún.

Sin embargo, sí se redactó un borrador que jamás se daría a conocer.

Gracias al informe oficial del caso, sabemos que se elaboró un escrito de cuatro páginas para el Gobierno, pero el documento, inexplicablemente, nunca fue dado a conocer. Su contenido pretendía minimizar sutilmente los hechos... Sin embargo, el Ejército del Aire ya había manifestado –secretamente– que el suceso había sido provocado por una nave desconocida dotada de tecnología desconocida.

Ha sido una constante en la actitud del Gobierno español sobre los Ovnis desde los años sesenta: de cara a la opinión pública se ofrecen explicaciones falsas, mientras que de puertas adentro se investiga concienzudamente el enigma de los No Identificados.

Además, y respecto al caso de Manises, las autoridades tampoco ignoraban que pocos días después de suceder lo narrado los Ovnis siguieron haciendo de las suyas.

LA OLEADA CONTINUÓ EN ESPAÑA

Seis días después del caso Manises, hacia las 17.20 del 17 de noviembre de 1979, los radares militares españoles detectaron sobre Motril (Granada) un eco no identificado que provocó el despegue de un caza F-1 desde la misma base aérea de Los Llanos.

El piloto del vuelo trató de aproximarse sin éxito al inmenso objeto que según el informe oficial estaba compuesto por "tres luces fuertes formando un triángulo isósceles". Mientras trataba de aproximarse al OVNI escuchó en sus cascos a través del canal 11 de UHF una voz infantil de procedencia desconocida que decía: "Hola, ¿cómo estás? Hola, hola...".

Jamás pudo explicarse el origen de aquella "incursión".

Según el informe oficial del suceso, añadido al expediente secreto del caso del 11 de noviembre, el caza "tomó tierra sin

MANDO OPERATIVO AÉREO	ESTADO MAYOR SECCIÓN DE INTELIGENCIA

AVISTAMIENTO DE FENÓMENOS EXTRAÑOS

DESCLASIFICA...

CI HITO	MUL	...	FER
EMA/DOP	3216	SÓSPA	11-8-94

EXPEDIENTES: - 791111/791117/791128

LUGAR: - VALENCIA/MOTRIL/MADRID

FECHA: - 1979 / días 11, 17 y 28 de Noviembre.

RESUMEN:

- El día 11 de Noviembre a las 20:27Z la Torre de Valencia recibe una llamada del SAR Madrid comunicando que se han recibido informes sobre una estación de radio que emite, en 121.5, una señal. La Torre no recibe señal alguna, así como los aviones IB.558, IB 231 y un LAKER que despegaba de Alicante. Sin embargo, el piloto del IB 231 manifestó que anteriormente, realizando la línea IB 608, Madrid-Ibiza, sí que había detectado la señal y así lo comunicó al Control que le pidió la información. Según el SAR, la señal se detectaba a unas 40 NM al NE de Valencia, por lo que ante la posibilidad de que perteneciera a alguna avioneta del Aeroclub de Castellón, se contacta con el guarda del mismo, que confirma estar todo normal.

- A las 22:02Z Barcelona Control contacta con el JK 297 de la Cía. TAE, de Palma para Tenerife, requiriéndole si escucha en 121.5 alguna señal de emergencia, confirmando éste que la oyen pero que no la pueden identificar.

- La tripulación del JK 297 comunica al Control, a las 22:05Z, que tiene a la vista, a sus diez y a nivel, dos luces rojas intensas que suponen pertenece a un tráfico convergente con ellos y a una distancia de unas tres a cinco millas, aunque no la observan luz anticolisión. En ese momento la posición del TAE es 15 NM al S de Ibiza y en ascenso de FL 230 para FL 330. La tripulación no vio en ningún momento objeto alguno pero debido a la proximidad de las luces y ante el peligro de colisión con lo que suponían un objeto de gran tamaño, deciden desviar su ruta y tomar tierra en Valencia.

- A las 22:24Z y autorizados a proceder a VLC a 4.000 fts., comunican que han dejado de observar las luces rojas y simultáneamente dejaron de oír la señal de 121.5. El TAE toma tierra a las 22:45Z.

- Enterados de la llegada del TAE, el personal de Servicio del Aeropuerto sale al exterior de las instalaciones y observa en el firmamento tres luces que destacan anormalmente por su brillo; de entre ellas una especialmente, situada en dirección E/SE sobre el

1

CONFIDENCIAL

EJÉRCITO DEL AIRE ...G.
... SET. 1994
ENTRADA N.º 181

Primera página del informe desclasificado por el Ejército del Aire a propósito del caso del 11 de noviembre de 1979 en Manises. El suceso permaneció archivado como "confidencial" por espacio de 15 años.

novedad en Albacete a las 18.05 horas". Sin embargo, según me explicó en una ocasión el periodista e investigador J. J. Benítez en unas declaraciones para un documental de televisión, "cuando el piloto aterrizó, lívido, comprobó atónito cómo los remaches del avión habían saltado literalmente", como si el caza hubiera estado en el campo de influencia de un artefacto que emitía una poderosa energía. Algunas fuentes aseguran incluso que debido al impacto emocional provocado por lo sorprendente del encuentro OVNI, el capitán del Ejército del Aire requirió apoyo psicológico.

Durante aquel mes, los Ovnis siguieron observándose en casi todos los puntos de la Península. El punto álgido de aquella oleada llegó hacia la 1.30 de la madrugada del 28 de noviembre. Desde diferentes puntos de Madrid cientos de testigos observaron una serie de extrañas luces sobrevolando la capital. "Son como dos pirámides truncadas", aseguró uno de ellos a través de los micrófonos de la cadena SER, que retransmitió en directo las observaciones. Además, los Ovnis fueron fotografiados, al tiempo que las comunicaciones radiofónicas de Protección Civil y Cruz Roja quedaron inutilizadas sin causa aparente.

El informe oficial del caso asegura que desde los radares militares de Villatobas (Toledo) y Calatayud (Zaragoza) fueron detectados tres Ovnis sobre Madrid, que provocaron, a las 4.30 de la madrugada, la salida en emergencia de un caza de la base de Torrejón que logró acercarse a los Ovnis, que también fueron detectados en las pantallas de radar de la carlinga del caza.

El episodio pudo haber sido dramático, porque —empleando medios tecnológicos— el OVNI presentó varias situaciones electrónicas de ataque que a punto estuvieron de provocar que el caza abriera fuego contra el "intruso".

TRANSCRIPCION CINTA 34 – DIA 11/XI/79 – Canal 3 – **0006**

HORA	EMITE	MENSAJE
2202	JK297	– Barcelona, buenas noches. JK297
	Oeste	– 297, buenas noches. Responda A3036. Según autorizado llame Alicante.
	JK297	– A.3036. Libre ahora 210 para 330. LLamaremos Alicante.
	Oeste	– JK.297, Barcelona, ¿Me puede confirmar a ver si hay alguna señal de emergencia en frecuencia 21,5?
	JK297	– ¿Puede repetir? Es que no hemos recibido
	Oeste	– Si me confirma a ver si oye en frecuencia 21,5 alguna señal de emergencia.
	JK297	– Afirmativo. Ponemos 21,5 y estamos a la escucha. Y le avisaremos si recibimos algo.
	Oeste	– 297, gracias.
2203	JK.297	– (En 121,5). Una estación llamando en 121,5?
	Oeste	– Afirmativo. Alguna estación emitiendo en 121,5, al parecer en emergencia. ¿Me puede confirmar si la recibe?
	JK297	– No. Estoy llamando en 21,5 y no recibo. TAE. (Continúa llamando en 121,5.)
	BX.836	– (Comunicación rutinaria.)
	Oeste	– JK.297, Barcelona.
	JK.297	– Recibido, para JK.297. Afirmativo. Recibimos una señal en 121,5; pero no se puede identificar.
	Oeste	– 297, recibido. Gracias; Barcelona.
2204	BY.709B	– (Comunicación rutinaria.)
	BX836	– (Comunicación rutinaria.)
2205	JK297	– Barcelona, JK.297.
	Oeste	– JK.297, dígame.
	JK297	– ¿Confirma Vd. tenemos algún tráfico proximo a nosotros a nuestra izquierda, aproximadamente a cuatro o cinco millas?
	Oeste	– 297, negativo. No hay tráfico notificado.
	JK297	– Tenemos dos señales, luces rojas, como ahora a unas tres millas a las diez de nuestra posición. Aproximadamente a la misma altura
	Oeste	–¿A las diez de la posición, a unas tres mill[illegible] a la izquierda de su posición ahora?
	JK297	– Afirmativo.

EJÉRCITO [illegible] G.
01 SET. 1994
ENTRADA N.º 81
C-3

Las cuatro páginas que plasman las comunicaciones entre el avión de TAE cuya tripulación se topó con el OVNI y los diferentes centros de control son más que sugerentes. En la primera página, el piloto del Supercaravelle, Javier Lerdo de Tejada, pide información sobre un tráfico no identificado. Finalmente (ver cuarta página), decide no seguir y suspender el vuelo.

HORA	EMITE	MENSAJE	**0007**
	Oeste	– JK.297, recibido. Gracias.	
	JK.297	– Si, cuando pueda me informa Vd. sobre ese tráfico.	
	Oeste	– 297, no tenemos información de ningún tráfico procediendo en esa ruta. Es Vd. el único que procede Ibiza-Alicante.	
2206	JK297	– Muchas gracias. Es posible ese tráfico. Si.	
	Oeste	– JK.297, ¿me confirma las luces están en el mar o están en el aire?	
	JK297	–¿Repite por favor?	
	Oeste	–(No contesta.)	
	JK297	– El avión es un tráfico y está aproximadamente a nuestra altura. Y ahora estamos nosotros librando 250. Este tráfico andará entre 23 y 26.	
	Oeste	– JK.297, recibido. Gracias.	
2208	JK297	– ¿Me confirma el tipo de avión que puede ser ese tráfico?	
	Oeste	– JK.297, ¿me confirma si va en su misma dirección?	
	JK297	– Afirmativo lo tenemos cada vez más cerca.... Barcelona, JK.297. Solamente puedo ver dos luces rojas fijas, sin "flashing".	
	Oeste	– JK.297. No tenemos ningún tráfico notificado en los alrededores. También hemos llamado a Palma, para ver si fuera a nivel 240 o inferior, y nos ha dicho que no tenía ningún tráfico notificado.	
	JK297	– Barcelona, JK.297. He incrementado el "rate" de ascenso a través de 260, y si tráfico este sube mucho más rápido que nosotros y se acerca cada vez más.	
	Oeste	– 297, recibido.	
	BY709B	– (Mensaje rutinario.)	
2209	JK297	– Barcelona, JK.297. Pongo rumbo a Valencia.	
	Oeste	– JK.297. Recibido.	
	BY709B	– (mensaje rutinario.)	
	Oeste	– JK.297, pase a frecuencia 133,65	

Segunda página de la transcripción de las comunicaciones entre el avión de TAE y los diferentes centros de control.

HORA	EMITE	MENSAJE **0008**
		CANAL 2
	Levante	- JK.297, Barcelona (llama dos veces)
	JK297	- Adelante, para JK.297.
	Levante	- ¿Desea que comuniquemos con algún interceptor de la Defensa?
	JK297	- Ahora mismo estoy a 290. Mantengo 290. Me voy para Valencia, rumbo a Valencia. (El piloto ha elevado mucho el tono de voz, y se le nota cierta agitación.)
2210	Levante	- De acuerdo. ¿Desea que llamemos a algún interceptor de la Defensa?
	JK297	- Si es posible, si. Información; porque el tráfico está a menos de media milla y ahora mismo ha bajado un montón. Ha bajado ahora... debe estar a unos 3 000 ft por debajo de nosotros.
	Levante	- De acuerdo. Vamos a comunicar con Defensa, por si saben algo.
	JK.297	- De acuerdo. Ahora mantengo 290. Me voy al VOR de Valencia.
	Levante	- Recibido. Nosotros hemos puesto primario, a ver si localizábamos algún tráfico, y no nos sale nada. Notifique, mientras le sea posible, la posición del tráfico.
	JK297	- De acuerdo. Manteniendo de momento 290 y el tráfico se establece otra vez a nuestra altura casi, a unos 280 de nivel. Está subiendo otra vez y lo tenemos a una media milla, aproximadamente.
	Levante	- De acuerdo.
2211	JH297	- Rumbo a Valencia, ahora JK.297
	Levante	- Recibido.
	JK297	- Barcelona, JK.297.
	Levante	- Adelante.
	JK297	- Quiero tomar tierra en Valencia. No me gusta continuar con ese tráfico, que me está siguiendo.
	Levante	- Recibido. Inicialmente, descienda a nivel 250
	JK297	- Okay. Librando 290 a 250, con el tráfico a la vista, lo estoy dejando...

.../..

Tercera página de la transcripción.

HORA	EMITE	MENSAJE 0009
		lo estoy rebasando ahora. Está a menos de media milla.
	Levante	- Recibido.
	?	- Oye, TAE, ¿a qué distancia estás de Valencia?
	JK297	- 65 Millas.
	?	- 35?
	JK297	- 65, seis cuatro ahora.
	?	- Ah, vale. Muchas gracias. Nosotros estamos ahora a 20, de Spantax, y, claro, no vemos nada.
2211	JK297	- Si. Ahora lo tenemos de nuevo a nuestros once. Dos luces rojas, y nos sigue... Ahora ha bajado. Lo llevábamos antes a nuestra izquierda, hacia unos cinco o seis millas, y luego nos va siguiendo, vamos. Dos luces rojas. que ahora téngo debajo y nos sigue.
2212	?	- Vale, vale.
	Levante	- JK.297, estamos en contacto con Defensa, y ahora nos informarán de cualquier anomalía que puedan tener en sus pantallas.
	JK297	- Recibido. Muchas gracias. ¿Estamos autorizados, confirme, a 250 inicial
	Levante	- Correcto. Le aviso para más descenso. ¿Cuánto quiere inicialmente?
	JK297	- (No contesta.)
	Levante	- 297, puedo continuar a 150, a su discreción.
	JK.297	- 150, a nuestra discreción. Ahora estamos librando 170.
2213	Levante	- Recibido.
	BX836	- JK.'97, pica.
	JK297	- No podemos picar, porque tenemos 21, a la escucha y con Barcelona estamos en otra.
2214	BX836	- Gracias, gracias.
	JK.297	- Spantax, pico.
	JK297	- Spantax de JK (lo llama varias veces.
	Levante	- Ha picado. Estará en frecuencia de compañía, 123,45.
	JK297	- Vale, vale.
	Levante	- JK.297, Barcelona.
		.../..

Cuarta página de la transcripción, en la cual se aprecia que se decide no seguir y suspender el vuelo.

CONFIDENCIAL 0133.

INICIACION.

DESCLASIFICADO

A las 02,30 Z del día 28 de Noviembre, comunica control Madrid al SOC, que según información recibida del Observatorio Astronómico de Moncloa, existen en la vertical de Madrid dos objetos extraños, que también están siendo observados por numerosas personas en la - calle de Velazquez, y de lo cual está dando noticia Radio Nacional.

A las 02,45 Z el controlador de servicio del SOC interroga al EVA 2 sobre si tiene algún eco extraño en pantalla, y este centro afirma que el discriminador de altura da tres ecos estáticos a - 58.000 pies sobre MJML 3020, observación que viene haciendo desde las 23,00 Z del día anterior y que persiste hasta las 10,00 Z, si-tuandose las señales en el radial 002º 40 NM, y a una altura apro-ximada de 80.000 pies.

El EVA 1 observa en sus pantallas tres objetos a la misma al-tura y en el radial 260º 80 NM, lo que determina una diferencia de posición con la anterior de 40 NM.

ACAECIMIENTOS

A las 03,30 Z el SOC da el Scramble al DT-51 para el reconoci-miento de la zona. El DT-51 despegó a las 03,35 Z, y después de so-brevolar la senda de Barajas viró a la derecha a rumbo 280º, ascen-diendo con postquemador hasta 35.000 pies y pasando a Pegaso en ca-nal 10.

A las 03,45 Z Pegaso establece contacto radar con el DT-51 so-bre el punto MJML 2o10. El DT-51 termina su ascenso a 35,000 pies y Pegaso lo dirige a la milla 34 del radial 002 del EVA 2, donde siguen viendo en pantalla los objetos, ahora a unos 80.000 pies. Durante la subida el DT-51 observa que se le enciende el RHAW de contramedidas, iluminándose la luz de ACTIVITY POWER y apareciendo un Strobe, a sus 7,30, de la banda I, aparentemente muy cercano.

Al llegar al punto MJML 3020 designado por el EVA 2, el DT-51 vira sobre la zona a nivel 340 a los rumbos indicados por el contro-lador pasando por debajo de los supuestos ecos y sin tener contacto visual. Sin embargo el DT-51 tuvo cuatro contactos radar coincidien-do con la zona que indicaba Pegaso.

En una ocasión, el Strobe principal del RHAW se mantuvo a las 7,30 en la posición del avión, manteniendo durante un momento mucha potencia. Se encendió durante unos segundos la luz de AI-DAY, corres pondiente al blocaje de un radar de avión interceptador de banda I. En una ocasión al apretar media acción se observó un eco como de un avión, y al blocarlo apareció la presentación de ataque, rompiéndose el Lock-on instantaneamente.

En otra ocasión con rumbo 180 y a 36.000 pies Pegaso advirtió al DT-51 que el EVA 2 daba el objeto a 41.000 pies, 2 NM en el morro de un comercial que pasaba por la vertical de Madrid. El DT-51 vio perfectamente al comercial, sin poder ver ningún objeto sobre él o en sus proximidades.

Al final de la misión el piloto comunica a Pegaso que ha visto una luz fugaz a baja altitud, sobre la carretera de la Coruña

CONFIDENCIAL (81 C3

El día 28 de noviembre, nuevos cazas persiguen a más ovnis. Esta vez sobre Madrid.

CONFIDENCIAL 0134

GRADO DE FIABILIDAD DE LOS TESTIGOS.

· Por la calidad:

El personal que emite los informes por su condición de controlador del SOC y tripulaciones en situación de alerta, reviste el mayor grado de fiabilidad, debido a su experiencia y conocimientos aeronáuticos.

Por la forma de observación:

Tanto por parte del medio técnico de observación como por el medio aereo empleado, se reune las condiciones optimas de observación, correspondiendo también el mayor grado de fiabilidad.

OBSERVACIONES DE LOS ORGANISMOS DE CONTROL AEREO.

Todos los aviones que volaban en el área de Madrid estaban corelacionados con sus planes de vuelos respectivos.

El SOC y los EVAs Núm. 1 y 2 se encontraban plenamente operativos, y no se registró ninguna anomalía en radar ni en comunicaciones durante durante el periodo de tiempo en que transcurrió el fenómeno.

METEOROLOGIA

Las condiciones meteorológicas eran excelentes con muy buena visibilidad, existiendo sin embargo un alto grado de contaminación.

DEDUCCIONES.

- Existe discrepancia entre los datos dados por los EVAs Núms. 1 y 2 en la observación inicial de los objetos.
- El piloto del interceptador no logra ver ningún objeto de los detectados en radar por los EVAs Núms. 1 y 2.
- El interceptador tuvo contacto radar coincidentes en dirección con la zona que indicaba Pegaso.
- El piloto del interceptador vio una luz fugaz a baja altitud sobre la carretera de La Coruña.
- Podría deducirse de todo lo expuesto, que debido a las diferencias térmicas producidas por las circunstancias meteorológicas especiales que se producían en esta zona en este día, se originasen perturbaciones radioeléctricas y luminosas, que explicasen los ecos aparecidos en las pantallas terrestres y el fenómeno luminoso observados en tierra.

DESCLASIFICADO

CONFIDENCIAL

El informe muestra como los No Identificados lograron bloquear los sistemas de defensa de los aviones de combate.

Sin exagerar: aquella noche Madrid pudo haber asistido a un auténtico combate en los cielos.

Sucesos como los relatados son más que significativos a la hora de mostrar cuán desconcertante y fascinante es el misterio de los Ovnis. El episodio de Manises es tan complejo y completo que sobran las palabras y las explicaciones. Nos demuestra que los Ovnis son un asunto serio, que requiere un análisis profundo y un examen meticuloso.

Capítulo 3

"Sí, EXISTEN", CONCLUYEN LOS CIENTÍFICOS

"Una cosa muy rara, sin ninguna explicación". Ángel López refrescó de nuevo su garganta y, más con gestos que con palabras, pasó a relatarnos su encuentro con un extraño objeto la mañana del 4 de febrero de 1990, sólo cinco días después de que se produjera el avistamiento. El testigo, un aragonés de 40 años y pintor de profesión aún llevaba el miedo atado a su cuerpo... "Estábamos a dos luces; serían las 7.40 o 7.45 de la mañana. Iba en coche camino de Tudela (Navarra), a la altura de Buñuel. Allí me esperaba un familiar. Iba a cazar, como todos los domingos", me explicó el testigo.

EL OVNI QUE ABRASÓ LA VEGETACIÓN

De pronto, por delante de una loma sita un kilómetro a la izquierda de la N-232, por la cual circulaba, apareció una luz blanca fosforescente "del tamaño de una moneda de cinco duros". Aprovechando la escasez de tráfico redujo sensiblemente su velocidad para poder observar la inquietante luz. Apenas tuvo tiempo para reaccionar ya que, de repente, la esfera comenzó a aumentar de tamaño adquiriendo en cuestión de segundos un diámetro –según el testigo– de unos 300 metros:

"Aumentó muchísimo. Desde el primer fogonazo de luz blanca intensa, como un fluorescente, fue abriéndose muy rápidamente. La parte exterior era de un blanco fosforescente como al comienzo, y la parte interior, de un blanco más intenso y normal. A través de ese blanco no se veía nada de lo que estaba dentro".

Ángel se dispuso a realizar en mi bloc de notas un dibujo del fenómeno. Según el gráfico, aquel extraño objeto era como una gran corona circular con un fino aro exterior. Un objeto, por cierto, capaz de mutar su forma, algo que se escapa a nuestra comprensión, burlándose de las leyes físicas conocidas. Al igual que tampoco podemos llegar a comprender la súbita desmaterialización del objeto: "No lo vi subir ni bajar. Desapareció, como si se apagara".

La observación, aunque intensa, fue breve. El OVNI apenas fue visible por espacio de poco más de unos cinco segundos.

Tres días después de la primera entrevista que mantuve con el testigo me desplacé junto a él al lugar de los hechos en medio de un cierzo casi huracanado. Al igual que había ocurrido días antes, Ángel López revivió los hechos, sin la más mínima contradicción. Su relato era sólido, íntegro y coherente. Si hubiera mentido, los renuncios se habrían hecho palpables en las sucesivas entrevistas que mantuve con él.

Según los cálculos que realizamos allí mismo, el diámetro alcanzado por el OVNI tras su prodigioso aumento de tamaño podría situarse entre los 100 y 150 metros, algo menos de lo que había apreciado el observador en primera instancia. Pero –en todo caso– enorme.

Atravesando pedregosos caminos detuvimos el coche a unos 200 metros de la vaguada sobre la que había aparecido inicialmente aquel punto de luz.

Justo allí había estado, tan sólo ocho días antes, uno de esos misteriosos objetos que tanto me intrigan y persigo...

A medida que nos acercábamos allí, merced a necesarias diabluras entre caminos y riscos, miraba aquí y allá cualquier posible indicio que hubiera dejado la presencia del objeto. Y, mientras ascendía por la vaguada, comencé a ver matojos de ramas, de hasta 75 centímetros de altura, aplastados, tumbados y con sus raíces arrancadas. Cardos y otro tipo de vegetación abrupta presentaban los mismos síntomas. Por si fuera poco, muchos de estos matorrales tenían una ligera capa quemada que frotando con los dedos se levantaba.

Tras inspeccionar el terreno, pude comprobar que ese extraño fenómeno tan sólo se producía en una determinada zona, más o menos ovalada, de unos 40 metros de largo y 15 o 20 de ancho. Por su tamaño podría coincidir con el que tenía el OVNI al comienzo de la observación.

Sin duda, una poderosa energía calorífica había calcinado el terreno. Efectué diversas consultas y examinamos la huella junto a los agricultores de la zona, que descartaron que la calcinación se debiera a su propia acción. Todos ellos manifestaron su extrañeza ante un hecho concreto: la calcinación se había producido de arriba hacia abajo. De haberse tratado de una quema intencionada, la combustión debería mostrar una dirección contraria, es decir, de abajo arriba. Así que, sin duda, lo que había provocado aquella calcinación se encontraba por encima del suelo, a muy baja altura, pero la suficiente como para abrasar la vegetación.

Lugar del avistamiento OVNI ocurrido en Navarra en febrero de 1990. Al inspeccionar el lugar del aterrizaje, que aparecía misteriosamente chamuscado, detectamos que los matarrolaes que lo formaban estaban chamuscados. ¿La acción de un No Identificado? No existía otra explicación...

No era ni la primera ni la última vez que un OVNI dejaba huellas de su presencia...

LAS HUELLAS DE LOS OVNIS

Los investigadores y científicos han examinado a conciencia este tipo de episodios. Si los Ovnis son objetos físicos, en algunos casos, sobre todo en los episodios de aterrizajes, éstos deberían ejercer efectos contrastables en su entorno. Se cifra en 3.000 el número de sucesos convenientemente estudiados en los cuales el entorno medioambiental ha sufrido modificaciones a causa del acercamiento de estos objetos.

Los llamados "efectos OVNI" son una indiscutible prueba de la existencia de estos objetos y, sobre todo, de su componente física. Dichos efectos los podemos dividir en cuatro grandes grupos:

1–. *Huellas:* Vendrían a ser la consecuencia de la proximidad de un OVNI al suelo y son, fundamentalmente, de dos tipos: calcinaciones y señales de peso (aplastamientos de la vegetación, hendiduras en el piso...).

2–. *Efectos electromagnéticos (EM):* La gama de efectos EM producidos por los Ovnis es de lo más diversa: interferencias o pérdidas de señal en aparatos de radio y televisión, cortes del suministro eléctrico, alteraciones de aparatos magnéticos, etc.

3–. *Efectos fisiológicos:* Son aquellos efectos que sufren los testigos de avistamientos durante o después de la experiencia OVNI. Durante la observación, algunos testigos sufren parálisis corporales temporales, olas de calor o frío, *shock* emocional... Más peligrosas parecen las consecuencias a posteriori: cambios de temperatura corporal, afecciones respiratorias, lesiones oculares, aparición de erupciones en la piel, alteraciones del sueño o, en casos muy dramáticos, brotes de enfermedades que pueden causar la muerte.

4–. *Efectos sobre animales y vegetales:* Numerosos animales que se encuentran en las cercanías de la aparición de un OVNI sufren reacciones emocionales de diverso corte. A veces los efectos en animales, al igual que en humanos, son de tipo patológico. También los vegetales sufren consecuencias que pueden ser encuadradas en el primer grupo de efectos, pero que por su singularidad, en otras ocasiones, son más bien más difíciles de catalogar. Estos efectos van desde la deshidratación a crecimientos bruscos de vegetación pasando –incluso– por congelaciones espontáneas.

Como decía más arriba, la existencia de huellas confiere al fenómeno una dimensión física incuestionable. Una evidencia sin discusión de la realidad de los Ovnis que, además, tiene la posibilidad de convertirse en un campo de estudio científico, a pesar de las numerosas dificultades que tienen que vencer los investigadores para acceder a laboratorios fiables para analizar las huellas halladas en cada caso. Veamos algunos de estos sucesos extraordinarios y algunas concluyentes investigaciones.

ITALIA: CAUTERIZACIÓN DE HIERBA

El suceso ocurrido a las 23.45 horas del 9 de julio de 1974 en Pavia (Italia) es una buena muestra de los casos que reportan huellas. El protagonista fue un joven de 25 años llamado Guido Ragni, que acudió a la policía narrando lo que a los agentes les pareció un simple cuento: "Estaba en la terraza de mi casa y he visto descender del cielo un objeto muy grande en forma de media esfera. Lanzaba una especie de luz blanca hacia el cielo muy fuerte y por debajo se veían luces de colores".

El joven avisó a su madre y a su hermana, que también confirmaron el relato ante los cuerpos y fuerzas de seguridad del Estado. Los tres observadores acudieron en coche al lugar sobre el cual descendió el objeto, cuando la oscuridad en el descampado era total y absoluta. Hasta que la aparente tranquilidad dio paso a un soberano espectáculo:

"A continuación −narró el joven Guido−, mi madre, que todavía miraba hacia atrás, lanzó un grito de terror... ¡Las luces se encendieron de golpe: el platillo estaba despegando! Luego, se elevó a una velocidad vertiginosa y desapareció".

En ocasiones, las huellas dejadas por los No Identificados son tan espectaculares como estas, aparecidas tras el supuesto aterrizaje de un OVNI en Córdoba, Argentina, en 1986.

Los *carabinieri* decidieron desplazarse al lugar de los hechos para confirmar tan fantástico e increíble relato. Al llegar, los agentes percibieron un ligero olor a quemado. Encendieron el radiofaro del coche patrulla para iluminar el lugar y pudieron comprobar cómo una zona de 200 metros cuadrados de hierba se encontraba calcinada. Uno de los agentes bajó del coche y echó a andar sobre la huella. De inmediato notó cómo sus botas se hundían en el terreno lodoso. Así explica esta circunstancia el *carabiniere*: "El campo había sido regado con el objeto de preparar la tierra para la siembra. Por lo tanto, la hierba estaba mojada, lo que excluye la hipótesis de un incendio por autocombustión. Estando la hierba mojada, podría arder si alguien, por ejemplo, la regara con gasolina. En este caso, hubiera ardido a ras del terreno y no solamente, como observamos, en la parte superior".

Al día siguiente los *carabinieri* volvieron a inspeccionar el lugar. Fue entonces cuando pudieron comprobar que la huella tenía forma rectangular y que medía 40 metros de longitud y 10 de ancho. De ella partían tres líneas finas de terreno calcinado de 30, 15 y 7 metros de longitud respectivamente.

El cuerpo de bomberos también estudió la enigmática calcinación. Éstas fueron sus conclusiones:

"Nunca habíamos visto un incendio similar. Además del hecho de que el campo estaba mojado y de que la forma que presentaba el área quemada era completamente insólita. Cualquier otro incendio en hierba seca parte de una zona central y se va esparciendo en un círculo irregular. Éste, en cambio, necesitó varias horas de trabajo de diseño, en el caso de que haya sido hecho a propósito. Me pregunto quién podría estar interesado en cauterizar 200 metros de hierba seca con tanto esmero. ¿Un maniático? Todo puede ser, pero seguro que no habría tenido el tiempo necesario".

Este caso italiano no sólo muestra una huella enigmática asociada a la presencia de un OVNI, sino que contiene varios elementos que lo convierten en un episodio de alta credibilidad: un informe policial certificando los hechos; varios agentes, pocos minutos después del avistamiento, confirmando la existencia de la huella, y una investigación ulterior que determinó, de forma tajante, que el origen de la impronta era total y absolutamente inexplicable.

Huellas ovni en España

Según un estudio efectuado por el investigador valenciano Vicente-Juan Ballester Olmos, en la península Ibérica se han registrado 52 episodios tras los cuales han quedado huellas del paso de los Ovnis. La cifra, sin embargo, es mucho mayor. Supera, probablemente, los 100 episodios investigados.

Uno de los primeros casos conocidos es el acaecido en julio de 1939 en Zahara de los Atunes, Barbate (Cádiz). Cuando ocurrieron los hechos, el testigo del suceso contaba con 7 años. Pese a ello, ya le habían otorgado la responsabilidad de pastorear un rebaño entero.

Repentinamente, sus cabras se desperdigaron por el monte cuando un objeto de unos 18 metros de diámetro aterrizó a unos 30 metros, en medio de un poderoso silbido y una fugaz polvareda. Del interior del objeto salieron dos seres, uno alto y otro de menor estatura y mayor corpulencia, que iluminaron el lugar con una especie de "linterna". Tras 15 minutos, los humanoides regresaron al interior del artefacto, que desapareció tras elevarse.

Cuando cuarenta años después el investigador navarro Juan José Benítez llegó al lugar de los hechos, intentó un imposible: la búsqueda de las hipotéticas huellas del aterrizaje del OVNI.

Y aunque parezca increíble, pese al tiempo transcurrido, las improntas aún estaban allí.

Se trataba de dos boquetes regulares y perfectos en una laja de piedra. Para poder realizar semejante "boquete" en un terreno de alta dureza, el peso del objeto aterrizado tuvo que ser de varias decenas de toneladas. Asimismo, se encontró en el lugar un árbol que en su cara más próxima al lugar del aterrizaje aparecía sin hojas y muerto. La otra mitad, más lejana, no mostraba alteración alguna.

Uno de los casos hispanos que mejor demuestran la existencia de algún tipo de acción mecánica –y por lo tanto tecnológica– sobre el suelo, es el episodio de Matadepera (Barcelona). La testigo de los hechos, acaecidos el 29 de enero de 1969, oyó un estruendo cuando se encontraba recogiendo hierbas. Alzó la vista y observó un objeto ovoidal de unos 3 metros de longitud y 2,5 de ancho. El aparato, que parecía elevarse como si acabara de despegar, sorteó con destreza los tendidos eléctricos y desapareció a gran velocidad.

Días después, justo en el lugar sobre donde presuntamente había aterrizado el objeto, se hallaron cuatro perforaciones horizontales y paralelas, en grupos de dos, separadas 1,80 metros. Cada grupo de dos estaba, a su vez, separado por unos 63 centímetros. Las hendiduras de uno de los pares medían 60 centímetros de longitud; las otras, 55 centímetros. Además, en las cuatro hendiduras se detectaban una serie de ramificaciones. (La compleja composición de la huella puede verse en los gráficos que acompañan este relato).

El investigador catalán José María Casas Huguet realizó un informe del suceso del cual extraemos algunos de los puntos más significativos:

"Las marcas presentaban un aspecto abultado, como aparecería en la superficie de un terreno si por debajo de ella y a muy escasa profundidad se introdujera una varilla metálica de un grosor apreciable y en una dirección casi paralela a la superficie del terreno".

"Se puede afirmar que las huellas no han podido ser producidas en modo alguno por un animal. Tampoco por ninguna máquina conocida".

"Se hace plausible la hipótesis de que se introdujo en el interior de la tierra un objeto duro, rectilíneo y estrecho, a gran presión".

"Las huellas constituyen el único testimonio real y material del posible aterrizaje de un ovni, toda vez que no se ha podido hallar para las mismas ninguna explicación o justificación convencional, pese a que se han tomado en consideración todas las posibles hipótesis".

Uno de los tipos de huella más significativo asociado a los Ovnis, y más concretamente a sus presuntos trenes de aterrizaje, son aquellas hendiduras distribuidas de forma triangular, como las halladas tras el aterrizaje de un artefacto extraño el 1 de julio de 1979 en Sangonera la Verde (Murcia). Cerca de esta localidad, cuatro jóvenes observaron un potente foco luminoso sobre un monte. Junto al objeto, que permaneció más de una hora aterrizado, se observaron dos humanoides de más de dos metros. En el lugar se encontraron huellas de pisadas y tres hendiduras de un metro de diámetro que formaban, entre ellas, un perfecto triángulo entre cuyos vértices había dos metros de separación. Sin duda, el avistamiento había sido provocado por un OVNI físico y real, de lo contrario, jamás hubiera dejado sus huellas.

EFECTOS RADIACTIVOS

Algo similar ocurrió la noche del 29 al 30 de agosto de 1970 en Lake Anten (Suecia). Aquel día, más de quince testigos observaron desde diversos puntos un objeto luminoso que aterrizó en el jardín de una casa nórdica en medio de un frondoso campo. Allí aparecieron tres orificios circulares de 4 centímetros de profundidad y 40 de diámetro distribuidos en forma de triángulo isósceles. Al lugar se acercaron técnicos del Instituto de Tecnología Chalmers, que realizaron pruebas de actividad radiactiva en el punto exacto sobre el cual se había posado el OVNI.

Los resultados demostraron que durante las dos semanas siguientes al suceso se registró un aumento considerable de la actividad de radiaciones gamma con grandes cantidades de bario y cesio, sustancias que no deberían ser comunes en el lugar de los hechos, pero que de algún modo quedaron impregnadas en el lugar como consecuencia de la aparición de aquella misteriosa nave.

Este suceso demuestra que en ocasiones los Ovnis, como las naves aéreas construidas por el hombre, también dejan rastros radiactivos.

Otro caso de estas características y con efectos significativos ocurrió el 1 de julio de 1965 en Valensole (Francia). En esta ocasión, un granjero llamado Maurice Masse observó el aterrizaje de un objeto de forma ovalada con la parte superior transparente. El artefacto tenía en su parte inferior algo parecido a un tren de aterrizaje consistente en seis soportes. Masse observó junto al objeto unos pequeños humanoides de un metro de altura. En el lugar del aterrizaje quedaron seis hendiduras cilíndricas de 40 centímetros de profundidad y 80 de diámetro. Además de las huellas, el OVNI provocó la deshidratación de las hierbas y arbustos de los alrededores.

Y lo más sorprendente: cuando el investigador Aimé Michel, uno de los pioneros de la ufología gala, llegó al lugar averiguó que durante los tres meses anteriores al aterrizaje no había llovido sobre la comarca. "Sin embargo –escribe este añorado investigador, que puso los cimientos de la ufología científica en nuestro país vecino–, hallamos un charco con agua y en su interior una rana viva. No existe explicación para esto. Desconozco por qué estaba ahí esta rana y me gustaría que alguien me aclarase si es nativa del lugar".

Michel sospechaba que aquello podía tener que ver con el aterrizaje del OVNI. ¿Acaso el misterioso artefacto había afectado al ecosistema del lugar por mor de una suerte de efectos radiactivos?

TRANS-EN-PROVENCE: EL CASO MEJOR ESTUDIADO

Otro caso realmente inquietante es el ocurrido en Trans-en-Provence (Francia). Todo ocurrió el 8 de enero de 1981 cuando Renato Nicolai se encontraba trabajando en un jardín junto a su casa. De repente, a unos 50 metros sobre su cabeza apareció un objeto semiesférico con una pequeña "panza" en la parte inferior. Aterrizó por espacio de unos minutos sobre una zona de tierras y pequeñas hierbas. Minutos después, se elevó y desapareció perdiéndose a lo lejos.

La observación fue fugaz: apenas duró un minuto. Y sin embargo, es uno de los casos mejor estudiados de la ufología internacional.

En parte, el propio Renato tuvo la culpa. Y es que tras el suceso, asustado, llamó a la comisaría de la Gendarmería más cercana para notificar su observación. En el lugar del aterrizaje se personaron varios agentes que constataron la existencia de una huella en forma de corona circular de 3 metros de diámetro (tamaño aproximado del objeto). Gracias a la denuncia del testigo, se pudieron tomar muestras de tierra del lugar que fueron puestas a disposición de los investigadores del CNES (Centro Nacional de Estudios Espaciales) para su análisis.

Los exámenes, dirigidos por el profesor de biomatemáticas Michel Bounias, llegaron a una serie de conclusiones realmente sorprendentes: en el lugar del aterrizaje del OVNI se habían producido sensibles modificaciones entre las hierbas y vegetales expuestos en el interior de la huella. Entre otras muchas cosas se descubrió que algunas hojas de alfalfa que se encontraban allí mantenían en los análisis su habitual composición química, pero con los elementos completamente invertidos. Estos efectos eran más notables en el epicentro de la huella. También se hallaron modificaciones sensibles en la cantidad de clorofila de las plantas, lo que podría deberse a la acción de algún campo de energía eléctrica muy intenso que habría provocado en los elementos orgánicos allí existentes una alteración considerable del proceso de fotosíntesis.

Las mutaciones fueron tan sorprendentes que el propio Bounias aseguró que la cantidad de energía necesaria para provocarlas tuvo que ser superior a la generada por una central nuclear.

Tras casos como éste, en donde a la sinceridad contrastada del testigo se suma la existencia de huellas estudiadas por los científicos y que evidencian la presencia en el lugar de un artefacto dotado de alta tecnología, no queda más remedio que admitir que nos enfrentamos ante un fenómeno totalmente desconocido que escapa a cualquier planteamiento lógico o racional.

Un fenómeno que, sin embargo, y lejos de explicaciones simplistas del estilo de que todos los casos se deben a errores de percepción o a fenómenos naturales, parece esconder una tecnología capaz de alterar el entorno, de dejar huellas y signos de radiactividad o, incluso, de modificar la microfauna del lugar en donde se ha dejado ver.

ALTERACIONES EN LA MICROFAUNA PROVOCADAS POR OVNIS

Muchos investigadores se lo han planteado en numerosas ocasiones: si los Ovnis dejan marcas en el suelo, restos de radiactividad o deshidrataciones del terreno sobre el que han aterrizado; también pueden provocar alteraciones medioambientales.

Uno de los estudiosos que se lo planteó fue Yuri Simakov, zoólogo y biólogo ruso, actualmente profesor de la cátedra de Ictiología y piscicultura del Instituto de Industria Alimenticia de Moscú.

Su investigación fue fascinante.

Simakov partió de la idea de que en todo tipo de suelos pueden verse formas de vida, como los rotíferos y los protozoos, que son muy estables, aunque, por su reducido tamaño, invisibles a la vista. Es lo que se llama microfauna. Se planteó que si los Ovnis alteraban el entorno físico tras su aparición, dicha microfauna se desarrollaría de forma no análoga a como lo haría en un terreno no "afectado" por OVNI alguno. El planteamiento, cuanto menos, parecía sugerente...

"En 1990 tuve la ocasión de investigar el lugar de aterrizaje de un OVNI junto a una carretera que bordea Moscú –explica el investigador ruso–. En este caso los granos de arena y los guijarros estaban fragmentados. Nuestra misión era contar el número de protozoos que nacieron en las muestras con medios nutritivos y comprobar estos datos en el lugar del aterrizaje y también fuera de él. Descubrimos que todos los seres capaces de desplazarse abandonaron el lugar de contacto del OVNI con la tierra".

En otra investigación de un aterrizaje ocurrido en 1978 en la localidad de Podrézkovo, Simakov acudió al lugar con un tubo de cristal de un metro de longitud y un centímetro de diámetro lleno de cultivo con clamidomónadas. Quería averiguar qué ocurría con dichas formas de vida minúsculas si se aproximaba con ellas al punto exacto en donde había aterrizado el OVNI. Si el artefacto que tomó tierra estaba dotado de algún tipo de energía, las clamidomónadas lo percibirían modificando su comportamiento.

Esto fue lo que ocurrió:

"Cuando comencé el acercamiento del tubo a la zona de acción del OVNI vi que todo él se llenaba de franjas verdes de 5 milímetros de grosor. Estas franjas eran acumulaciones de clamimónadas. Cuanto más me aproximaba, mayor era la acumulación. Al acercar el tubo a 18 metros del lugar de aterrizaje, las concentraciones se hicieron mucho más intensas. Curiosamente, los testigos habían afirmado que no pudieron acercarse al OVNI a menos de 18 metros, porque chocaban contra una especie de pared invisible".

Es cierto que en infinidad de casos de aterrizajes de Ovnis, los testigos cuentan cómo una misteriosa fuerza, una especie de barrera invisible, les impide aproximarse al artefacto. La lectura –especulativa, por supuesto– que podemos hacer para este tipo de episodios es que del OVNI mana algún tipo de emisión que genera a su alrededor una suerte de burbuja que delimita, por así decirlo, el "espacio vital" del No Identificado, o que, en todo caso, protege a la presunta nave de testigos atrevidos dispuestos a acercarse al OVNI cuanto más mejor.

En el caso del artefacto aterrizado en Podrézkovo, cuando Simakov introdujo el tubo de ensayo en el interior de la supuesta "burbuja" creada por el OVNI, descubrió que las clamimónadas volvían a dispersarse. Dicho de otro modo: dejaban de notar el "residuo energético" que había quedado impregnado en el lugar tras el encuentro cercano con el OVNI, como si de dicho residuo sólo hubiera quedado constancia justo a 18 metros del lugar en donde se posó el misterioso artefacto, o como si los cultivos de clamimónadas se hubieran adaptado rápidamente a la nueva situación energética.

Simakov, buscando una explicación al porqué de dicho comportamiento en aquellas bacterias, comprobó que este tipo de adaptaciones y movimientos se producían artificialmente al situar las clanimónadas en el campo de acción de una luz intermitente del estilo de la que producen los tubos de un televisor. Otros seres vivos más complejos utilizados en sus investigaciones dieron también un resultado similar, aunque el estudioso ruso tuvo que admitir su incapacidad para justificar por qué los captadores biológicos elaboran con tanta rapidez reflejos de adaptación a los campos energéticos asociados a huellas OVNI.

Las investigaciones rusas sobre Ovnis –y éstas en concreto– son aún muy desconocidas para el mundo occidental. Durante décadas, los países del Este de Europa se mantuvieron al margen de todo contacto con el exterior. Esto provocó, entre otras cosas, que el impacto social del misterio de los Ovnis no fuera tan fuerte "allí" como "aquí". Afortunadamente, el desprecio informativo que sufrieron en la antigua URSS este tipo de hechos permitió a los científicos estudiar el enigma despojados de prejuicios y con menor temor a que sus pesquisas sufrieran el estigma social que conlleva en Europa y América dedicarse a la ufología.

Los estudios de Simakov son una fantástica prueba de cómo la tenacidad y la paciencia conducen –empleando el método científico– a resultados harto interesantes.

"Mutaciones" provocadas por no identificados

Simakov prosiguió estudiando la influencia en la microfauna de los encuentros con Ovnis después de plantearse lo siguiente: "Posteriormente, me asaltó el deseo de saber cómo actúa ese campo desconocido sobre el aparato hereditario, si produce mutaciones y en qué medida es nocivo".

Su siguiente paso fue enterrar una probeta en la región de Novi Ierusalin, cercana a Moscú, en donde se había producido otro aterrizaje OVNI. En un recipiente que sepultó bajo el lugar del aterrizaje depositó una gota de leche, que con el paso del tiempo debería desarrollar numerosas bacterias lácteas que sirven de alimento a los paramecios. Como método de verificación enterró, a unos 150 metros del lugar, cultivos de control con paramecios en otra probeta.

Mantuvo enterrados los tubos durante siete días, los suficientes para generar gran cantidad de descendencia entre las bacterias que surgen en los productos lácteos.

Tenía un claro objetivo: analizar cómo se desarrollan en uno y otro lugar.

"Transcurrido ese tiempo –explica Simakov en un estudio ofrecido en la publicación moscovita *Aura Z*–, los paramecios podían verse sin el microscopio junto a la superficie como un polvo blanco muy fino. ¡Estaban vivos! Eran muchos más de los que se habían desarrollado en la probeta de control".

En ambos recipientes se desarrollaron bacterias lácteas, pero en el lugar del aterrizaje del OVNI lo habían hecho generando mucha más descendencia, aproximadamente –calculó el científico– un 25 por ciento más.

Es decir: la energía que queda en el lugar del aterrizaje del No Identificado provoca una aceleración en la reproducción de las bacterias.

Posteriores análisis determinaron que dichos organismos no sufrieron mutación alguna propiamente dicha. El material genético de las bacterias se había mantenido intacto. Lo que ocurrió fue "simplemente" que sus procesos reproductores se habían acelerado considerablemente.

Otro caso en el cual el OVNI había dejado sus huellas abrió nuevos campos de investigación. Tras el aterrizaje de un OVNI en Podrézkovo surgió sobre la huella una combinación insólita de plantas que en condiciones normales no crecen juntas. Además, en el suelo, aparecieron tipos de rotíferos (seres multicelulares de vida muy corta) atípicos en aquella zona. Lo que hizo Simakov a continuación fue enterrar bajo la huella un cultivo de rotíferos de tipo *philodina*, especie que se compone únicamente de hembras que se reproducen por partenogénesis.

Los resultados no se hicieron esperar: "Mientras los rotíferos normales evolucionaban normalmente, las *philodinas* vivían una media de 10 días, lo cual, para estos seres, es muchísimo".

Por tanto, cabe preguntarse: ¿Afecta el campo inducido por los Ovnis a la duración de la vida y al crecimiento? Visto lo visto, la respuesta parecer ser positiva.

Indirectamente, las investigaciones del biólogo John Heller han venido a confirmar las conclusiones de Simakov. Este estudioso experimentó con células y diferentes tipos de partículas expuestas a campos electromagnéticos variables de 80 a 100 impulsos por segundo. Descubrió que las partículas asimétricas cambiaban de posición acoplándose a las líneas de fuerza, y que los cromosomas contenidos en el núcleo de la célula se alteran, deforman y son forzados a constituir nuevas agrupaciones, lo que podría propiciar mutaciones y otros cambios.

Así pues, las investigaciones de Simakov nos inducen a pensar que los Ovnis generan campos electromagnéticos, algo en lo que coinciden casi todos los estudiosos y científicos que con la mente abierta se han aproximado a la investigación de los No Identificados.

Y, permítame el lector hacer desde ya una aseveración lógica aunque arriesgada: si los Ovnis provocan efectos medibles y contrastables, es que efectivamente, existen. Así lo han demostrado numerosos científicos. Veamos más ejemplos.

HUELLAS... CON MUCHA VIDA

Tras el aterrizaje de un OVNI el 3 de noviembre de 1976 en Centeno (Argentina) apareció una huella oval de 6 metros de longitud y 4 de anchura. En el lugar brotaron rápidamente hongos de una variedad desconocida por los lugareños y de entre 4 y 5 kilogramos de peso. Además, un hormiguero que existía allí reveló que estos insectos sufrieron una mutación al desarrollar alas y crecer —a raíz del aterrizaje, claro está— en una dimensión incomparable con otras hormigas del mismo campo que, teniendo la misma edad, aún no habían dejado su condición de larvas.

Este suceso, que en cierto modo confirma las investigaciones de Yuri Simakov respecto a la aceleración en el crecimiento de organismos vivos afectados por la proximidad de un OVNI, las contradice en el otro sentido: aquí sí había una mutación en las hormigas, consecuencia que también había descubierto el biólogo Heller al aplicar sobre organismos vivos campos electromagnéticos similares a los producidos por Ovnis. ¿A qué se debe esta diferencia? Quizá sea mucho especular, pero hay que tener en consideración que las investigaciones rusas sólo experimentaron con organismos sencillos y no complejos como las hormigas, y por tanto es probable que los encuentros cercanos sí afecten al genoma de organismos complejos, o al menos más complejos que las bacterias.

En Correa, cerca de Rosario (Argentina), se produjo otro caso OVNI con huellas el 15 de octubre de 1976. La hierba sobre la que se posó el artefacto quedó chamuscada, y en su lugar surgieron grandes hongos, algunos de hasta 40 centímetros de diámetro.

El análisis químico de la tierra reveló que había adquirido un alto grado de humedad, en especial dentro de los "círculos" dejados por los Ovnis. Además, a una profundidad de unos pocos centímetros se hallaron signos de calcificación, como si allí hubiera estado un objeto incandescente o generador de un enorme calor. También en este caso las hormigas sufrieron el "efecto OVNI", y abandonaron sus hormigueros en el lugar, a la par que plantas como el trébol y la gramínea dejaron de crecer en los bordes de las huellas dejadas por la supuesta nave.

Algunos de los hongos hallados en huellas de aterrizajes fueron analizados, pero tal y como señala el estudioso argentino Roberto E. Banchs, "se trata de especies conocidas pero que presentaban un desarrollo desacostumbrado o anormal". No se deben estos casos, como muchos supondrán, a una confusión con las típicas huellas que aparecen en los lugares de nacimiento de hongos. En estos episodios, y en otros muchos que por falta de espacio no puedo citar, hay una relación entre el aterrizaje de un OVNI justo en el lugar donde aparecieron las huellas y en el que posteriormente se dieron las citadas alteraciones.

El mencionado investigador argentino Roberto E. Banchs ya llegó a conclusiones muy similares a las de Simakov al afirmar –hace más de una década– que "debemos recordar que los hongos aparecen únicamente cuando las condiciones de humedad y materia orgánica son favorables para su desarrollo. Este simple fundamento inicial para toda especulación acerca de su naturaleza parece indicarnos que los Ovnis producen una modificación en el suelo que estaría ligada a estas dos condiciones básicas de crecimiento".

OBJETO PERMANENTE DE ESTUDIO

A menudo, el fenómeno OVNI deja pocas oportunidades para una investigación de carácter científico. Las huellas, en cambio, sí lo permiten. Se trata de objetos de posible estudio temporal o permanente. Sin embargo, los investigadores topamos a menudo con una dificultad: la falta de colaboración científica y apoyo institucional para sufragar los gastos —y acceder a los laboratorios necesarios— que conlleva un análisis de este tipo.

A pesar de ello, sabemos que las huellas son algo más que hendiduras y calcinaciones gracias a las cuales podemos conocer, por ejemplo, el peso del artefacto que se ha posado o la temperatura que desprendía. Además, las investigaciones nos han demostrado que la poderosa energía que emanan estos objetos es capaz de alterar organismos vivos. Esto nos hace suponer que la tecnología que ha generado y provocado esas huellas emana algún tipo de energía de gran potencia. Michel Bounias, uno de los investigadores del caso Trans–en–Provence afirmó: "Para poder mover aquel objeto y crear aquellas alteraciones, quizá hubiera hecho falta la fuerza que genera una central nuclear".

Por si fuera poco, el fenómeno de las huellas OVNI está en permanente crecimiento. Una estadística elaborada por el ufólogo Ted Phillips demuestra que hasta 1950 su

número era casi nulo. Durante la década de los cincuenta, a
medida que se producen los primeros aterrizajes y posteriormente los encuentros con humanoides (hablando en términos generales), la media de casos con huellas por año fue de
40. La cifra, durante la siguiente década, se elevó a 43. Y a
partir del año 70, siguió creciendo de forma considerable:
66 casos al año...

O dicho de otra forma: cada cinco días, en alguna parte
del planeta, un OVNI aterriza dejando sus huellas.

Los científicos que han entendido que tal abrumadora
evidencia es un reto quedaron fascinados al investigar las
huellas de los No Identificados. Ahora sólo queda que la
ciencia en conjunto, sin ideas preconcebidas, se lance al estudio multidisciplinar de este apasionante enigma.

Por contra, las huellas generan una serie de dudas filosóficas, sólo contestables aludiendo a ese "gran teatro" que es
el fenómeno OVNI, en donde todo parece responder a un
plan elaborado con piezas absurdas. Sencillamente resulta
impactante y, en cierto modo, anacrónico –si nos referimos a
tecnologías mucho más avanzadas que la nuestra– que los
Ovnis dejen huellas. Veamos: si un OVNI deja como
impronta un pasto carbonizado, ello haría suponer que su
sistema motriz a la hora del despegue se basa en la combustión; si un OVNI deja rastro radiactivo, ello nos hace pensar
que ese extraordinario aparato tiene fugas, o si un OVNI
deja las marcas de un trípode en la hierba, nos enfrentaría-
mos a una nave extraterrestre con un rudimentario tren de
aterrizaje.

Así pues, o dejamos entrecomillados los epítetos super-
lativos para definir estos objetos, o bien debemos plantear-
nos que, aunque las huellas sean derivadas de una tecnología
quizá ajena a nuestro planeta, también tienen un compo-

nente intencional, como si esa elusiva inteligencia fuera dejando pequeñas muestras de su propia existencia.

Los efectos de un ovni avistado en Galicia

Decía un extraordinario investigador del enigma que nos ocupa en esta obra: "La radiación emanante de los platillos volantes es una demostración física contundente de la realidad de los Ovnis". Y aunque suene a perogrullo y a tópico, a K. Gösta Rehn le sobraban razones para afirmarlo.

Para presentar al lector los siguientes casos, acudiré al cuaderno de campo, en donde siempre dejo constancia notarial de todos mis viajes y pesquisas tras las huellas de los No Identificados.

Aquel cielo, aquel clima, el paisaje y aquellas gentes –en su mayoría pescadores– de Porto do Son (La Coruña) en la ría de Noia me tenían prendado y embelesado aquella noche del 8 de agosto de 1991. Bajo una incesante lluvia de estrellas fugaces repasé mentalmente el plan de trabajo que había previsto para la jornada siguiente. A las 8.15 horas de la mañana saldría rumbo a Noia; allí me enlataría en un autobús (aviso a navegantes: quien quiera dedicarse a la investigación OVNI ya puede quitarse de la cabeza la idea de ganar dinero) de la empresa Castromil que hacia las 10.00 arrojaría mis reales en Esteiro, a la postre escenario de una serie de avistamientos que me disponía a desmenuzar.

Paradójicamente –cosas de mi tierra gallega– tenía Esteiro a tiro de piedra al otro lado de la ría, pero la costa es allí una especie de sierra afilada de modo que dos puntos que están separados por apenas unos kilómetros en línea recta, en realidad distan varias horas de impenitente trayecto.

Tópico en ristre: dicho y hecho. A las diez de la mañana desayunaba en la cafetería Caribea, en Esteiro. Desde allí, a golpe de cabina de teléfono, hice mis primeras gestiones. Poco después, me reunía con Pico, excelente actor y buen amigo, que me estaba echando un cable a la hora de entablar contacto con las buenas gentes que aparecían en mi agenda como testigos. Mientras tomaba el reconfortante bollo con café, repasaba –y no era ya ni la enésima vez– aquel recorte de prensa de *La Voz de Galicia* que se hacía eco del avistamiento que la noche del 1 de mayo de 1987 habían protagonizado varias personas que se encontraban, apurando el Día del Trabajo, en la cafetería Don Pato, de cuya existencia, para entonces, ya había dejado buena cuenta en la vetusta cámara de fotos –una Zenit rusa de más de un kilogramo de castigo al hombro– que por entonces acompañaba a este pobre hidalgo perseguidor de Ovnis.

A las doce y media de aquella mañana entraba en casa de uno aquellos testigos: Xosé Agrello, profesor de Literatura, escritor, autor y director teatral. Con aquella pasión del joven investigador de campo, le pedí que me describiera qué había visto, cómo y cuándo: "Serían las once de la noche del 1 de mayo de 1987. Estaba en la cafetería Don Pato y salí porque me avisaron de lo que estaba ocurriendo. Vi en el horizonte, en dirección a Paxareiras, sobre el monte de Santa Mariña, una cosa muy brillante, que duró casi una hora. Yo me vine para casa y aquello continuaba. Entonces empezaron las especulaciones: que si eran contrabandistas, coches, un incendio... Era una luz perenne. Y lo curioso, y esto no se lo he contado a nadie, es que el reloj se me paró".

Mis cinco sentidos redoblaron mi atención al testimonio de Xosé. Aquella característica, lejos de ser inusual, es

77

BRUNO CARDEÑOSA

conocida en ufología como propia de los llamados efectos electromagnéticos o EM, habitualmente reportados por los testigos que se han encontrado en el campo de influencia de un OVNI. Y, expectante por conocer todos los detalles posibles, presenté mis silencios y dejé continuar al testigo en su confesión:

"Fue muy curioso. No hubo forma de arreglarlo. Tuve que comprar otro. Al irme a casa aquello continuaba y eran sobre las doce de la noche. La luminosidad era de color rojo-azulado y permanecía en el más absoluto de los silencios. El resplandor, semicircular, parecía palpitar realizando movimientos de izquierda a derecha, y viceversa, de forma constante".

Con la ayuda de los dibujos que me efectuó este testigo y otros varios que se encontraban junto a él aquella noche y con los que también pude charlar, supe que sobre ese monte se había encendido algo parecido a una "campana luminosa".

Tanto Xosé como el resto de observadores coincidieron en señalarme que tras más de una hora la "campana" fue diluyéndose poco a poco hasta desaparecer.

Después de una hamburguesa –comida ligera para rendir en la investigación, como tengo por costumbre–, y tras haber entrevistado a los testigos del suceso, alcé mi vista en dirección a la cumbre del monte Santa Mariña. Ni corto ni perezoso –y eso que la Zenit martirizaba mi hombro– decidí alcanzar la cumbre a través de un pedregoso camino. Al llegar examiné el lugar con detalle. No había allí ninguna casa, ningún cable de alta tensión, ninguna fuente luminosa, en definitiva, no había nada que pudiera haber causado la observación. Lo más cercano, a los pies de las últimas cuestas que conducen a la cumbre, es un típico cementerio gallego con cuerpo incorrupto incluido, pero sin luz eléctrica.

Desde allí arriba se adivinaba el lugar de la observación. Si prolongamos la recta que une ambos puntos, ésta se extendería hasta una localidad llamada Vistabós, una pequeña aldea de siete casas –contadas– que se encontraba al otro lado del monte. Y sabiendo que la "campana" luminosa que observaron desde Esteiro bien tenía que ser provocada por "algo" que se hallara tras el monte, en Vistabós probablemente habrían visto o sentido algo...

Pero antes de partir allí me volví a reunir con Xosé Agrello. ¡Había encontrado su reloj! Era de agujas, con 24 años de antigüedad y antimagnético. Estaba parado en las 11.53 horas, aproximadamente a la hora en la que el profesor había abandonado la terraza del Don Pato.

Días después, un relojero de La Coruña a quien deposité el reloj para que lo examinara me ofreció su dictamen: "Por efecto de algo magnético el reloj puede adelantarse o atrasarse. La espiral puede dilatarse y provocar esto, pero es muy difícil a no ser que esté roto. Y roto no está; para mí, después de mirarlo por dentro, está sucio, y que se parara en ese preciso momento es pura casualidad. Al menos, eso creo", concluyó dudando.

Y decidimos salir de dudas: "Intentaré limpiarlo y veremos qué ocurre".

Días después, el relojero me confesó que tras haber despojado de impurezas todo el mecanismo interno del reloj, éste seguía sin funcionar.

La conclusión estaba clara: un poderoso influjo electromagnético afectó del tal modo al mecanismo interno del reloj, que sus agujas jamás volverían a ponerse en funcionamiento. Y lo puedo constatar, porque ese reloj está a buen recaudo entre mis "fetiches" ufológicos, y de vez en cuando vuelvo a mirarlo, siempre parado en las

11.53 horas de ese 1 de mayo, cuando su portador, Xosé Agrello, estaba mirando directamente a la luz provocada por un OVNI.

Cuando días después regresé a la zona de Esteiro, no dudé en alcanzar Vistabós, la aldea que se encontraba a dos kilómetros del monte Santa Mariña. Habitada por sólo siete familias, no fue difícil localizar a Domingo Beiro y a su hija Dora Belén, que según constaba en mi cuaderno de campo habían visto el OVNI cuya luz fue percibida desde Esteiro.

Ambos recordaban perfectamente lo ocurrido a las 11 de la noche de ese primero de mayo del año 1987. La primera en notar algo extraño fue la joven Dora:

"Estaba viendo la televisión cuando vi una luz que venía de fuera de casa y avisé a mis padres. La televisión se había estropeado y mis padres no me hacían caso, pero luego salieron y lo vieron. Avisaron a los vecinos y así comenzó todo".

El objeto se encontraba sobre el pequeño monte a cuyas faldas se encuentra la casa de los Beiro, que me describieron así el OVNI:

"Era redondo. Debajo tenía unos rayos de color rojo, azul, amarillo… Una cosa maravillosa. Daba vueltas como una noria; a veces parecía alargado; otras, redondo. Nuestro perro, Jackie, estaba nerviosísimo. Parecía que tuviese miedo. Nunca lo habíamos visto así. Es un perro bastante tranquilo…".

Los testigos tomaron mi bolígrafo y plasmaron en mi cuaderno el objeto que habían observado: discoidal, con capacidad de ovalarse (debido posiblemente a un efecto producido por el constante movimiento rotativo del objeto), de unos 10 metros de diámetro, con un sinfín de luces en la periferia y girando de dos formas: rotación y traslación, realizando círculos de veinte a treinta metros sobre el montículo.

Aquel movimiento coincidía con la "palpitación" de la "campana" luminosa que habían observado en Esteiro.

Tras una hora de observación, el OVNI se perdió detrás del monte, pero minutos antes de que desapareciera, del centro del objeto partió un pequeño punto de luz blanca que, en línea recta, se perdió hacia el mar, en dirección a Finisterre. Tras trazar sobre un mapa los lugares de observación llegué a la definitiva conclusión: lo que se observó aquella noche desde Esteiro no era más que el resplandor provocado por el disco avistado a la perfección desde Vistabós. Y si a Xosé Agrello se le detuvo su reloj, en la casa de los Beiro, simultáneamente al primer resplandor de la luz del objeto filtrándose por las ventanas, la televisión comenzó a fallar. Primero aparecieron una serie de interferencias, hasta que finalmente se perdió la señal, la pantalla se convirtió en una nube de nieve blanca y gris. Durante el resto de la noche, el aparato de televisión no volvió a funcionar hasta la mañana siguiente, cuando los Beiro, tras despertarse, encendieron el aparato sin problema alguno.

El caso que acabo de exponer es un ejemplo típico de cómo los Ovnis afectan electromagnéticamente a objetos

Ría de Noia, donde Xosé Agrello tuvo un encuentro OVNI

eléctricos o mecánicos. Sucesos como el de Galicia se cuentan por centenares y en sí mismos constituyen una evidencia del fenómeno. Al interferir en el entorno físico es obligado plantearse que los No Identificados no son alucinaciones, lejanas estrellas o globos sonda; no, son algo más: objetos que emanan energía.

Veamos más pruebas.

Ovnis y radiaciones electromagnéticas

El 9 de noviembre de 1965 Nueva York se quedó completamente a oscuras durante varias horas. El corte en las conducciones eléctricas de América del Norte dejó sin energía a ocho estados de Estados Unidos y a dos de Canadá. Un salto en una línea de 230.000 voltios fue la causa técnica de que la gran metrópoli y otras ciudades del noreste del país se quedaran a ciegas. Pero, ¿cuál fue la causa de ese salto de un relé de protección eléctrica? Quizá sea algo más que una coincidencia el hecho de que, durante ese atardecer, en los cielos de Nueva York se observaran extraños objetos volantes que fueron fotografiados desde dos puntos diferentes por redactores de las revistas *Life* y *Time*. Insisto: fue algo más que mera coincidencia, teniendo en cuenta que los avistamientos se repitieron también sobre las centrales eléctricas en las que se gestó el corte "fortuito".

No sería la primera ni la última vez en la que un gran apagón se asocia a los Ovnis. Además, y como dato empírico, conviene recordar una curiosa investigación efectuada por las autoridades yanquis. En un cuadro estadístico efectuado por las Fuerzas Aéreas de los Estados Unidos se midieron dos circunstancias: primero, el número de avistamientos entre 1954 y l966 y, segundo, el número de interferencias y perturbaciones en las redes generales de electricidad. En el cuadro, las líneas de ambos parámetros son paralelas. Conclusión: las oleadas OVNI coincidieron, al menos durante el periodo reseñado, con las alteraciones en los sistemas eléctricos.

Ya hemos introducido al lector en los efectos "mecánicos" de los Ovnis, fundamentalmente huellas y quemaduras en el terreno. Pero los efectos OVNI son mucho más complejos. También afectan a objetos (coches, aparatos electrónicos...), personas (quemaduras, irritaciones de la piel, lesiones oculares...), animales (muertes, quemaduras, mutilaciones, enfermedades...) y vegetales. Algunos de estos efectos los veremos en casos que analizaré más adelante: la muerte del colombiano Arcesio Bermúdez tras recibir de un OVNI gran cantidad de radiaciones gamma; la mutilación "mecánica" de un gato en Ojén o el "bloqueo" del camión de Maxi Iglesias en Salamanca cuando se topó en su ruta con varios Ovnis.

Precisamente, el episodio del camionero salmantino es, a este nivel, más importante de lo que parece. Porque para que esto ocurra (la paralización total del motor del camión durante el avistamiento) debe anularse totalmente la causa de la génesis de la chispa que pone en funcionamiento el motor en la cámara de combustión. El físico James McCampbell, tras el estudio de decenas de episodios de estas características, concluyó que los efectos EM asociados a Ovnis podrían tener su origen en radiaciones electromagnéticas de alta frecuencia que produzcan chispas desacompasadas que alteran el buen funcionamiento del motor. Pero para llegar a detener un motor la fuerza magnética debe ser realmente extraordinaria y superior a los 20.000 gaus. Este tipo de energías tan poderosas sólo pueden ser emitidas por una tecnología muy avanzada. Según explica el investigador David Saunders, un campo magnético de rápida alternancia "puede originar corrientes suficientemente intensas como para interrumpir la sincronización que regula la función de las bujías de encendido de un motor".

Sé que todo esto puede resultar excesivamente técnico, pero me conformaría con que quedara claro el concepto que deseo transmitir: sólo aeronaves dotadas de tecnología pueden provocar los efectos reportados en los casos OVNI.

Sin embargo, y siguiendo con el asunto de los motores paralizados por Ovnis, no se conoce ni un sólo caso en los anales ufológicos en donde un motor diesel haya sufrido consecuencias como las narradas. Un caso prototípico nos remite en 1954 a Italia, cuando un objeto en forma de platillo volante pasó por encima de dos tractores. A uno de ellos el motor se le detuvo, al otro no… ¿Por qué? La respuesta es sencilla: el motor que se detuvo ante la presencia del OVNI era de gasolina, mientras que el que no sufrió los efectos era diesel. Y es que por sus características, los motores diesel son inmunes a las radiaciones electromagnéticas que emiten estos misteriosos artefactos.

¿UN HUMANOIDE CARGADO ELÉCTRICAMENTE?

El 14 de marzo de 1976, el matrimonio Corell se dirigía en su Renault-4 a visitar a su hijo, que se encontraba prestando el servicio militar en la población valenciana de Lliria. Eran las diez de la noche cuando doblaban una curva en las cercanías de Olocau. Al enderezar de nuevo el volante, el conductor y su esposa vieron una extraña luminosidad a la izquierda de la calzada. Al acercarse observaron entre la maleza una figura humanoide que se encontraba a pocos metros del arcén.

Sobra decir que el sobresalto del matrimonio Corell alteró los latidos del corazón de ambos. Aquel ser, muy alto, tenía una morfología singular. En ufología, a este tipo de supuestos tripulantes se los conoce como "humanoides enllantados". Para no entrar en más detalles, bastará señalar que son similares al simpático muñeco publicitario de los neumáticos Michelín.

A los testigos les dio la impresión de que el "enllantado" se encontraba levitando y moviéndose en un vaivén espiral. Sobre su cabeza se distinguían dos luces, y su tórax parecía hinchado y reluciente. Justo en el momento en el que el Renault-4 se situó a la altura del humanoide y lo rebasó, las luces del coche se apagaron. Pese a ello, atrapados en una taquicardia que no olvidarán, ni tan siquiera se plantearon detener el coche. Lo único que querían era alejarse de allí, alejarse de aquel "aparecido"…

Así dibujó el investigador andaluz José Antonio Moya el humanoide que observó cerca de Olocau (Valencia) el matrimonio Corell.

Al día siguiente, el señor Corell llevó su coche al taller… No había encontrado la forma de volver a prender las luces, y sólo lo lograría tras la pertinente mano de obra profesional. Tomás Santiago, investigador vasco, reinvestigó el caso en 1987 y se puso al habla con el responsable del taller (Julio Martí) encargado de la reparación del Renault-4: "A pesar del tiempo, el encargado recordaba el caso perfectamente. Manifestó que la reparación consistió en la sustitución de 30 centímetros de cable quemado a consecuencia de un cortocircuito en un piloto".

El también ufólogo Manuel Audije realizó un examen del caso. Sus conclusiones –que a continuación expongo– me parecen sobradamente interesantes y demuestran que "aquello", amén de una notoria existencia física, emitía algún tipo de emisión energética que provocó el cortocircuito: "El hecho de que la figura (de acuerdo al relato de los testigos) aumentara en volumen a medida que el coche se acercaba indica que estaba adquiriendo una carga electrostática hasta el potencial de saturación, que llega a producir la ionización del aire provocando luminosidad. Al estar formado por iones negativos, el cuerpo no roza el suelo. Es de suponer que, al llegar a la altura de la figura, el coche pudo rozar o entrar en contacto con el campo electrostático del contenedor. Y aquél se descargaría instantáneamente sobre el vehículo, originando dos efectos concretos: primero, la desaparición de la luminosidad de la figura ya que su potencial habría disminuido hasta un valor insuficiente para producir ionización y, segundo, el coche se cargaría negativamente provocando el fallo del alumbrado".

Otro interesantísimo suceso ocurrió en agosto de 1977 cuando el músico de 24 años Mike Stevens se dirigía a Chelmsford desde Cambridge. De acuerdo a la exposición de los hechos que efectuó, fue "abordado" en plena carretera por dos objetos en forma de "pera" que efectuaron diferentes evoluciones cerca de su auto, un Vauxhall Chevette. Cuando los objetos desaparecieron sintió como si una fuerza "retuviera" al coche impidiéndole acelerar. Por más que pisaba el pedal, el coche no logró superar los 75 kilómetros por hora. Cuando llevó su coche a examinar, los técnicos descubrieron que el automóvil había estado sometido a un intenso campo electromagnético que, entre otras averías, produjo una sensible y desconcertante alteración en la dirección del coche.

CUANDO LOS AFECTADOS SON LAS PERSONAS

La misteriosa "energía" emanada por los Ovnis no sólo afecta a tendidos eléctricos, relojes, radios, televisiones o coches. Su naturaleza, sea cual sea –y de ello hablaremos más adelante–, es capaz de alterar también el funcionamiento del cuerpo humano durante y después de la observación OVNI. Y no es de extrañar: si ya sospechamos los efectos malignos que para el hombre tienen los campos generados por pequeños aparatos de la vida moderna como televisiones, teléfonos móviles u ordenadores, ¿qué no podemos esperar de objetos supuestamente dotados de una avanzada tecnología?

Los efectos OVNI sobre personas, atendiendo a su manifestación temporal, los podemos subdividir en tres grandes grupos, de acuerdo al investigador James McCampbell:

*Primarios: se producen durante la observación del OVNI. Se manifiestan como parálisis corporales, intensos dolores de cabeza, sensaciones de frío o calor... Cuando el OVNI desaparece, también deja de sentirse su efecto.

*Secundarios: se detectan durante o después de la observación del OVNI y se prolongan durante un tiempo generalmente breve hasta que desaparecen por completo. Son muy habituales y fundamentalmente se trata de dolores de cabeza, quemaduras leves y afecciones oculares.

*Terminales: acompañan al testigo hasta su muerte, sin que esto signifique que sean la causa del fallecimiento, aunque en ocasiones así sea. Aquí nos encontramos con quemaduras graves, enfermedades crónicas y otras complicadas patologías.

Paralizados por ovnis

En San Lorenzo, Santa Fe (Argentina), varios operarios de la fábrica de productos químicos Carmal pueden dar buena fe de lo que es una "paralización" OVNI. El acontecimiento tuvo lugar el 26 de julio de 1968 hacia las 22.45 horas cuando el cielo se vio inundado por una fuerte luminosidad rojiza a la par que se detenían –de modo inexplicable, una vez más– los motores de la planta de fermentación y los molinos.

Aquella luz envolvió a Juan José Racoski, de 52 años, y a la sazón uno de los operarios de la factoría química. El "fogonazo" le inmovilizó, y al cabo de unos instantes cayó al suelo. Varios compañeros le auxiliaron y comprobaron que había perdido momentáneamente la visión y que su piel adquiría coloración rojiza. Hasta pasados tres días no recuperó la movilidad en todo su cuerpo, que se encontraba entumecido como si hubiera recibido numerosos golpes.

Apenas 28 horas después de este suceso, un misterioso objeto no identificado iba a provocar una reacción similar en otro ciudadano argentino llamado Noberto Raúl Bualó, que circulaba junto a dos personas en automóvil por la ruta nacional 33 cerca de Tres Picos, a unos 70 kilómetros de Bahía Blanca. De repente, una luz muy intensa –procedente de un objeto circular y aplanado, del tamaño de cuatro veces la luna llena y que se desplazaba a 200 metros del suelo–, "semejante a la del gas de mercurio" iluminó el campo varios centenares de metros a la redonda. Cuando la luz cubrió el coche, el motor se detuvo y Noberto comenzó a sentir un cosquilleo tras el que sobrevino la parálisis: "Al instante –explica el testigo en la obra de Roberto E. Banchs *Las evidencias del fenómeno OVNI*–, no estando dormido, sentía una gran tranquilidad; creo que traté de llamar a mis pasajeros, aunque no puedo recordarlo con exactitud".

El investigador francés Michel Carrouges analiza en una de sus obras los llamados "efectos paralizantes". Según este ufólogo galo, "dicho efecto no es propiedad general automática de los platillos volantes, puesto que hemos visto cómo un cierto número de conductores de coches se aproximaban a estos aparatos sin ser detenidos. Además, gran número de testigos se acercaron a platillos y tripulantes sin ser paralizados. Sólo existe una solución: el efecto paralizante se produce a voluntad por un arma especial que los pilotos pueden experimentar desde el aparato o transportar por ellos". En parte, la proposición de Carrouges es lógica si nos basamos en la casuística existente, aunque a un servidor le cuesta imaginar al tripulante del OVNI accionando un arma ridícula al estilo *Star Wars*. Ya hemos hablado anteriormente del caso ocurrido el 1 de julio de 1965 en Valensole (Francia). En su relato, el testigo, Maurice Masse, explicó cómo uno de los humanoides que estuvo observando, cuando se percató de la presencia del campesino "intruso", apuntó al testigo con una especie de tubo que le dejó paralizado.

Sin embargo, existen numerosos casos en los cuales no parece existir una intencionalidad por parte del fenómeno.

No sólo en casos de parálisis (que para el investigador español Antonio Ribera pueden tratarse de un estado próximo a la hipnosis, ya que "una parálisis total incluye a los centros neurovegetativos, lo que provocaría la muerte del testigo por asfixia y paro cardíaco"), sino en casos con otros efectos, como los EM o las quemaduras en testigos, porque probablemente la energía que los causa sea la misma o muy similar, como posteriormente veremos.

Las paralizaciones de testigos, sin embargo, son casi anecdóticas entre los efectos OVNI. No así los casos en los cuales los observadores sufren lesiones y quemaduras oculares, que suponen un fascinante campo de investigación que nos abre las puertas a un fenómeno que no sólo es capaz de detener motores en marcha o paralizar observadores, sino que además incide físicamente sobre ellos. Las parálisis pueden deberse –si se quiere– a una interacción psíquica; las quemaduras, rotundamente no.

LESIÓN OCULAR TRAS AVISTAMIENTO OVNI

Raquel Nalváiz contaba por entonces con 20 años de edad. Se convirtió en protagonista del misterio un viernes o sábado de mediados de septiembre de 1989, muy poco tiempo antes de que se catapultara hacia los anales ufológicos la oleada de Ovnis triangulares en Bélgica, que duró desde finales de 1989 hasta bien entrado el año 1991, tiempo durante el cual se contabilizaron –ahí es nada– la impresionante cifra de más de 3.000 avistamientos.

En esta ocasión, el encuentro también fue con uno de esos enigmáticos objetos triangulares, que tuvo la osadía y el descaro de sobrevolar un casco urbano como es Zaragoza.

La joven regresaba a su domicilio en el barrio de Las Fuentes en autobús, del que se bajó hacia las 23.00 horas. Bajó junto a otras tres o cuatro personas, pero ella –al contrario que el resto de pasajeros– se dirigió hacia la calle Salvador Minguijón. Ya sola, sin un alma a su alrededor, oyó un extraño zumbido:

"Parecía como de un 'abejorro' metálico, pero a la vez sordo, constante. No era fuerte, sino suave y audible, a la altura que se mantiene una conversación normal... Al principio no le di importancia, pero me extrañó su persistencia. Al cabo de unos diez segundos, alcé la vista y vi un triángulo opaco con tres luces anaranjadas en cada vértice. Formaba un triángulo isósceles con una luz blanca en el centro", me explicó Raquel en las numerosas conversaciones que mantuvimos y en las que me describía un objeto de las mismas características que los observados durante los meses siguientes en Bélgica.

De acuerdo a su relato, el artefacto triangular no se encontraba a una altura muy considerable. Según los cálculos de Raquel Nalvaíz, estaba algo por encima de un edificio de cuatro plantas junto al que se encontraba.

"Miré alrededor y no pasaba nadie –continúa relatándome Raquel, evocando aquella sensación de incómoda soledad que le impidió confirmar su observación con el apoyo de otro testigo–, así que seguí caminando con la vista arriba en dirección hacia mi casa. Por culpa de unos árboles que se interpusieron entre mi posición y el objeto, dejé de observarlo".

La observación duró entre minuto y minuto y medio. Raquel, que cuando dejó de ver el OVNI ya se encontraba casi en el portal de su vivienda, subió a su domicilio veloz como una centella. Salió al balcón, y desde allí aún pudo ver el misterioso objeto, que ya se encontraba a gran distancia:

"Lo que vi en ese momento fue una sucesión horizontal de luces… Iban juntas; una era verde, la otra roja y la tercera blanco amarillenta. El conjunto se desplazaba hacia el este y se perdió en la lejanía".

Lo más notable de su experiencia, sin embargo, vino a continuación. No había pasado más de hora y media –a lo sumo dos– cuando Raquel se disponía a echarse a dormir. Fue justo en ese momento cuando empezó a sentir una irritante molestia en sus ojos:

"Primero era un dolor al parpadear. Cuando tocaba o pasaba las yemas de los dedos me dolía. También empecé a notar cierta inflamación. Al día siguiente, al levantarme, parecía una "chinita", tenía los párpados completamente hinchados. La parte inflamada –me explicó Raquel acudiendo a sus conocimientos de enfermería, a la postre su profesión– correspondía a la zona periocular, la parte que rodea al ojo. El mero hecho de parpadear me dolía muchísimo. Sin embargo, la inflamación y el dolor cesaron tan rápidamente como aparecieron… unas 24 horas después de haber visto aquello".

El cuadro clínico de Raquel Nalváiz se correspondía con el de una conjuntivitis aguda. Los manuales médicos nos señalan que su infección sería una conjuntivitis angular o bien una lesión erosiva del epíteto de la cornea. Sin embargo, este tipo de lesiones son idénticas en muchos casos a las producidas por exposición a emisiones atómicas, rayos X, ultravioleta o infrarrojos. En el caso de septiembre de 1989 debemos inclinarnos por esta segunda posibilidad, debido fundamentalmente a que Raquel no estuvo sometida a ningún mecanismo de agresión –polvo, agua o insectos– que provoque conjuntivitis, y sí estuvo expuesta a una impresión visual cuya naturaleza podría ser del tipo de las referidas.

Así pues, en este caso, las luces que portaba el OVNI tenían características dañinas para la vista.

Otra testigo que puede certificar algo similar vivió un avistamiento OVNI en Pennsylvania tras el cual –apenas habían transcurrido veinte minutos– comenzó a sentir que su vista se nublaba. El médico que estudió a la paciente concluyó que la mujer, de 37 años, pudo haber estado sometida a algún tipo de radiación de tipo ultravioleta.

Otro caso similar se produjo en Itatiaia (Brasil), el 30 de agosto de 1970. El protagonista de este episodio, Altamiro Martín de Freitas, efectuaba su habitual ronda de seguridad en un embalse cuando observó un objeto multicolor descendiendo lentamente sobre la zona. Tal fue el pánico que sintió que desenfundó su revólver y disparó contra el objeto. En ese instante, y como si de una suerte de represalia se tratase, del objeto partió un haz de luz blanco-azulada que paralizó al testigo. Por si fuera poco, perdió la visión durante unos diez días. Además, justo sobre el lugar en donde se encontraba el observador, la tierra quedó seca, en medio del lodazal en el que se había convertido la zona tras las impenitentes lluvias tropicales.

EL CASO CASH-LANDRUM

El 15 de agosto de 1968, en Mendoza (Argentina), un suceso OVNI provocó una investigación del equipo de los servicios de información de las Fuerzas Aéreas Argentinas y otra de la Comisión de Energía Atómica. Los hechos fueron protagonizados por Adela Caslaveri, enfermera de un hospital de la localidad porteña, que observó a través de una ventana un objeto esférico desplazándose en el cielo. De improviso, del artefacto partió algo parecido a unas chispas. En ese momento, la testigo quedó paralizada e inmóvil. Minutos después comenzó a sentir molestias en su rostro, que había sufrido quemaduras.

Tras emitir aquellas "chispas", el objeto aterrizó en un terreno próximo. El equipo que se encargó de la investigación localizó huellas de 50 centímetros de diámetro en donde los contadores Geiger, unos artefactos que captan emisiones radiactivas, señalaron que existían altos índices de radiactividad. Pero este caso argentino no es nada en comparación con el que expongo a continuación.

Se trata del más célebre de los episodios de quemaduras provocadas por Ovnis registrado en los archivos ufológicos. Ocurrió el 29 de diciembre de 1980 a pocos kilómetros de Houston, en el estado de Texas (EE.UU.).

Los protagonistas de este incidente son Betty Cash, de 50 años, Vicky Landrum, de 57 años, y el nieto de esta última, Colby, de 7 años. Circulaban en coche por la carretera FM 1485 hacia las 21.00 horas cuando observaron una luz en el cielo acercándose a ellos. El objeto acabó situándose muy cerca de los testigos, que lo describieron como similar a un diamante dispuesto verticalmente. Era de color gris opaco y parecía estar flotando. Emitía un ruido casi infernal, intercalando pitidos y "rugidos" parecidos a los que se oyen cuando despega entre estruendos un trasbordador espacial.

En ese instante, cuando los testigos se encontraban muy cerca de ese extraño "diamante" empezaron a sentir una insoportable ola de calor. El interior del automóvil "ardía" y Betty y Vicky, sin poder soportarlo más, decidieron salir al exterior. Sólo Colby, el pequeño de 7 años, permaneció dentro del coche.

Fuera del vehículo el calor era mucho más intenso. Vicky apenas lo soportó unos segundos, mientras que Betty aguantó algo más. Como mal menor, retornaron al interior del automóvil, decidieron hacer de tripas corazón y salir huyendo. Habían pasado diez minutos desde que vieron por primera vez acercarse el OVNI que, en ese momento, comenzó a desplazarse entre ruidos y olas flamígeras. Se perdió a lo lejos y, minutos después, siguiendo la misma ruta trazada por el OVNI, aparecieron una serie de helicópteros que parecían querer seguir al "intruso".

Sin embargo, la odisea de los testigos apenas acababa de comenzar.

Esa misma noche, Betty Cash empezó a sufrir náuseas y migrañas, mientras que en su cuello y cabeza surgieron ampollas. Después llegaron vómitos espasmódicos y una diarrea aguda. El 3 de enero de 1981, es decir, cuatro días después de los sucesos, Betty fue ingresada en el Hospital Parkway de Houston por espacio de 12 días. Tras ser dada de alta, recayó y fue nuevamente internada, en esta ocasión durante más de dos semanas. Uno de los facultativos que la atendió, el Dr. Patil, dibujó así su cuadro clínico: "Tenía quemaduras en su cara y su cabello se estaba cayendo en pedazos en dos o tres áreas, pero no podemos asegurar qué ha causado las quemaduras; tampoco podemos descartar que haya estado expuesta a una radiación".

Y es que la testigo, además, también sufrió irritación e hinchazón ocular muy similar al caso de Zaragoza de 1989– probablemente debida a haber estado expuesta a alguna fuente lumínica que emitía en un espectro peligroso.

La otra testigo, Vicky Landrum, sufrió lesiones menores. Cuatro de sus dedos –que casualmente había apoyado sobre el coche durante el avistamiento– tenían las uñas con líneas de tejido muerto, al estilo de las lesiones desarrolladas por pacientes tratados con quimioterapia. El niño, que como decía permaneció dentro del coche mientras duró la odisea, tuvo pequeños problemas en los ojos, aunque el vello de su brazo y espalda sufrió un desarrollo mayor al habitual en los niños de 7 años.

Curiosamente, y como ya habrá deducido el lector, la proporción de los daños sufridos por los testigos fue directamente proporcional a la exposición de cada uno de ellos al OVNI.

El suceso motivó que el representante estatal Larry Bowder encargara una investigación administrativa de los hechos a la Oficina de Control de Radiación del Departamento de Salud del Estado de Texas. En la investigación, que no llegó a buen puerto, se admite que Cash y Landrum pudieron haber estado sometidas a algún tipo de radiación ultravioleta, infrarroja o de rayos X.

Si nos guiamos por la clasificación de los efectos OVNI sobre personas que antes exponíamos, los sufridos por Cash y Landrum habría que encuadrarlos dentro del grupo de efectos terciarios, porque ambas siguieron sufriendo las consecuencias de la observación por mucho tiempo. Vicky Landrum, por un lado, prácticamente ha perdido la visión tras no haber podido sanar perfectamente sus lesiones oculares. Mientras, a Betty, tras haber sido ingresada en varias ocasiones, se le diagnosticó un cáncer cutáneo del que jamás sanó… Murió el 29 de diciembre de 1999, justo, y ya es casualidad, cuando se cumplía el 19º aniversario del espectacular avistamiento.

John Schuessler, ingeniero de la empresa aeronáutica McDonnell Douglas, estudió el fenómeno y pudo localizar a más testigos presenciales de los hechos que confirmaron algo que ya habían explicado los testigos: unos misteriosos helicópteros negros surgieron como siguiendo el rastro del OVNI, llegando incluso a rodearlo y generando dudas sobre la "paternidad" del misterioso objeto, lo que ha convertido a este caso en un auténtico, y en toda regla, *expediente–X*. El mismo Schuessler, tras el estudio de las patologías manifestadas por los testigos, concluyó que habían sufrido los efectos de una radiación nociva procedente de aquel enigmático artefacto. Ésa, y no otra, es la conclusión de la ciencia ante este caso.

¿SON AGRESIVOS LOS OVNIS?

Efectivamente, los Ovnis pueden causar ocasionalmente lesiones de mayor o menor consideración entre quienes los observan.

Sin embargo, en los casos citados, no parece existir una intención manifiestamente hostil por parte de estas supuestas naves. La mayor parte de los casos en los que los testigos sufrieron quemaduras y lesiones parecen corresponder más a la naturaleza tecnológica de los Ovnis que a sus intenciones.

Pero, pese a todo, existe un pequeño puñado de casos que generan dudas y en los que los No Identificados sí parecen mostrar una actitud claramente agresiva. Famosos son los casos producidos en los estados brasileños de Pará y Maranhao entre 1977 y 1982. Pero hay más; veamos algunos ejemplos:

*Laudomira da Paixao, en la Isla de Corales (Brasil), en octubre de 1977, vio a través de su ventana un haz de luz que le incidía directamente en el pecho, como si alguien –desde las alturas– la enfocara con una linterna. Ella, sin embargo, se sintió "perforada", y en el lugar en donde impactaba dicha luz la piel mostró poco después síntomas evidentes de haber sufrido una quemadura. La herida cicatrizó pronto, pero su salud jamás se recuperaría. "Contrajo" una debilidad corporal de la que jamás se zafaría, y las migrañas y jaquecas se sucedieron sin solución de continuidad. Sufrió debilidad corporal y fuertes dolores de cabeza. Desde entonces su salud empeoró.

*En 1982, en Maranhao (Brasil), varios amigos salieron de caza durante la noche. Se dispersaron, pero casi todos observaron una misteriosa esfera merodeando por la zona. Uno de los jóvenes, Juan Bautista Lima, fue encontrado moribundo con dos marcas redondas y rojizas bajo sus orejas. Una luz le había "atacado"...

*León Eveille, de 40 años, apareció carbonizado en el interior de su vehículo en Aubé (Francia). El automóvil y todo lo que se encontraba en un radio de 15 metros también apareció calcinado. Numerosos testigos declararon haber observado un OVNI sobre el lugar en el que se encontraba el coche, que según un informe pericial estuvo sometido, y por ende también el propio Eveille, a temperaturas superiores a 4.000 grados. León falleció en junio de 1971...

*Emiliano Velasco conducía su tractor en una parcela de Pedrosa del Rey (Valladolid) cuando un extraño objeto se acercó hasta él. Durante media hora el objeto estuvo efectuando círculos concéntricos en torno a Emiliano, que no pudo disimular su pánico cuando el objeto desapareció emitiendo un silbido y un doble fogonazo, tras el cual una especie de "tiro" agujereó el parabrisas. Su vida cambió: temeroso, nunca quiso volver al lugar y tuvo que dejar de trabajar por culpa del grave deterioro físico que sufrió, con pérdida de visión y oído, a lo que hubo que sumar una progresiva hemiplejia. Falleció, y su mujer lo tuvo claro desde entonces: "Eso

Betty Cash, Vicky Landrum y su nieto Colby vivieron en diciembre de 1980 un encuentro con un OVNI... Las quemaduras que sufrió la primera (a la izquierda), acabaron por mandarla a la tumba. La segunda, quedó prácticamente ciega, mientras que el pequeño sufrió alteraciones hormonales. El caso que vivieron es una auténtica demostración de que los OVNIs emiten poderosas radiaciones que, en ocasiones, son perjudiciales para la salud.

lo mató", diría en voz alta. Su acta de defunción, fechada el 8 de junio de 1978, reza así: "Falleció por artrosis cervical complicada por un tumor cerebral progresivo". ¿Murió como consecuencia del "tiro" procedente del OVNI? Lo cierto es que su calvario físico comenzó un 17 de julio de 1975, hacia las 18.30 horas, cuando un misterioso objeto abordó su tractor...

¿QUÉ TIPO DE RADIACIONES EMITEN LOS OVNIS?

En noviembre de 1957, en Ohio (EE.UU.), el Sr. Allen notó unas extrañas interferencias en su monitor de televisión. Intrigado, salió al exterior de su vivienda para averiguar si la antena estaba dañada. Apenas tuvo tiempo para inspeccionarla, porque sobre el tejado de su casa se encontraba un objeto esférico de unos siete metros de diámetro que se dirigió hacia él.

99

Y, como ha ocurrido en tantas otras ocasiones, cuando el objeto se situó a pocos metros, sintió que su cuerpo se paralizaba por completo. La enigmática esfera giró y desapareció; Allen recobró la movilidad y se adentró en su vivienda, asustado, tembloroso y con el corazón a punto de romperle el pecho.

Ya en su casa comenzó a sentir un terrible dolor en la cabeza, a la par que le subió la fiebre. Dos días después, falleció como consecuencia –aseguraron los doctores– de haber estado sometido a una potentísima emisión de una radiación de microondas.

Hablemos sobre este tipo de radiaciones.

Investigaciones llevadas a cabo en 1943 con 45 hombres sometidos a bajas emisiones de microondas reportaron que los "pacientes" sufrieron fuertes dolores de cabeza cuando fueron expuestos a la emisión muy cerca de su fuente generadora. Otro estudio, dado a conocer en la publicación sueca *Expressen* el 5 de febrero de 1972, concluía que los motores de muchos coches son sensibles a las radiaciones electromagnéticas y que pueden fallar cuando son sometidos a la acción de microondas.

Estos estudios –e infinidad más– han hecho suponer a los estudiosos que los Ovnis pueden emitir este tipo de radiaciones de microondas.

Precisamente, la historia del doctor Walter Johnson bien podría ser la de una de las víctimas de las radiaciones OVNI. Se encontraba, allá por la década de los cincuenta, efectuando comprobaciones en el radar de la plataforma de Galveston, cuando sintió un ardor en su muslo. Pronto se dio cuenta de qué demonios había ocurrido. El hecho es que minutos antes había guardado en su bolsillo dos lámparas de neón, por supuesto, lógicamente desconectadas. Sin embargo, se habían encendido… ¿Por qué? Sencillo e ilustrativo: Walter, al acercarse a los instrumentos radáricos, comenzó a "recibir" las microondas que emiten los radares y esto provocó la "irritación" del neón. Lo más dramático llegaría después, porque Walter comenzó a sentir dolores propios de la exposición radiactiva... Y acabó falleciendo.

Recapitulando: Allen, en Ohio, y Johnson, en Gavelston, sufrieron los mismos síntomas en su declinar hacia el óbito. Ambos habían recibido potentes emisiones de microondas que desencadenaron la tragedia. En el caso de Johnson, esa emisión tenía un origen claro: el radar. Y en el caso de Allen, también tenía una procedencia concreta: un OVNI esférico que se encontraba sobre su vivienda y que pasó a pocos metros de él.

Las investigaciones sobre microondas han llevado a la conclusión de que los ojos, tantas veces dañados tras observaciones OVNI, son especialmente sensibles a este tipo de emisiones, que pueden "excitar" las partículas de xenón de la atmósfera creando una combinación dañina para la vista. ¿Es ése el motivo de los daños oculares relatados por los testigos OVNI? La ciencia parece responder afirmativamente a esta cuestión: si unos ojos están sometidos durante al menos tres segundos a una emisión de microondas de una frecuencia superior a 3.000 MHz pueden resultar afectados y, en ocasiones, sufrir taras visuales crónicas –cataratas, por ejemplo–, o bien paralizaciones musculares que provocarían al testigo la sensación de estar inmovilizado.

Las fiebres, los mareos, las náuseas, las pérdidas de equilibrio, de conciencia o el descontrol del sistema nervioso son otras de las consecuencias que pueden sufrir aquellas personas sometidas a campos de microondas por un corto espacio de tiempo. Y todos estos síntomas los encontramos en infinidad de testimonios OVNI.

Ahora bien, si la influencia de las microondas es prolongada o éstas tienen una elevada frecuencia, los efectos son más graves y reciben el nombre de "síndrome de asthenia". Sus síntomas son debilidad corporal, miedos irracionales, tendencias antisociales, fuerte incapacidad de tomar decisiones… Síntomas que, curiosamente, reportan esporádicamente algunos testigos OVNI y que podrían explicar las extrañas conductas que todos los que estudiamos los Ovnis hemos descubierto en algunos testigos cuya estabilidad mental parece quebrarse tras la experiencia.

Los campos eléctricos alternantes en la frecuencia de las microondas penetran con facilidad en la piel, causando diatermia o calor en los tejidos. La absorción de esta radiación explicaría el aumento de temperatura sentido por algunas personas tras el encuentro con un OVNI. Un estímulo eléctrico por microondas del órgano del sistema nervioso central, que controla funciones como el sueño o los estados emocionales –cuyo mecanismo es fundamentalmente químico–, daría como resultado la producción de agentes que indujeran somnolencia, nerviosismo, ansiedad, mareos, depresión, pérdida de apetito, e incluso dilatación de la tiroides. Estos síntomas son conocidos como "enfermedad de microondas", y los encontramos también en la abundante casuística ufológica.

K. Gösta Rehn señala lo siguiente en su obra, magnífica por cierto, *Dossiers OVNI*: "Los métodos de radiación que emplean los Ovnis abarcan todo el espectro electromagnético". Como ya hemos dicho, la generación de este tipo de campos –causados quizá por el método de propulsión de estos objetos– puede provocar los efectos citados a lo largo de todo este capítulo. Para ello es necesario el control de dichos campos de forma inteligente. ¿Qué quiero decir con esto? Sencillamente, que los casos que incluyen "efectos OVNI"

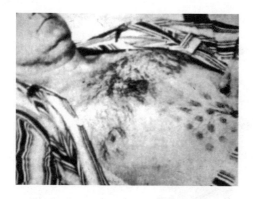

En Brasil se han registrado muchos casos similares con quemaduras provocadas por extrañas luces que emiten los No Identificados y que son conocidas por los lugareños como "chupa-chupa".

son una auténtica prueba de la realidad física, inteligente y tecnológica del fenómeno OVNI.

En ninguno de los episodios mencionados, los escépticos pueden argumentar positivamente sus tesis en respuesta a cuestiones como éstas: ¿Inventaron las señoras Cash y Landrum un suceso que les provocó daños irreparables? ¿Fue una alucinación lo que "mató" a Emiliano Velasco? ¿Pudo provocar un "error de interpretación" las quemaduras de origen radiológico en los ojos de Raquel Nalváiz? ¿Cómo una alucinación pudo inmovilizar durante tres días al argentino Juan José Raskosi?

Rayos X procedentes de un ovni

Los episodios analizados demuestran que el fenómeno OVNI es una realidad innegable. Que se lo digan —y con la exposición de este episodio concluyo— a Steve Michalak, de 52 años, que el 20 de mayo de 1967, en Manitoba (Canadá), comprobó, en su propia piel, cuán real es el misterio de los No Identificados.

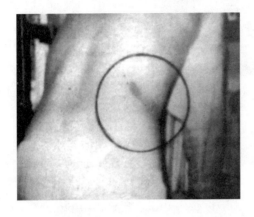

Quemaduras
provocadas en testigos
por Ovnis.

Sin nocturnidad, pero con algo de alevosía, como veremos enseguida, dos objetos luminosos de color rojo cruzaron el cielo de esta región minera a las doce de la mañana. Steve Michalak prospectaba minerales en esos lares. Y vio cómo uno de esos objetos, discoidal y de unos 11 metros de diámetro, tomaba tierra muy cerca de donde se encontraba él. Desprendía un sofocante calor, y un intenso olor sulfúrico. Pensó que era una nave americana en apuros y se aproximó. Tanto, que la tocó, y sus guantes, ipso facto, se carbonizaron. Se retiró unos metros, y el OVNI se "inclinó". Entonces vio cómo un rayo de luz partía del objeto y chocaba contra su pecho. Acto seguido, en medio de una oleada de calor superior a lo humanamente soportable, el OVNI se elevó y desapareció.

Vértigos, vómitos, gastroenteritis... Michalak perdió 10 kilos en sólo cuatro días. Algo le había descompuesto. Además, en su pecho, justo en donde había impactado aquel rayo, habían aparecido unos círculos. Eran quemaduras de segundo y tercer grado. El Dr. H. C. Dudley, profesor de física de la Universidad Mississippi Sur y jefe de un laborato-

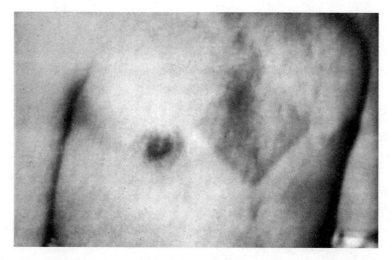

Michalak, en Canadá, protagonizó uno de los casos más conocidos.

rio de radio-isótopos de la Marina norteamericana, estudió los efectos fisiológicos que se manifestaron en el testigo tras los hechos: "Presenta síntomas idénticos a los que se producen tras una exposición a rayos X".

Una radiación que, una vez más, procedía de un "platillo volante"...

Capítulo 4

¿MATERIALES EXTRATERRESTRES?

"Te puedo anticipar que en los próximos tiempos la Roca de Getafe va a dar mucho que hablar... Tenemos dos posibilidades: que se trate realmente de un nuevo tipo de meteorito o que sea una roca artificial fabricada en el espacio", me aseguraba el geólogo Jesús Martínez Frías en su despacho del Museo de Ciencias Naturales el pasado 29 de agosto.

Martínez Frías y el resto de expertos del Grupo Español de Trabajo sobre Meteoritos y Geoplanetología han estrechado el cerco sobre el objeto que a las doce del mediodía del 21 de junio de 1994 caía sobre el capó de un BMW en marcha que circulaba a la altura del kilómetro 17 de la N-IV, en las inmediaciones de Getafe (Madrid). A su conductor se le rompió un dedo; el volante se quebró y el parabrisas quedó agujereado como si una enorme bala lo hubiera atravesado.

LA ROCA DE GETAFE, ¿UN METEORITO?

En 1997, el prestigioso científico me relataba así las conclusiones a las que había llegado tras los primeros análisis: "Tenemos determinados los componentes de la roca; lo que ocurre es que son parcialmente típicos de todos los meteoritos, pero analizados conjuntamente no tienen parangón con nada conocido".

El entusiasmo de Martínez Frías no decreció desde entonces. Paciencia y tenacidad son las dos herramientas de trabajo sobre las que sustenta su investigación. También la discreción: "Hemos de diferenciar lo que es comunicación social de comunicación científica", me explicó para justificar el porqué de tanto sigilo ante los avances en las múltiples y variadas –amén de excepcionales– investigaciones que lleva a cabo. Es sencillo: los científicos, los españoles en este caso, para obtener reconocimiento académico, deben publicar los resultados de sus pesquisas en las revistas científicas avaladas por el Ministerio de Ciencia y Tecnología, que someten los trabajos al arbitraje y juicio de un equipo de expertos independientes.

"Y puesto que de momento no es un meteorito, no hemos podido publicar el trabajo en ninguna revista de meteoritos, pero sí en una de metalurgia que también está en los listados oficiales", explica, mostrándome el trabajo que, por fin, obtuvo refrendo.

Ahora, la comunidad científica ya es sabedora de los estudios efectuados sobre la enigmática roca. El trabajo en cuestión, publicado por la *Revista de Metalurgia*, está firmado por el propio Martínez Frías, junto a A. Wigel y K. Marti (Universidad de California), T. Boyd y G. H. Wilson (Universidad de Toronto), y T. Jull (Universidad de Arizona). Todos ellos han analizado sistemáticamente la roca, de 1.417

gramos de peso y que está formada fundamentalmente por arnita (silicato cálcico) y bustita (óxido de hierro), minerales que se encuentran en todos los meteoritos, pero como elementos marginales.

¿De qué se trata entonces?

"No tenemos evidencias como para afirmarlo, pero podríamos estar ante un nuevo tipo de meteorito... Si es así, con el tiempo aparecerá alguno parecido", me contesta Martínez Frías.

De momento es único, y por ello los expertos han buscado también en otra dirección...

Años después de que mantuviera con él la primera conversación al respecto, la hipótesis más heterodoxa sigue en pie: "Podría ser manufacturada". Sin embargo, como se explica en el informe aprobado por sus colegas, la roca ha viajado por el espacio, prueba ineludible de su procedencia... extraterrestre. No obstante, los análisis por desintegración del argón (que miden el tiempo que un objeto celeste ha estado

Un pedrusco
atravesó un coche
en Getafe
en 1994.

expuesto a los rayos solares) han arrojado una antigüedad de entre 1.000 y 520.000 años, cuando todos los meteoritos presentan una antigüedad de 5.000 millones de años, es decir, el tiempo de vida del Sistema Solar. ¿Acaso pertenece a una roca mayor en cuyo seno estuvo durante mucho tiempo? Es posible... Pero los recientes análisis mediante el carbono 14, que también nos muestra, han venido a arrojar más sorpresas: "Data de entre 1955 y 1958, lo que es consistente con el carbón moderno". Esto no quiere decir que haya sido fabricado en tales fechas, sino que la Roca de Getafe es mucho más moderna que cualquier meteorito al uso.

"Puesto que se trata de un material ultrarrefractario, muy resistente a las altas presiones y sobre todo a elevadas temperaturas, a lo que más se parece es a una síntesis artificial de una roca natural", concluye. Pero, ¿qué explicación tiene esto? "Quizá demostraría que en el espacio se ha fabricado algún tipo de material de estas características", sugiere el investigador, comedido y eludiendo una no improbable explicación extraterrestre.

A lo que más se parece la Roca de Getafe es a las losetas de los transbordadores espaciales. Sin embargo, no se trata de una de ellas, puesto que presenta los mismos indicativos de vuelo espacial de un meteorito. ¿Un experimento en el espacio? La estación espacial MIR era la única misión tripulada que flotaba en el espacio en la fecha de la caída. Pero la roca tiene medio millón de años...

En todo caso, el extraño "aerolito" sigue siendo objeto de estudio. Y por más que quiera, y por supuesto sin olvidar las comedidas valoraciones de los expertos, servidor no puede dejar de pensar que este "regalo del cielo" pueda ser una prueba de que no estamos solos...

¿ESTAMOS SOLOS?

Llevamos décadas investigando la probabilidad de que no seamos los únicos en la infinita profundidad del Universo, de que existan otras humanidades poblando lejanos mundos, de que la vida inteligente no sea patrimonio de este planeta azul. Los llamamos hace 27 años, cuando enviamos un mensaje cifrado a la nebulosa N13 Hércules desde el radiotelescopio de Arecibo (Puerto Rico), pero una posible respuesta procedente de allí tardará 45.000 años en producirse.

Espiamos, gracias a miles de antenas diseminadas por medio mundo, cualquier hipotética emisión de radio originada en las estrellas. Se han recibido algunas sospechosas, pero ni una de ellas es determinante. Y así, quizá, o sin el quizá, muchos científicos han empezado a perder la paciencia y a preguntarse si de verdad, después de todo, vivimos en un vergel en medio de una inmensidad gobernada por el espacio infinito y la ausencia de vida.

Me niego a creerlo. Porque, queramos o no, es imposible cerrar los ojos ante las perspectivas fascinantes que se han abierto, en especial tras los hallazgos de agua en otros mundos y de otros sistemas estelares con planetas. Hasta 1995, no teníamos constancia de que existieran planetas más allá del Sistema Solar, pero desde entonces y hasta ahora, siete años después, se han descubierto gracias a las modernas tecnologías casi 100 planetas orbitando en torno a otras estrellas. Y, además, ahí están los indicios de existencia de agua hallados en Marte, a lo que hay que sumar la probable existencia de líquido elemento bajo la superficie de las capas heladas de Europa, uno de los satélites naturales de Júpiter, o en Titán, "planetoide" que orbita en torno a Saturno. Sumemos también la existencia de clorofila en el vecino marciano, que indica que allí pueden darse los procesos generadores de vida.

En conclusión: los descubrimientos efectuados en los últimos años nos indican que en nuestro aislado y marginal barrio cósmico existen las condiciones que propiciaron la aparición de la vida hace cientos o miles de millones de años en nuestro planeta. Y si eso lo tenemos a nuestro alrededor, ¿qué no podremos encontrar alrededor de los miles de millones de estrellas conocidas?

Por muy tópico que resulte, con total seguridad, la vida hierve por todo el Universo.

Y por qué no. Arriba, en torno a una estrella lejana, sobre un planeta similar al nuestro, pudo haberse desarrollado una forma de vida parecida a la que tenemos aquí. Estos hombres, por qué no, pueden haber atravesado más estadios evolutivos que nosotros, desarrollando una tecnología casi mágica para nosotros que les permita el viaje interestelar a bordo de sus naves. Y esas naves, por qué no, podrían ser los Ovnis de los que aquí hablamos. Aun así, la investigación ufológica choca frontalmente contra un muro que parece infranqueable, y ése no es otro más que la ausencia de pruebas físicas.

Quienes no le perdieron la cara al asunto fueron los miembros de un comité liderado por Peter Sturrok, profesor emérito de Física y Astronomía en la Universidad de Stanford. Analizaron decenas de episodios OVNI en los cuales este tipo de artefactos provocaba algún tipo de alteración en el entorno, bien sean huellas de presuntos aterrizajes o bien quemaduras y otros efectos fisiológicos en los testigos de supuestos encuentros con estas "naves". Y concluyeron, según revelaron en 1997, que los No Identificados son naves que utilizan para su puesta en escena una sofisticada tecnología.

En su aserto sin precedentes en la comunidad científica, los integrantes del Panel Sturrok no sólo sientan los pilares para demostrar que los Ovnis existen, sino que también sostienen que el estudio de todas las pruebas circunstanciales de naturaleza física relacionadas con los Ovnis pueden servir para esclarecer el misterio.

Y en esa búsqueda quizá nos encontremos, tarde o temprano, con algún tipo de objeto o material de confección no terrestre que pueda servir para aclarar la hasta ahora insoluble cuestión de la existencia de otras humanidades estelares.

Y quizá, lógico es, haya que dar numerosos palos de ciego en esa incansable búsqueda. El NIDS, Instituto para el Avance Científico, es un organismo empeñado en buscar esas pruebas. Sus expertos, notables científicos en diversas ramas experimentales, ya han puesto en evidencia que detrás de los Ovnis opera una sofisticada tecnología. Siguen embarcados en la quimera. Soñaron con desvelarla en julio de 2000, cuando tuvieron conocimiento de la caída de un extraño meteoro en Duchesne, Utah (EE.UU.). Tenía forma cilíndrica, medía cuatro centímetros de longitud, pesaba 178 gramos y cayó a gran velocidad a una temperatura de 90 grados.

Finalmente, la investigación sirvió para descubrir que se trataba, con casi total seguridad, de un componente perteneciente a una torre transformadora de electricidad de la cual, a causa de un cambio de tensión, había saltado.

Sin embargo, es probable que, antes o después, nos topemos con esa pieza física cuyo origen nos haga sospechar. Quizá la bautizada como Roca de Getafe sea un buen inicio… Pero no ha sido el primero. Mal que pese a muchos, han sido encontrados materiales y objetos, en definitiva "regalos del cielo", cuya naturaleza no ha podido ser determinada todavía.

Jesús Martínez Frías, geólogo del Consejo Superior de Investigaciones Científicas ha estudiado a conciencia la Roca de Getafe. Su origen es un misterio.

EL CASO DE UBATUBA

Aunque relegado por el olvido, el suceso ocurrido en septiembre de 1957 en la playa de Ubatuba (Brasil) sigue sin ser satisfactoriamente explicado. De acuerdo al relato de los testigos presenciales, un objeto en forma de "platillo volante" apareció cerca de la costa a plena luz del día. Parecía en apuros... Muchos pensaron que se estrellaría contra el mar, sin embargo alzó de nuevo su vuelo. A pesar de ello, segundos después, estallaba de forma espectacular. Algunos fragmentos, de un material blanquecino y muy poco pesado, llegaron hasta la costa y fueron enviados al laboratorio de Producción Mineral dependiente del Ministerio de Agricultura en Brasil.

Los primeros resultados indicaron la presencia de magnesio de gran pureza. Olavo T. Fontes, el investigador del caso, sopesó la posibilidad de que se tratara de un material manufacturado, y a tenor de que no encontró nada similar en la Tierra, dedujo que el material tenía origen extraterrestre.

Años después, un equipo de científicos de la Universidad de Colorado (EE.UU.) encargó un nuevo análisis de las muestras de Ubatuba. En esta ocasión, los resultados fueron

113

menos alentadores, en el sentido de que el magnesio de Ubatuba tenía un grado de pureza menor que el desarrollado ya en 1957 por una empresa de Michigan, la Dow Chemical. Sin embargo, la "pieza" terrestre contenía mercurio, mientras que la ¿extraterrestre? no presentaba tal signo, lo cual, de acuerdo a los expertos, resultaba inquietante: "Podemos decir que, más allá de cualquier duda razonable, se trata de un fragmento auténtico de un OVNI", aseguró el Dr. James Harder, un prestigioso científico y ufólogo.

No obstante, y como señalaba el investigador español Antonio Ribera, aunque el material pudiera ser equiparado a la más sofisticada tecnología terrestre, conviene no olvidar el hecho de que procedía de la aparente desintegración de un OVNI discoidal...

El asunto no ha dejado de ser objeto de estudio, y en 1979 un profesor del Instituto Tecnológico de Massachussets, Roger Ojilvie, reinvestigó el material y firmó el siguiente dictamen: "Su estructura es inusitada y sólo pudo ser formada por calentamiento de magnesio cerca de su punto de fusión en el aire... Es posible que sea una pieza de metal soldado proveniente de la explosión de una nave o satélite que regresara a la Tierra".

Más recientemente, el investigador de la Universidad de Arizona Walter W. Walker examinó de nuevo los restos. Tras sus análisis concluyó: "La superficie revela que estuvo expuesto a altas temperaturas en la atmósfera terrestre... El fragmento –añadió– es un material inusual de procedencia desconocida". En el mismo sentido se manifestó en 1992 el investigador Paul Hill, para quien la presencia de estroncio en la muestra es una prueba inequívoca de que se trata de un objeto manufacturado.

Manufacturado, pero ¿por quién?

Recordaré que el fragmento pertenecía a un disco volador que estalló en el aire...

El suceso, como señalé, ocurrió en septiembre 1957. La única explicación que cabría para justificar las características de los fragmentos de Ubatuba es que pertenecieran a una nave espacial terrestre, pero la primera de ellas, el satélite ruso *Sputnik 1*, una bola de metal de 82 kilos de peso que permaneció tres meses en órbita, fue lanzada hacia las estrellas el 4 de octubre de 1957. Es decir, al menos dos semanas después del incidente brasileño...

¿Hipótesis? Una de dos: o existieron pruebas espaciales antes de esa fecha de las cuales nada hemos sabido, o el OVNI de Ubatuba procedía... ¡del espacio exterior!

FRAGMENTOS DE ALTA TECNOLOGÍA DE PROCEDENCIA DESCONOCIDA

Una de las características de los presuntos materiales recuperados tras encuentros OVNI, y de algunos extraños objetos caídos del cielo, es que tienen capacidad para soportar altas temperaturas y grandes presiones. Ambas características son propias de los materiales ultrarrefractarios que recubren las más modernas naves espaciales.

Pero insistimos: la primera, el *Sputnik 1*, fue lanzada el 4 de octubre de 1957. El caso de Ubatuba aconteció unas semanas antes. Pero no es el único que precedió al inicio de la conquista del espacio. Mucho más desconocido, pero más inquietante aún, es otro episodio ocurrido en la isla de Vaddo en Suecia el 11 de noviembre de 1956, un año antes del comienzo de la carrera espacial. En esta ocasión, un objeto elíptico de ocho por tres metros cuasiaterrizó frente a dos testigos. Sobre el lugar dejó una huella con terreno calcinado. Allí se encontraron tres pequeños fragmentos aparentemente metálicos. Quemaban y pesaban mucho, de acuerdo a los observadores. Los "regalos" comenzaron su peregrinaje por los laboratorios de diferentes organismos: la SAAB Airlines (compañía de vuelos sueca), el Instituto Max Planck de Stuttgart (Alemania), el Instituto Técnico Universitario de Múnich (Alemania) o las universidades americanas de Berkeley y Kansas.

Los análisis determinaron que los objetos estaban formados fundamentalmente por carburo de wolframio de extrema dureza: 9,5 en la escala encabezada por el diamante, al que se le atribuye un valor 10. Nada, salvo la piedra preciosa, es tan duro. Se trata de un material artificial, puesto que la naturaleza no lo genera. El "regalo" sueco resultó ser ultrarrefractario, capaz de soportar altas presiones, enormes temperaturas y grandes impactos. Es decir: se trata de un material idóneo para un artefacto cuyo cometido sea el vuelo espacial. Nuestra aeronáutica lo comenzó a utilizar en algunas piezas en los años cuarenta, pero ¿qué relación tenía con el OVNI observado en Suecia en 1956? Si pertenecía a ese extraño artefacto, ¿tenía origen extraterrestre?

Más recientemente ocurría en Chile un suceso singular. Aconteció el 15 de noviembre de 1993. Ocurrió en plena cordillera de los Andes, en Conquimbo, al norte de Valparaíso. De acuerdo al principal testigo de los hechos, Jorge Tabé, un artefacto desconocido de aspecto discoidal pareció rozar en pleno vuelo una montaña a 5.200 metros de altitud. En el lugar del roce se hallaron dos piedras extrañas de 1,5 kilogramos cada una que, desde ese momento, emprendieron una singladura de laboratorio en laboratorio durante la cual los científicos trataron de descubrir la naturaleza de las enigmáticas piedras.

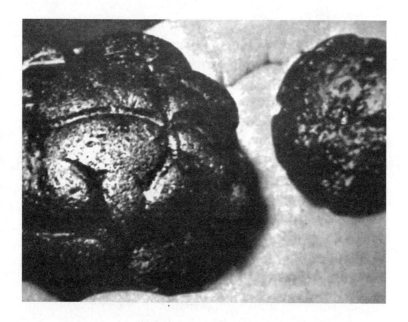

Materiales presuntamente no humanos encontrados en Chile. Los análisis no registran origen terrestre. ¿De dónde proceden? Curiosamente fueron dejados por Ovnis.

Gracias a la tenacidad de investigadores chilenos como Cristián Riffo se pudo examinar la "evidencia". Un primer estudio efectuado en el Laboratorio de Tratamientos Térmicos reveló un alto contenido en hierro y manganeso. En realidad parecía un meteorito con extrañas particularidades, como por ejemplo el hecho de que las rocas fueran muy resistentes a las altas temperaturas, tal como comprobaron los analistas del laboratorio químico Rafael Galfate Pastene. Además, también resultaron inatacables por ácidos: fueron sumergidas en ácido nítrico primero, en sulfúrico después y en pícrico más tarde… No notaron los efectos.

Finalmente, dos empresas japonesas, Hitachi Metal y Matsutani Seisakusho Co., prosiguieron con las pruebas, pero sus técnicos no pudieron ir más allá –y no es poco– de la siguiente afirmación: las piedras tienen origen desconocido.

EVIDENCIAS "DURAS"

El analista crítico Robert Sheaffer clasifica como evidencias "blandas" aquéllas en las cuales un OVNI modifica o interfiere en el entorno. A saber: huellas, efectos electromagnéticos y fisiológicos. Y llama "duras" a las que ahora estamos mostrando. Un buen ejemplo de éstas sería la famosa –y olvidada– piedra que fue encontrada en el lugar del aterrizaje de un OVNI oval, del que salieron tres humanoides, en la ciudad rusa de Voronezh. El suceso, ocurrido el 29 de septiembre de 1989, tuvo una enorme repercusión internacional.

Lamentablemente, el oscurantismo que se cernió sobre el suceso provocó el desconcierto sobre el paradero de la enigmática piedra. Pese a ello, la explosión mediática que generó el interés por los Ovnis en la extinta URSS destapó algunos episodios más que interesantes. Entre ellos, el ocurrido el 29 de enero de 1986 en Dalniegorsk, cuando un objeto esférico de procedencia desconocida pareció impactar contra una montaña. Acto seguido, un rayo luminoso brotó del lugar.

Uno de los cincuenta grupos de investigación ufológica de la URSS, con sede en Dalniegorsk, abordó el lugar de los hechos: "Encontraron evidencias de altas temperaturas, plantas destruidas por un tipo de radiación desconocida y algunos restos del objeto: pequeñas esferillas de plomo y acero y *nets* (redecillas), compuestos por materiales de tipo carbonoso", señala el investigador polaco Bronislaw Rzepecki.

Y como aún eran tiempos de relativa bonanza económica, no faltaron medios para estudiar aquellas evidencias "duras". Se encargaron de ello los científicos de la Academia de Ciencias de Rusia destacados en la ciudad de Tomsk. Los resultados que obtuvieron son sorprendentes. Descubrieron que en los *nets* se encontraban presentes, en mayor o menor medida, todos los elementos de la tabla periódica de Mendelejev. Gracias al análisis mediante rayos X se descubrió que al fundirse en el vacío, de la "prueba" desaparecían el oro, la plata y el níquel. Sin embargo, y aunque fueron sometidos a temperaturas de hasta 2.800 grados, los *nets* no se fundían, algo que sí ocurría cuando eran calentados en el aire a 900 grados.

¿A qué conclusión llegaron los científicos? Pues a una sencilla de formular y difícil de admitir, pero al fin y al cabo, conclusión: "Es imposible fabricar cosas de tal tipo en el estado actual de nuestra tecnología. No hay duda de que es un producto de muy alta tecnología –indicó el químico V. Wisocki, quien sentencia:– No son naturales ni de origen terrestre".

Las llamadas evidencias "duras" siguen apareciendo… Sandra Quiroz es una joven española que viajó en el verano de 2000 al estado brasileño de Matto Grosso del Sur (Brasil), en cuyas regiones selváticas se encuentra la sede del Proyecto Portal, una iniciativa a medio camino entre la Nueva Era y el presunto contacto con extraterrestres liderada por un peculiar personaje llamado Urandir Fernándes de Oliveira… El polémico contactado está convencido de que ése será en el futuro un "punto de contacto" entre nuestra humanidad y los alienígenas. Muchos le acusan de farsante y presentan pruebas en su contra. Denuncias, presuntas estafas, fotografías probablemente trucadas… Otros sostienen lo contrario, y cierto es

En presencia del contactado Urandir Fernandes De Oliveira, en esta hermosa región del Matto Grosso, se materializan extrañas piedras. Dicen que tienen origen alienígena. Los análisis han detectado una extraña composición.

que es de los pocos contactados que han sido capaces de ofrecer pistas para avalar su historia.

Poseo varios exámenes clínicos que certifican, mediante radiografías, que en la base de su cráneo se encuentran varios objetos anómalos (él dice que son implantes que le fueron colocados por los tripulantes de los Ovnis). También dispongo de estudios neurológicos que determinan que, cuando asegura estar en contacto con sus amigos del espacio, los ritmos cerebrales que presenta son de todo punto inexplicables.

Pero entre el material que forma parte de su dossier en mi archivo se encuentran varias piedras discoidales bien extrañas: "Caen del cielo durante las jornadas de observación del cielo en las que a veces aparecen Ovnis", me asegura Quiroz.

Son compactas. Duras. Parecen piedras, pero su forma es realmente extraña. Desde luego, parecen "fabricadas". Ya han sido analizadas por la Universidad de Río de Janeiro. Los expertos del laboratorio de espectrometría del citado organismo descubrieron que están compuestas fundamentalmente de hidróxido férrico hidratado (un material de tipo arcilloso que se encuentra en la superficie de Marte y que otorga al Planeta Rojo su coloración típica... Pero ojo, también se encuentra en la Tierra en estado mineral), y que presentan también, en cantidades muy pequeñas, talio, plomo, zinc, aluminio, sodio, vanadio, magnesio y cobre. ¿Qué son? Los expertos no han encontrado explicación... ¿Acaso son otro "regalo del cielo" de origen desconocido o por el contrario son un fraude?

Ciertamente, ninguno de los casos expuestos, excepción hecha en parte de la Roca de Getafe, ha obtenido el refrendo generalizado de la ciencia, y por lo tanto no pueden presentarse como evidencias definitivas de la existencia de elementos físicos –y manufacturados– de procedencia extraterrestre.

Son sólo, y nunca mejor dicho, piezas para exponer sobre la mesa.

Y son, al menos desde la perspectiva de los análisis efectuados, objetos de procedencia desconocida.

Capítulo 5

Pilotos y radares ante los ovnis

6 de enero de 1995. 6.48 horas. Manchester (Reino Unido). Día y hora de uno de los mejores y más impactantes episodios OVNI de los últimos años.

Del avistamiento existe confirmación oficial del Gobierno británico. El expediente del caso está entre los que conforman el informe que la Aviación Civil del Reino Unido elabora todos los años para dar cuenta de los *airmisses*, expresión anglosajona que se utiliza para denominar a aquellos incidentes aéreos en los cuales dos naves volantes se aproximan de forma peligrosa.

Inglaterra: peligro de colisión

En el informe oficial sobre los *airmisses* de 1995 destacaba sobremanera un suceso. Ocurría el día de Reyes... Todo un regalo para los ufólogos. Lo protagonizaron en primera persona el piloto Roger Wills y el copiloto Mark Stuart. Se encontraban a los mandos de un Boeing 737 de la compañía

British Airways que cubría la ruta entre Milán (Italia) y Manchester (Reino Unido).

El vuelo llegaba a su destino cuando ocurrió lo inesperado. Wills y Stuart habían situado el avión a 1.000 metros de altitud y se disponían a ultimar las maniobras para tomar tierra.

Repentinamente, apareció frente a ellos un objeto triangular con pequeñas luces blancas y una línea negra a los lados.

"¡Vamos a estrellarnos!", fue lo primero que pensaron los pilotos tras la súbita aparición de aquella enorme nave voladora que se cruzaba en su camino.

Tan rápido como la situación exigía, se atrevieron a efectuar un brusco picado, obligando al avión a perder altura casi "desplomándolo".

Hubo suerte: el OVNI triangular, que no varió un ápice su posición, pasó rozando el ala derecha del avión.

Finalmente, enderezaron su rumbo y alcanzaron sanos y salvos las pistas del aeropuerto de Manchester.

Un grupo oficial de trabajo se hizo cargo de la investigación de los hechos. Diversos organismos oficiales (Aviación Civil, pilotos comerciales y militares, oficiales de alto rango y las Fuerzas Aéreas de los Estados Unidos, junto a la Fuerza Aérea Real) estudiaron el suceso y lo consideraron inexplicable.

En la información dada a conocer se concluye: "Habiendo debatido diversas hipótesis por parte del grupo de investigación, en ausencia de cualquier evidencia firme que pudiera explicar o identificar al objeto, no ha sido posible utilizando los criterios habituales encontrar la causa que provocó el riesgo. Por lo tanto, el incidente queda sin ser resuelto. Causa: inaccesible".

Una vez más, un suceso protagonizado por profesionales del aire quedaba sin explicación. Y suele ocurrir a menudo. Los comandantes de líneas aéreas y los aguerridos pilotos de cazas rara vez se equivocan cuando ven algo extraño en el cielo. Por su preparación, son los mejores testigos que existen. Además, en muchas ocasiones logran que los radares confirmen la naturaleza física de los OVNIs que ven. Esto es lo que le ocurrió a un capitán del Ejército del Aire en un episodio casi legendario...

INSÓLITO OVNI SOBRE LÉRIDA

José Joaquín Vasco, que llegó a ser director de la base aérea de Gando (Gran Canaria), era por aquel entonces –17 de mayo de 1968– capitán de aviación. Estaba destinado en la base aérea de Torrejón, enrolado en el 104 Escuadrón de las Fuerzas Aéreas.

Aquel día, a primera hora de la mañana, un eco no identificado surgió en los monitores de radar del Escuadrón de Vigilancia Aérea número 1, ubicado en El Frasno, muy cerca de Calatayud (Zaragoza), conocido en argot militar con el nombre de Siesta. El OVNI se encontraba a elevada altura sobre la provincia de Lérida, casi en las lindes de Francia.

Las autoridades militares, ante la invasión del espacio aéreo español, ordenaron de inmediato que dos cazas –en misión de *scramble*– se aproximaran al lugar con objeto de identificar la naturaleza del "intruso".

Dos aviones de combate de Torrejón fueron llamados al "orden". Están siempre preparados en los hangares, dispuestos y prestos para eventualidades como la que entonces se presentó. Se trataba de dos F-104, cazas ya jubilados pero que en aquellos años sesenta eran la *crême de la crême* del "poderío" aéreo español.

Al frente de la patrulla se encontraba el capitán José Joaquín Vasco, que al regresar a Torrejón tuvo que elaborar un informe sobre lo vivido en las alturas. El documento, secreto durante muchos años, aunque aséptico, no tiene desperdicio. Intenso y dramático:

El día 17 fuimos programados para una misión con Siesta y cuando nos encontrábamos en la cabecera de pista para despegar, el Jefe de Operaciones del 104 Escuadrón vino con el fotógrafo y nos colocaron una cámara fotográfica a cada avión al mismo tiempo que nos notificó que estableciésemos contacto con Siesta en el canal 10.

El despegue lo efectuamos a las 09.55 Z (hora internacional) y a las 10.05 Z estábamos en contacto con Siesta, que nos notificó la existencia de un objeto extraño al que dos F-86 no habían podido aproximarse lo suficiente para verlo y describirlo con cierta exactitud.

Con rumbo 070 ésta nos dirigió a las proximidades del objeto y a unas 70 millas antes de llegar al mismo aceleramos a 1,5 mach y ascendimos a continuación a 45.000 pies y a unas 15 millas del objeto establecimos contacto visual con el mismo.

A la distancia del primer contacto visual con el objeto aparecía con forma aproximada de una punta de lanza hacia abajo o como un cuerpo de calamar. Conforme nos íbamos acercando, con el brillo del Sol se difuminaba el contorno del objeto y apareció de forma indefinida y muy brillante.

En un primer intento llegamos a alcanzar 59.000 pies, y aunque tenía la cámara fotográfica instalada en el avión, no podía alinear el eje del mismo con el objeto, debido a estar casi en su vertical, así como tampoco, en esos momentos, discernir sobre su forma.

En un segundo intento, en que me separé del punto, aceleré de nuevo y ascendí a 52.000 pies y al aproximarme de nuevo al objeto aparentaba la forma de un avión T-33 con un ángulo en picado de unos 80 grados, es decir, como si estuviese suspendido por el timón de dirección. Seguía brillando mucho y aunque esta vez llegué a alinear el eje de mi avión con el objeto de hacer funcionar la cámara fotográfica, la película salió velada.

A su vez, el capitán --- (nombre censurado en el informe oficial) antes de separarse de mí, observó como dos formas fuseladas superpuestas, y momentos después de habernos separado coincidía con mis apreciaciones, primeramente con la forma del cuerpo de calamar y posteriormente con la apreciación de un avión suspendido del timón de dirección.

El objeto estaba aparentemente inmóvil y manteniéndose más alto que nosotros. Según Siesta mantenía una altura diferencial con nuestros aviones de unos 20.000 pies".

Insisto que, aunque frío, el informe es estremecedor. Nos habla de una nave desconocida que volaba a una altura que los cazas no podían alcanzar. Los aviones rozaron su "techo" al intentar aproximarse, pero el artefacto se mantuvo lejos del alcance de Vasco.

En un momento de la observación, el radar Siesta detectó dos objetos superpuestos, lo que coincide con la descripción de uno de los capitanes, que advirtió "dos formas fuseladas".

Incapaces de darle alcance al OVNI, los F-104 retornaron a su base. Las autoridades comprendieron que ese objeto no era un enemigo, ni un avión extranjero que había osado "invadir" territorio aéreo ajeno. Y comprendieron también que era imposible alcanzarlo. Por eso, simplemente, decidieron contemplarlo desde las pantallas de radar. Permaneció en los cielos hasta las seis de la tarde de ese histórico 17 de mayo. Había estado sobre Lérida más de nueve horas.

Lo que el expediente oficial no cuenta (mejor dicho: sí lo cuenta, pero esta parte ha sido suprimida en la versión desclasificada recientemente) es que cuando el F-104 intentó aproximarse por segunda vez al OVNI, el posquemador del caza se paró, y acto seguido dejó de funcionar. En ese momento, el caza de Vasco comenzó a perder altura. Finalmente, el capitán logró restablecer el orden a bordo hasta que finalmente, casi sin combustible, retornó a Torrejón.

Veinte años antes de que el osado capitán español intentara acercarse a aquel objeto no identificado que cambiaba de forma sobre Lérida, otro hábil piloto, Thomas Mantell, inauguraba la historia negra de los OVNIs. Exactamente, el 7 de enero de 1948, cuando hacia las 13.45 horas, un objeto es observado sobrevolando la base aérea de Fort Knox (Kentucky). Poco antes, centenares de ciudadanos aseguraron haber observado sobre el cielo una inmensa esfera, de unos 70 metros de diámetro, surcando los cielos.

El comandante de la base ordenó que tres reactores F-51 que efectuaban un vuelo de rutina salieran al paso del "platillo volante". Al mando de la escuadrilla se encontraba el citado Mantell, héroe de la Segunda Guerra Mundial.

A las 14.45 horas estableció el primer contacto visual y lo comunicó por radio: "Lo tengo sobre mi cabeza, y es de un tamaño tremendo, metálico. Se eleva tan rápido como yo, que vuelo a 580 kilómetros a la hora. Voy a subir hasta los 6.000 metros. Si no lo puedo alcanzar, abandonaré la persecución".

Los otros F-51 abandonaron la caza. Mantell —osado— quedó vendido a su suerte. Intentó alcanzar el objeto elevándose cuanto pudo...

"El objeto ha desaparecido entre las nubes a una velocidad espantosa", explicó acto seguido, antes de confirmar su rendición: "No consigo alcanzarle; pronto tendré que abandonar la persecución".

Fueron sus últimas palabras...

El avión estalló en mil pedazos y los restos de su cuerpo, sin vida, fueron hallados horas después.

El suceso tuvo lugar cuando se gestaba el enigma OVNI. Pero aunque aún estábamos en 1948, el Gobierno ya había decidido ofrecer a la opinión pública explicaciones "tranquilizadoras" y... falsas.

Un buen ejemplo fue la versión oficial:

"Mantell falleció persiguiendo al planeta Venus en condiciones excepcionales de visibilidad. La causa de la muerte fue el velo negro por falta de oxígeno al sobrepasar el techo de 6.000 metros sin mascarilla".

Mantell arriesgó tanto en su subida —como años después haría el capitán José Joaquín Vasco— que se quedó sin oxígeno.

Fue el primer mártir de la ufología...

El primero, porque falleció persiguiendo un OVNI. Y el primero también porque sus superiores no tuvieron reparo en manchar su brillante historial insultándolo póstumamente diciendo la insensatez —se me ocurren otros calificativos mucho menos diplomáticos— de que persiguió a Venus.

Porque Venus se convertiría en la excusa más recurrida por las autoridades cuando —al precio que sea— pretenden ocultar la realidad de un avistamiento OVNI.

LA EVIDENCIA RADAR

Los investigadores han recopilado cientos de casos en los cuales los OVNIs son detectados por radar. Cuando esto ocurre, las posibilidades de encontrarnos ante un objeto verdaderamente desconocido aumentan de forma más que considerable.

Este tipo de casos son una auténtica evidencia. Comienzan a producirse casi al mismo tiempo que emerge el fenómeno OVNI. De hecho, los radares fueron armas vitales en el desarrollo de la Segunda Guerra Mundial. Su principio básico consiste en que todo cuerpo conductor situado en un campo magnético irradia y devuelve a su vez un eco electro-magnético.

Existen dos tipos de radar:

*Secundario: cada aeronave dispone de un emisor de señal que es recibida por el radar, que ofrece el nivel de altura de dicha aeronave, la velocidad y su identificación. Esa señal está previamente acordada en los planes de vuelo de cada avión y, si no se da esta circunstancia, no aparece señal alguna en el radar secundario; por eso, las observaciones de "intrusos" en los espacios aéreos son fundamentalmente registradas en las pantallas primarias. A excepción –claro está– de que el OVNI manifieste una voluntad expresa de querer ser detectado.

*Primario: es utilizado casi exclusivamente por la aviación militar. Este radar utiliza la natural reflexión de un objeto, tras la emisión de una onda por parte del sistema, que al encontrarse con un objeto "rebota", quedando plasmada la existencia de dicho fenómeno en la pantalla.

Lógicamente, existen una serie de fenómenos (inversiones térmicas, ionizaciones, tormentas o migraciones masivas de aves) que pueden ser detectados por un radar primario, pero un observador experimentado sabe discernir, por su entrenamiento y preparación, cuándo se encuentra ante un eco falso o ante uno auténtico.

Los aeropuertos suelen utilizar el radar secundario, que ocasionalmente pueden volcar en situación primaria. Los

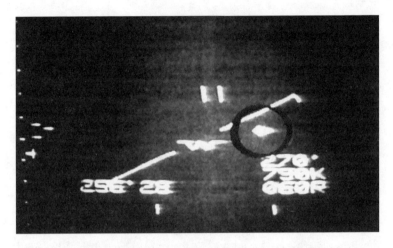

Una de las pocas imágenes que existen en el mundo donde se muestra
un Ovni detectado por un radar. Pertenece a las pantallas
de un F-16 que perseguía a un OVNI sobre Bélgica
la noche del 30 al 31 de marzo de 1990.

controladores de la aviación civil ya tienen bastante embrollo
en sus monitores con las señales emitidas voluntariamente
por los aviones, como para complicar más su perspectiva con
el radar primario, al que recurren en caso de que un avión
pierda la señal que envía el transpoder, que es el dispositivo
que emite la señal de los aviones para ser captados. Por eso es
verdaderamente extraño que un OVNI se detecte en un radar
secundario.

Pero, a veces, ocurre.

El desaparecido investigador Andreas Faber-Kaiser tuvo
conocimiento de un caso ocurrido en febrero de 1978 cuando
un eco no identificado apareció en el radar secundario del
Centro de Tráfico Aéreo de Barcelona. El OVNI emitía un
código de señal muy similar al que emiten las naves conven-

cionales, como si quisiera imitar el comportamiento de un avión común. Se trataba, sin duda, de una acción premeditada y que, huelga decirlo, nos invita a sostener la sospecha de que nos enfrentamos ante un fenómeno inteligente.

Por cierto, en aquella ocasión, el OVNI detectado en las pantallas de radar secundario de Barcelona, y que se desplazaba en dirección a Mallorca, viajaba a la increíble velocidad de 12.000 kilómetros a la hora... Por cierto: por aquel entonces, los cazas españoles no alcanzaban más de 1.900 kilómetros a la hora...

OVNI SOBRE UNA ESTACIÓN DE RADAR

11 de noviembre de 1975...

Por cierto, según las estadísticas, los días 11 son en los que más y mejores avistamientos de OVNIs se producen. No me pregunten el porqué, pues no tengo ni la más remota idea.

Nos situamos en la estación de radar de las Fuerzas Aéreas de Canadá en Falconbridge.

Eran las 6.15 horas de la madrugada...

Al frente de las pantallas de radar se encontraban cuatro oficiales, que asombrados asistieron a la súbita aparición de tres ecos no identificados a unos 10.000 metros de altura y muy cerca de la instalación, a no más de 45 kilómetros.

Uno de los ecos pudo ser observado por los oficiales gracias a unos binoculares. Era esférico, de unos 100 metros de diámetro —¡100 metros de diámetro, como un campo de fútbol!— y portaba en su parte inferior dos focos de luz.

Uno de los oficiales presentes, un mayor canadiense, llegó a tomar dos fotografías del objeto, pero salieron veladas, según asegura la versión oficial.

Como consecuencia de la detección del radar –y de su posterior confirmación visual– dos cazas F-86 de las Fuerzas Aéreas de los Estados Unidos (que actúan en colaboración con las de Canadá en cuanto a la defensa del espacio aéreo) acudieron al lugar en donde se encontraban los OVNIs.

Como ya he señalado en capítulos previos, una de las clasificaciones que catalogan los diferentes tipos de avistamientos –en concreto la de Hynek– encuadra a los casos radar-visuales, como el de Canadá, como unos de los más importantes. Y lo son; son en sí una evidencia ya que demuestran que lo detectado no responde a un error de las pantallas o a un eco parásito. J. J. Benítez explica así uno de estos casos:

"Hace unos años, en una estación de radar, dos suboficiales observaron en la pantalla dos ecos que por sus características y movimiento no correspondían a nada normal. Según los datos proporcionados por el radar, el OVNI se encontraba sobre la montaña en la que está ubicado el 'pico'. Salen al exterior y observan en el cielo dos puntos luminosos del tamaño de una estrella. Uno de los suboficiales lanza un grito irreproducible, conminándoles a que si tienen lo que hay que tener, bajen. Cuando acaba su alegato, uno de estos puntos desciende en picado sobre las cabezas de estos militares… Ya te puedes imaginar: quedaron lívidos".

LA FANTÁSTICA EXPERIENCIA DE DOS PILOTOS MEXICANOS

Sobrevolando el Atlántico en febrero de 1979 a más de 11.000 metros de altura y hacia las 20.13 horas (horario oficial de México), el comandante F.T. vivió una experiencia que –no por tópico, menos cierto– jamás olvidará. Unas extrañas luces se situaron frente a él y todo su instrumental técnico –en un nuevo caso de efectos EM asociados a OVNIs– comenzó a fallar.

La narró así al investigador Alberto Montemayor:

"El altímetro se lanzó a una escalada increíble y el horizonte artificial comenzó a girar como un trompo; las brújulas eran rehiletes; las tres computadoras de navegación inercial comenzaron a dar números y coordenadas frenéticas de esas luminosidades. Aunque el vuelo se mantuvo según parámetros adecuados, de haber seguido el piloto automático las indicaciones de los instrumentos, nos hubiésemos matado inmediatamente".

Algo muy similar le ocurrió a otro comandante mexicano, que tampoco desea ser conocido salvo por sus iniciales, H.H. Cubría un vuelo intercontinental entre Europa y América. Relata así lo sucedido:

"Salimos de Europa y se insertaron las informaciones de acuerdo con el plan de vuelo. Todo iba normal y me levanté del asiento para ir a visitar la cabina de pasajeros y ver cómo andaba el servicio. Le pregunté al jefe de cabina sobre cómo se desenvolvía el vuelo y me dijo que todo iba bien. Estuve platicando con el personal y algunos pasajeros. De repente, uno de los tripulantes de cabina me hizo la observación de que el Sol estaba en el lado contrario del que debería estar. Regresé a la cabina de mando e inicié una verificación urgente: estábamos volando hacia el punto O de navegación, o sea, que nos estábamos dirigiendo hacia África en vez de hacia el continente americano. Tomé los mandos e hice las correcciones adecuadas para poder recuperar la ruta, pero como habíamos consumido combustible en el insensible viraje, tuvimos que restablecernos en las islas Bermudas.

Cuando inicié la maniobra de retorno vi un punto de luz que se desplazaba palpitando".

En capítulos previos indicaba cómo algunos OVNIs interfieren en sistemas mecánicos comunes: radios, televisiones, motores de coches... Lógicamente, esos efectos electromagnéticos también afectan a los sistemas de dirección y control de aeronaves, con el plus de peligrosidad que conlleva.

Para este tipo de casos, los escépticos no tienen argumentos. Como tampoco para aquellos en los cuales la presencia de los No Identificados altera el tiempo, dilatándolo o comprimiéndolo, como si la inteligencia que maneja estos artefactos hubiera sido capaz de controlarlo.

UNA NUBE DETIENE EL TIEMPO

Comienzos de 1978. Vuelo 502 de Aviaco. Ruta: Valencia-Bilbao. Piloto: Carlos García Bermúdez. Copiloto: Antonio Pérez.

El vuelo, como siempre en estos casos, discurría por el cauce habitual: la normalidad absoluta. Nadie, ni entre la tripulación ni entre los pasajeros podía imaginarse lo que iba a suceder, y que pasa por ser uno de los mejores episodios OVNI jamás ocurridos.

E insisto, todo normal. O la normalidad que permite cualquier aterrizaje en el aeropuerto de Sondika (Vizcaya), siempre amenazado por adversas condiciones climáticas, la ausencia de radar de aproximación y su ubicación, entre los peligrosos y casi siempre nebulosos montes que se alzan a los lados de la ría de Bilbao.

Ese día, las condiciones atmosféricas se presentaban más que óptimas para un aterrizaje sin problemas.

Una imagen para el recuerdo. El investigador J.J. Benítez conversa
con el piloto Carlos García Bermúdez, quien vivió una espectacular
experiencia cuando en su avión penetró una nube que hizo que el
tiempo transcurriera a la inversa. ¿un encuentro Ovni?

Pero en cuestión de segundos, el cielo dio un vuelco.

Una espesa e incipiente capa de nubes a poco más de
1.000 m. de altitud hizo aconsejable suspender el aterrizaje en
su destino previsto y hacerlo, en cambio, en el aeropuerto más
próximo, en Santander, a 15 minutos. Los pasajeros, como en
tantas ocasiones, enlazarían por carretera con la capital vizcaína.

Rumbo al nuevo destino que le habían asignado,
Carlos García Bermúdez inició las maniobras de descenso
progresivo sobre el País Vasco, quedándose a unos 4.000
metros sobre el nivel del mar. En ese momento, penetraron en
una nube especialmente densa, de forma lenticular y de un
brillo poco común. Tanto que la tripulación tuvo que ponerse
las gafas protectoras. Aun así, nada más les llamó la atención.

Al entrar en la misteriosa nube, las brújulas electrónicas, el radar meteorológico, los canales de VHF y el cuentamillas fallaron, se volvieron locos y dejaron de funcionar.

En ese instante, se encontraban a unas 22 millas de Bilbao… "El contador empezó a funcionar al revés. Estaba en 22 y siguió con 21, 20, 19… Progresivamente, llegó a cero millas y siguió funcionando hacia atrás, como si estuviésemos yendo hacia Pamplona. Por la onda VHF no podíamos transmitir ni recibir nada, y por lo que supimos tanto Bilbao como Santander nos llamaban constantemente, pero no hubo comunicación posible. Estuvimos volando así, en esas condiciones, durante unos siete minutos aproximadamente".

Transcurrido ese tiempo, el vuelo de Aviaco salió de la nube y todo volvió a la normalidad. Los aparatos y las comunicaciones fueron normales y el cuentamillas volvió a situarse en el lugar indicado al comienzo de la experiencia, cuando entraron en la misteriosa nube. Es decir, a 22 millas de Bilbao. Como si las 40 millas que recorrieron dentro de la nube no hubieran existido y durante aquellos fatídicos siete minutos no hubieran avanzado nada… ¡Como si no hubieran existido!

El misterio fue en aumento al aterrizar. Descubrieron que el último tramo del vuelo había durado 32 minutos, 17 más de lo que en buena lógica debieron haber tardado en llegar a Santander.

Parecía que aquella nube se había tragado el vuelo fuera del espacio y el tiempo.

La casuística ufológica está repleta de casos en los cuales misteriosas nubes se forman en torno a los OVNIs… ¿Ocurrió esto en el caso que acabo de citar? Los efectos sufridos por los equipos electrónicos del avión son los mismos que los sucedidos en otros casos OVNI. Además, la nube, por su luminosidad, no era normal…

OVNIS EN EL AEROPUERTO DE CHICAGO

Es el segundo aeropuerto con más tránsito del planeta, tras el Kennedy de Nueva York. El O'Hare de Chicago ve pasar por sus instalaciones a decenas de miles de personas todos los días.

Por eso, la Administración Federal de Aviación (FAA) mima a esta joya de la aeronáutica norteamericana. Y, lógicamente, atiende a la mayor brevedad posible cualquier anomalía que proceda de allí.

"No hay fallos técnicos en el radar", aseguró Tony Milinaro, portavoz de la FAA, tras analizar los equipos del aeropuerto, en donde entre abril y junio de 2000 se registraron nada menos que 16 ecos no identificados. Los controladores estaban desorientados. Esos ecos respondían a la presencia de objetos muy cerca del aeropuerto. No respondían a ninguna causa explicable; sin embargo, visualmente, nadie los detectó. Estaban ahí, sólo que eran… invisibles.

La pesadilla para los ingenieros empezó el 19 de abril de 2001 cuando el controlador aéreo que dirigía el despegue de un vuelo comercial detectó que a tan sólo 20 millas de la cabecera de pista del aeropuerto aguardaba al avión un eco no identificado. Hubo que alterar el plan de vuelo para evitar males mayores. Ahí radicó el problema de la ola de detecciones anómalas: los ecos, pese a no detectarse visualmente, actuaban como si estuvieran dotados de inteligencia. Esperaban a los aviones, se situaban junto a éstos, los escoltaban en sus aterrizajes, los seguían, etc. Las maniobras las efectuaban a tan poca distancia de los aviones, que los controladores, en más de una ocasión, se vieron obligados a instar a los comandantes a ejecutar maniobras de evasión para evitar colisionar con los ecos fantasma.

El diario *The Sunday Times* aseguró que el número de detecciones llegó a ascender a cien. Oficialmente, se reconocieron muchas menos, pero, al fin y al cabo, se reconocieron, que es lo que importa. Se revisaron los radares de arriba abajo, pero no se encontró anomalía alguna.

Además, se daba una circunstancia más que interesante. Los radares del O'Hare de Chicago son de tipo secundario, lo cual hace más extraño lo ocurrido. Los primarios, para que nos entendamos, son más propios del uso militar y detectan todo aquello que está en los cielos. Para evitar tal maraña de señales y ecos, los aeropuertos como el de Chicago recurren al secundario, puesto que sólo detecta aquellos objetos que emiten una señal que proporciona los datos de posición y velocidad del avión. Esto quiere decir que esos radares sólo captan aquello que tiene voluntad y tecnología de ser detectado.

Y que, por supuesto, tenga origen inteligente.

Capítulo 6

LOS ENCUENTROS CON HUMANOIDES

Como más adelante veremos, el fenómeno OVNI "resucitó" en España entre finales de los años ochenta y mediados de los noventa.

Los Ovnis, de nuevo, volvieron a dejarse ver como antaño.

Y fue Galicia, precisamente, una de las regiones más visitados por estos misteriosos artefactos y sus tripulantes.

Ferreiras, una aldea del término lucense de Friol, jamás hasta ahora había salido en las televisiones y revistas. Pero la experiencia de uno de sus paisanos, José Manuel Castro, iba a "enturbiar" la tranquila vida de esta bella pedanía.

Primero llegaron los números de la Guardia Civil; luego, los investigadores del fenómeno OVNI que se desplazaron al lugar, y más tarde, las televisiones. A todos los unía un mismo deseo: conocer al hombre que había tenido un encuentro con "extraterrestres".

Desembarco de humanoides en Galicia

Los hechos en cuestión tuvieron lugar la noche del 6 de marzo de 1996. Hacia las 23.00 horas, la regente de la Cantina de Retorta, María Fe Pena Ceide, observó un extraño foco luminoso sobre unos árboles a unos centenares de metros de donde se encontraba. Una hora después, el objeto, estático, seguía allí, más grande –calcularía la testigo– que la Luna cuando se encuentra al cien por cien de su tamaño.

Pasaban quince minutos de la medianoche –ya del 7 de marzo– cuando entró en escena el principal protagonista de los hechos, José Manuel Castro, un campesino de 38 años querido como pocos en Ferreiras. Desde el segundo piso de su vivienda observó un resplandor. Al asomarse a la ventana para curiosear el origen de la luz, vio una esfera anaranjada y transparente, y en su interior adivinaba cierto movimiento... Parecían figuras humanas dentro de una burbuja de jabón.

"No me creerán", pensó Castro. Y sin dudarlo dos veces, cogió su coche y se dirigió a casa de su hermano. No hubo forma: Cesáreo Castro se encontraba tan dormido que fue imposible convencerlo para que saliera a contemplar aquel fantástico fenómeno.

Al regresar, la esfera anaranjada seguía en el mismo lugar. Fue entonces cuando sacó del bolsillo de su mono de trabajo una pequeña linterna de petaca y, ni corto ni perezoso, comenzó a realizar señales al objeto al grito gallego de "¡baixade, baixade!" (¡bajad, bajad!).

Las voces de Castro fueron oídas por su vecina, que ni siquiera se asomó a ver si ocurría algo pensando que el bueno de José Manuel estaba pasando una mala noche o una noche demasiado alegre.

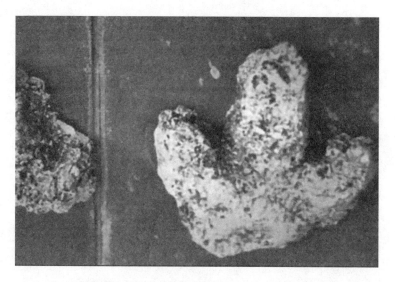

Moldes de las huellas dejadas por los humanoides
en Galicia el año 1996.

José Manuel Castro siguió haciendo señales luminosas.
De pronto, el objeto comenzó a moverse, de lado a lado,
dirigiéndose hacia el testigo, que asustado como no recordaba haberlo estado jamás, se refugió en su casa, y se asomó
de nuevo por la misma ventana desde donde había observado
el fenómeno por primera vez.

Desde allí pudo ver que el objeto estaba casi a ras de
tierra, junto a los árboles que crecen frente a su vivienda,
apostado a 56 metros de su posición. Según su testimonio,
era tan grande como una casa y "dentro había unos cinco
hombres muy altos, de unos tres metros, que estaban como
tumbados boca arriba, uno frente a otro". Acto seguido, del
objeto partió lo que parecía una "rampa luminosa" similar a
una pasarela. A través de ella descendieron tres extrañísimos

seres, diferentes a los observados a través del objeto, que comenzaron a desplazarse saltando, con ambos pies, sobre la maleza verde.

Acongojado, José Manuel cerró las ventanas. Estaba demasiado impactado como para seguir observando el extraño fenómeno. No pudo dormir, pero tampoco se atrevió a volver a buscar con su mirada el objeto y permaneció refugiado bajo su lecho el resto de la noche.

Los hechos trascendieron enseguida. La Guardia Civil se presentó en Friol e interrogó al testigo. Además, se hallaron numerosas huellas animaloides sobre el terreno. En el informe oficial del suceso se cita también la constante presencia de aviones militares sobrevolando la zona a raíz del avistamiento.

Las improntas, que mostraban un pie formado por tres dedos apezuñados, que también fueron examinadas por los investigadores Manuel Carballal, Marcelino Requejo, Alejandro Navarro y José María Lesta, estaban distribuidas a pares y con 1,40 metros de separación entre unas y otras, lo que demostraba que habían sido dejadas por un ser bípedo y de gran altura, posiblemente de casi 2,50 metros. Se hundían en el terreno unos 15 centímetros, lo cual sirvió de indicativo para inferir que el humanoide tenía un peso más que considerable.

"Unas extrañas huellas más grandes que las de una vaca", dice el informe de la Guardia Civil, que también señala el hallazgo en el terreno de una serie de "perforaciones", dispuestas en forma de triángulo isósceles, allá donde se posó el artefacto.

Con los moldes de escayola elaborados por Marcelino Requejo, los investigadores acudieron a la Facultad de Veterinaria de la Universidad de Santiago. Los resultados de las pesquisas fueron concluyentes: no existe ningún animal conocido que presente en sus huellas las características de las halladas en Friol. En resumidas cuentas: no corresponden a especie alguna conocida.

El suceso de Friol vino enmarcado en una ola de avistamientos que tuvo su epicentro en Galicia entre 1995 y 1996, pero que se extendió por toda España. Fue la oleada de avistamientos más intensa de las vividas en nuestro país desde los lejanos años setenta.

Días antes del suceso de Friol, el 21 de febrero, en Entrimo (Orense), varios testigos observaron durante quince minutos las evoluciones de una esfera luminosa que llegó a aterrizar. Al día siguiente, varios de los testigos peinaron el lugar y encontraron huellas de pisadas pertenecientes a un ser bípedo. La separación entre las improntas era de 1,10 metros, lo que hacía pensar que la altura de su –o sus– "causante" era de 2,10 metros. Las huellas, muy similares a las de Friol, se extendían a lo largo de 300 metros. Denotaban que los presuntos humanoides se habían desenvuelto con gran agilidad por aquellos escabrosos terrenos, posiblemente gracias a las membranas cartilaginosas que se percibían entre cada uno de los tres dedos de los pies del humanoide, según se derivaba de la interpretación de las huellas.

La oleada española de 1995-96 reportó numerosos encuentros con humanoides. Poco después de los sucesos de Friol, se produjo otro acontecimiento, éste al sur de la provincia de Cáceres, en la frontera con Portugal. Los hechos acaecieron el 13 de abril a las 3.30 horas, cuando dos agentes de orden público cuyas identidades –por motivos obvios– no trascendieron, observaron durante su jornada nocturna una potentísima luz que los obligó a detener el coche patrulla.

Repentinamente, aparecieron otras nueve luces más, idénticas a la primera, alargadas y de tonalidad blanco amarillenta. Segundos después, otras tres esferas luminosas surgieron en otra dirección, esta vez procedentes del otro lado de la frontera. Pasados unos segundos, la curiosidad se convirtió en pánico: junto a la ventanilla derecha aparecieron dos seres de pequeña estatura y cabeza desproporcionadamente grande, en forma de pera invertida. Sus ojos, alargados y húmedos, los observaban... hasta que la escena, instantáneamente, se "apagó". En un abrir y cerrar de ojos, los trece Ovnis y los dos humanoides desaparecieron sin dejar rastro.

LOS SENSACIONALES "ENCUENTROS EN LA TERCERA FASE"

Joseph Allen Hynek, uno de los padres de la ufología científica, expuso maravillosamente en su libro *The UFO Experience* (La experiencia OVNI) su conceptualización del fenómeno OVNI. Allí estableció una clasificación, la más utilizada por los investigadores de todo el mundo, para catalogar los diversos tipos de avistamientos. De acuerdo a ella, los avistamientos OVNI se dividen en dos grandes grupos: observaciones a distancia y cercanas.

En el primer grupo se encuentran tres tipos de observaciones:
*Luces nocturnas.
*Discos diurnos.
*Radar–ópticos.

En el segundo de los grupos, Hynek volvía a hacer una triple división: encuentros del primer, segundo y tercer tipo.

La palabra "tipo", gracias –o por culpa de– a Hollywood, se convirtió en "fase", denominación que finalmente fue adoptada por todos gracias a la mítica película de Spielberg, en la que por cierto, el propio Hynek aparece cuando los portentosos Ovnis hacen acto de presencia en la cumbre de la montaña en la que los norteamericanos han situado su "punto de contacto". Cuando las naves se acercan, entre los presentes aparece un hombre con perilla y fumando pipa... Ése es Hynek, el más ilustre de los ufólogos que hayan existido.

Pero a lo que íbamos... El segundo tipo de avistamientos, los encuentros cercanos, fueron clasificados del siguiente modo por el padre de la ufología científica:

*Primera fase: observación de un objeto desconocido a menos de 150 metros del testigo.

*Segunda fase: observación de un objeto desconocido de cuyo paso ha quedado algún tipo de evidencia física, como huellas, quemaduras u otros efectos tanto en el terreno, como en animales o en los observadores. De este tipo de encuentros ya hablábamos en un capítulo anterior.

*Tercera fase: junto al objeto desconocido se observan entidades dotadas de movimiento y, por su comportamiento, aparentemente inteligentes. Se los considera tripulantes, y sus morfologías poseen algún tipo de diferencia con la humana.

Son estos últimos, los encuentros cercanos en la tercera fase, los que ahora nos interesan. Se trata de un aspecto sumamente inquietante: la existencia de este tipo de relatos hace presuponer que esos Ovnis observados en lugares tan dispares y distantes están tripulados. Y a tenor de lo que nos sugieren los testimonios, reforzados en múltiples ocasiones con la presencia de huellas de pisadas, esos tripulantes, aunque guardan similitudes básicas –salvo excepciones de las que nos ocuparemos– con los humanos, tienen diferencias que nos hacen pensar que no lo son. Eso implica, nada menos, que tienen que venir de algún lugar y de algún modo.

Lamentablemente, este tipo de sucesos han sido ignorados por algunos investigadores del fenómeno. El precedente de esta actitud lo marcaron las autoridades norteamericanas del proyecto Libro Azul, que en contra del criterio de Hynek consideraron los encuentros en la tercera fase (entonces, por supuesto, no eran llamados así) como fruto de mentes calenturientas y desequilibradas. "Uno no puede omitir datos simplemente porque no sean de su gusto o no estén en línea con sus ideas preconcebidas. Los encuentros con humanoides no pueden ser menospreciados: son demasiado numerosos", diría Hynek.

¿CÓMO SON LOS HUMANOIDES?

¿Cómo son los humanoides? ¿Cuántos tipos de seres asociados a Ovnis existen? ¿Qué altura tienen? Estas y otras muchas preguntas han sido objeto de numerosos análisis estadísticos, algunos partiendo de bases de datos ciertamente amplias.

En principio, hagámonos la siguiente pregunta: ¿Cuántos casos de encuentros con humanoides se han producido? No existe una cifra definida, pero con toda seguridad hablamos de miles de episodios. Sólo en España, investigadores como Juan José Benítez han recogido cuatro centenares de sucesos de estas características, muchos de los cuales ha divulgado en sus obras *La punta del iceberg* (Planeta, 1983) y *La quinta columna* (Planeta, 1990). Como dato sirva que algunas estadísticas concluyen que casi uno de cada cinco encuentros cercanos con Ovnis incluye la presencia de tripu-

146

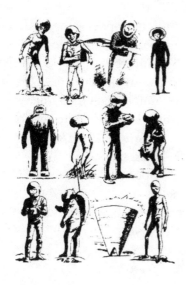

La forma humanoide
es la que prevalece. La
diversidad es enorme,
lo cual supone una gran
interrogante
para los estudiosos.

lantes, lo cual la convierte en una manifestación propia del
fenómeno y en absoluto marginal.

Así lo han entendido algunos investigadores que no han
dudado en informatizar los datos de encuentros con humanoides para buscar patrones comunes y constantes estadísticas. Los ufólogos Jader U. Pereira, James McCampbell o Eric
Zurcher trabajaron en el estudio de, entre otros asuntos, la
altura de estas entidades.

La estatura de los humanoides tiene un interés primordial
por un simple asunto: la gran variedad entre los testimonios
muestra un espectro extremadamente amplio de casos, con
porcentajes significativos tanto para los casos de humanoides
altos como para los diminutos. Una característica que no se da
en los humanos: los adultos varones tenemos una media que
oscila entre 1,75 y 1,85 metros de altura, mientras que las mujeres oscilan entre 1,65 y 1,75, pero porcentualmente el número

de humanos de una estatura diminuta –por ejemplo, de un metro de altura o menos– o de proporciones muy elevadas –de dos metros o más– es mínimo. Sin embargo, en los casos de los supuestos tripulantes de Ovnis ese porcentaje es mayor.

Veamos a continuación los resultados de cada una de las investigaciones de los tres estudiosos anteriormente citados:

Jader U. Pereira (sobre una muestra de 230 casos) :

–Hasta 1,60 metros: 63 % de casos.

–Entre 1,60 y 2 metros: 22 % de casos.

–Más de 2 metros: 15 % de casos.

James McCampbell (sobre una muestra de 217 casos)

–Hasta 1,60 metros: 53 % de casos.

–Entre 1,60 y 2,50 metros: 39 % de casos.

–Más de 2,50 metros: 6 % de casos.

Eric Zurcher (sobre una muestra de 164 casos ocurridos en Francia)

–Hasta 1,60 metros: 64 % de casos.

–Entre 1,60 Y 2 metros: 24 % de casos.

–Más de 2 metros: 12 % de casos.

Con estos datos en la mano dedujimos que más de la mitad de los humanoides observados no superan los 1,60 metros de altura. Además, los episodios de humanoides gigantescos son de uno entre seis, si exceptuamos la clasificación de McCampbell, que situó el umbral del "gigantismo" por encima de los dos metros y medio, y no sobre los dos metros, como quizá hubiera sido lógico.

Entre los humanos, los porcentajes son diferentes, siendo en dos de cada tres casos las alturas entre 1,60 y 2 metros, si bien la práctica totalidad de la población –más del 90 %– se sitúa entre 1,50 y 2 metros. Sin embargo, el porcentaje de terrestres por encima de los 2 metros no llega al 1 %, diez veces menos que en los casos de encuentros en la tercera fase.

Ahora surge una duda. Los datos de las dos primeras estadísticas corresponden a una visión global del fenómeno; la tercera, parcial, se refiere sólo a Francia, con una variación muy leve. En España, Juan Antonio Fernández Peris y Vicente-Juan Ballester Olmos, con una base de 230 casos de aterrizaje, entre los que se encontraban 39 casos de tripulantes, elaboraron una estadística, de la que resaltamos los siguientes datos:

Ballester y Fernández (sobre una muestra de 39 casos ocurridos en España):

–Hasta 1,60 metros: 35 % de casos.

–Entre 1,60 y 2 metros: 51 % de casos.

–Más de 2 metros: 13 % de casos.

Curiosamente, en esta estadística se muestra cómo en España el fenómeno humanoide se mueve por patrones ligeramente diferentes. Sin embargo, los mismos estudiosos, doce años antes de este trabajo, ofrecían otro cuadro con patrones significativamente parecidos al resto. Entonces, en 1975, los seres bajos (hasta 1,60 metros) sumaban un 53%, los normales (entre 1,60 y 2 metros), el 40%, y los gigantes (más de 2 metros), un 7%. Estos últimos datos son muy coincidentes con los de los tres estudiosos internacionales antes citados.

Con los datos expuestos, algo está claro: la altura de los humanoides se mueve por parámetros similares en casi todo el mundo, lejos de convencionalismos y ajenos a los relatos de ciencia ficción y películas fantásticas, atados a patrones míticos que no responden a la realidad. La faceta sociológica del fenómeno está aquí desligada de su realidad objetiva, ya que tenemos el concepto de que los humanoides son seres o muy pequeños o muy altos.

Tipologías de humanoides

Pero la altura de los humanoides es sólo una de las características a tener en cuenta. El mayor problema de índole filosófica estriba en la tipología de los humanoides, en donde la altura sólo es un factor de referencia más.

En una primera clasificación global, Walter Andrus, presidente del MUFON (Mutual UFO Network), la mayor agrupación civil de investigadores OVNI, divide en cuatro grandes tipos la morfología de los humanoides:

*Primer tipo–. Pequeños humanoides.

*Segundo tipo–. Seres de aspecto animaloide.

*Tercer tipo–. Entidades parecidas a humanos.

*Cuarto tipo–. Robots.

Pero la realidad es mucho más compleja. En el prólogo del tomo 11 de la *Biblioteca Básica de los Temas Ocultos*, el Dr. Fernando Jiménez del Oso ponía el dedo en la llaga: "Decenas, centenares de testigos –miles en la actualidad– han venido a complicar más aún el ya complejo fenómeno OVNI. Porque, en contra de lo presumible, parece que estamos siendo visitados por la más variada fauna espacial. Altos, bajos, diminutos, calvos, peludos, hermosos, repulsivos… Parece que cada testigo ha visto a un extraterrestre de raza distinta. Lentamente, las descripciones han podido agruparse en unos pocos tipos básicos; pero, aun así, demasiados; tantos que, de nuevo, vuelven a invocarse factores psicológicos como responsables del fenómeno".

Efectivamente, la psicología de la percepción provoca ciertas distorsiones de la realidad. Dos personas, observando a un mismo individuo, difícilmente lo describirían igual, sobre todo si dicha observación ha sido fugaz y, como en el caso de los encuentros en la tercera fase, casi furtiva, cuando no en medio de una sensación gobernada por el terror y el pánico, aunque estas situaciones críticas y puntuales —así lo dicen las últimas investigaciones— generan en el cerebro ciertas drogas que agudizan la percepción sensorial y que en parte podrían explicar —evidenciando de nuevo la existencia real del fenómeno— alguno de los efectos OVNI que afectan a los sentidos.

Así pues, cabe plantearse que los factores de distorsión perceptiva, como aseguraba mi buen amigo Fernando Jiménez del Oso, pueden ser uno de los motivos de la disparidad de entidades observadas —y también de los objetos no identificados—, pero quizá en un grado menor del imaginable.

La realidad es terca y acaba imponiéndose, aunque nos genere dudas: indiscutiblemente, son tantos y tan variados los tipos de humanoides que cabe plantearse que estamos siendo visitados por diversas —decenas quizá— razas desconocidas, alimentando el absurdo del "paraje turístico" que, entonces, sería nuestro mundo. Quizá, una vez más, debemos remitirnos a la hipótesis del "gran teatro", de lo absurdo que muchas veces es el fenómeno OVNI. Ciertamente, tal variedad nos hace pensar en la Tierra como destino de visitantes de mil mundos habitados y eso, a la luz de la lógica, se hace complejo de admitir, pero… es lo que hay y los datos nos certifican esa variedad.

Volvamos con las tediosas, pero necesarias clasificaciones.

En un excelente trabajo de Eric Zurcher publicado en Francia por Ediciones Lefeuvre y titulado *Las apariciones de humanoides*, el ufólogo dividió los tipos de entidades asociadas a Ovnis en ocho grandes grupos, que a continuación desgloso de la manera más sintetizada posible y eliminando las pautas de comportamiento atribuidas a cada tipo de humanoides:

Grupo 1 (16,20% de casos): Morfología idéntica a la humana. Dividida en dos subgrupos correspondientes a seres de estatura normal (14,08% de casos) y altos (2,12%).

Grupo 2 (33,80 % de casos): Corresponde a entidades de pequeña estatura que no llevan ningún tipo de "escafandra" o similar. Zurcher elabora una división en tres subgrupos. El primero incluiría a seres más bien normales, salvo en su estatura (23,24% de casos); en el segundo grupo se encuadran aquellos seres con cráneo mayor de lo normal y otras "anomalías faciales" como desfiguraciones y prolijo vello (3,52%); y el tercer grupo corresponde a seres de gran cráneo, ataviados normalmente con un ajustado mono, pero que al contrario que el grupo anterior no incluye anomalías faciales, salvo la aparente hipertrofia de boca, nariz y orejas, junto a unos ojos desproporcionadamente grandes (4,23%).

Grupo 3 (4,93 % de casos): Se trata de una tipología sin variantes, correspondiente a seres de entre 90 centímetros y 1,50 metros de altura cuya descripción vendría a ser la de un ser fornido, ancho y completamente cubierto de vello.

Grupo 4 (2,82 % de casos): Ufonautas de largos cabellos. Sus tres subdivisiones varían en función de su altura. Normal, de hasta 1,80 metros (0,70%); bajos, de hasta 1,60 metros (0,10%), y altos, por encima de 1,80 metros (2,11%).

Grupo 5 (29,58 % de casos): La característica principal de este grupo es que se trata de seres que portan algún tipo de escafandra que nos haría pensar –por asociación de ideas– en un astronauta. Las subdivisiones, en tres grupos, corresponden a las alturas de los humanoides reportados: hasta 1,50 metros de altura (15,49%); hasta 1,80 metros (8,45%), y por encima de esa altura (5,63%).

Grupo 6 (1 % de casos): Corresponde a seres de tipo "cíclope", es decir, con un solo ojo.

Grupo 7 (5,63 % de casos): Incluye a seres inclasificables dentro de cualquiera de los grupos anteriores, pero de características antropomorfas.

Grupo 8 (6,34 % de casos): Al igual que en el grupo anterior, estos seres resultan inclasificables, pero por el motivo opuesto, ya que no presentan características antropomorfas. La clasificación de Zurcher nos ofrece varias lecturas interesantes, como que por ejemplo más del 93 % de los casos corresponde a verdaderos humanoides, es decir, seres que en lo esencial son como nosotros, aunque existan entre ellos características impropias de los terrestres. Sin embargo, y como ya venía señalando, se impone –estadísticamente, al menos– la imagen del tripulante de los Ovnis como un ser de pequeña estatura. Eso sí, se mantiene entre estos ocho grupos una diversificación tipológica que no encontramos entre los habitantes del planeta azul.

EL COMPORTAMIENTO DE LOS HUMANOIDES

¿Son los tripulantes de los Ovnis científicos de otros mundos? ¿Qué les interesa: el entorno físico o el humano? ¿Son agresivos o pacíficos? Estas preguntas, y decenas más que se pueden formular en el mismo sentido, son de muy difícil solución, porque al igual que en el resto de parámetros OVNI investigables, el espectro es variadísimo.

Sobre una muestra de 70 encuentros con humanoides, Eric Zurcher detectó que en casi la mitad de los sucesos, un total de 30, los humanoides, al ser "descubiertos" por los testigos, huyen del lugar. Este dato está en consonancia con otra estadística que muestra que casi en el 52 % de los sucesos el fenómeno ya "existe" cuando el testigo llega al lugar en donde acontece el encuentro en la tercera fase. En otros 16 sucesos (más de un 20 % de los casos), los presuntos alienígenas muestran una actitud de prevención ante la presencia humana. Sólo en diez casos (algo menos de un 15 % de los casos), el comportamiento de los supuestos tripulantes de Ovnis es amistoso, y en menos aún, en 6 casos (algo menos del 10 % de los casos), los humanoides se comportan de forma agresiva. En el resto de los casos, más de la mitad, los humanoides muestran hacia el testigo una actitud de total y absoluta indiferencia, como si al presunto alienígena no le importara en absoluto que ojos indiscretos observen sus acciones.

Partiendo de todos estos datos, es difícil inferir que exista una actitud agresiva generalizada por parte de los humanoides. Esta afirmación es extensiva al resto del fenómeno OVNI. Como demostró el malogrado investigador portugués Bernardino Sánchez Bueno en un profundo estudio que realizó de 3.000 casos OVNI, sólo en 54 casos hubo comportamientos agresivos por parte del fenómeno, pero en el 60% de esas ocasiones, fueron los observadores terrestres los que iniciaron las hostilidades. Eso sí, las agresiones fueron repelidas sin contemplaciones.

Pero la actitud de los humanoides no se limita exclusivamente a pautas de comportamiento hacia el testigo, ya sea en modo agresivo, indiferente o amistoso. Existe otro parámetro fundamental: el entorno físico. En el 18,86 % de los casos catalogados por Zurcher, los humanoides muestran un interés "científico": toman muestras del terreno, recogen aguas, examinan animales… Algo relativamente lógico si presuponemos que son visitantes del exterior. Nosotros, en la Luna, ya lo hicimos. Aunque la teoría de que "ellos" son científicos de otros mundos apenas la sostiene ningún investigador. Después de cientos de miles de casos, la repetición de estas acciones sugiere más bien que todo es una puesta en escena, en la que hacen suyos comportamientos humanos que sirven para asimilar y asumir una idea.

En otras ocasiones, los humanoides muestran una actitud completamente indiferente respecto al entorno físico e incluso al humano. Como si se pasearan sin otra intención más que dejarse ver.

Pero vayamos, sin más, con algunos casos sugerentes acerca del comportamiento humanoide.

PERSEGUIDOS, HERIDOS Y ASESINADOS POR HUMANOIDES

Maxi Iglesias –y permítame el lector el tópico– no olvidará jamás aquellos encuentros en tierras de Salamanca. La imagen de los "visitantes" permanecerá grabada en su retina por siempre, así como el recuerdo de cómo lo persiguieron... hasta la extenuación.

Era un jueves; la primavera asomaba sus ojos aquella madrugada del 21 de marzo de 1974, justo al comienzo de la intensa oleada OVNI que azotó la Península hasta 1979, bajo la cual se "criaron" algunos de los más firmes representantes de la ufología hispana como Enrique de Vicente o Juan José Benítez.

El joven, de 21 años, se ganaba el pan como transportista. Conducía su vetusto camión Ford Avis camino de su casa en Lagunilla (Salamanca). Muy cerca de allí, en el término de Valdehijaderos, observó sobre la carretera, a menos de un kilómetro de su posición, una potente luz blanca. A unos 200 metros de donde se encontraba detuvo su tráiler. La luminosidad había disminuido y lo que tenía frente a sí era un objeto metálico, ovalado, de unos 11 metros y posado en el suelo apoyado sobre tres "patas". Junto a él, a la derecha, había un segundo objeto, oscuro, realizando movimientos en vaivén a una altura de unos 16 metros. Primer susto: el motor y las luces de su camión se apagaron. No hubo forma de hacerlos funcionar. De pronto, surgieron frente al objeto aterrizado dos seres de unos dos metros de altura, enfundados en una especie de traje de buzo de tonos brillantes. Los seres gesticulaban, como si hablaran entre sí, hasta que desaparecieron a la derecha del OVNI aterrizado.

Al enésimo intento, el camión volvió a funcionar, a la vez que el objeto aterrizado comenzó a elevarse diagonalmente. Maxi aprovechó el momento y puso la directa, rebasándolo. Metros más adelante, picado por la curiosidad, miró atrás y vio cómo el objeto estaba de nuevo aterrizado e irradiando la misma luminosidad que había visto al comienzo del encuentro.

Y, como alma que lleva el diablo, emigró de allí.

Trató de conciliar el sueño. A la noche siguiente, casi con las últimas luces, debía volver por aquella carretera, y la sola idea de toparse de nuevo con los Ovnis le inquietaba sumamente...

No le quedó otro remedio y, al día siguiente, a las 21.15 horas, alcanzaba de nuevo Valdehijaderos: ¡otra vez estaban allí los objetos!

Como el día anterior, uno de los artefactos estaba posado, pero en esta ocasión, sobre el lugar, a la derecha y con nueve metros de separación entre ellos, había otros dos Ovnis.

El resto de la escena se repitió tal cual: a 200 metros, el motor falló y el camión se detuvo.

Y el segundo "susto" se tornó pesadilla.

Aparecieron cuatro seres, idénticos a los del día anterior, gesticulando, hablando entre ellos. Señalaron a Maxi Iglesias y se encaminaron hacia el camión. El testigo abrió la portezuela derecha del Ford y echó a correr por la carretera como un alma endemoniada...

Miró atrás por el rabillo del ojo...

¡Le seguían!

Optó por salir campo a través, recorriendo dos kilómetros entre la maleza. La distancia que le separaba de los humanoides, que inicialmente era de 200 metros, fue disminuyendo paulatinamente, así que visto lo inútil de su carrera se lanzó de cabeza a una zanja de desagüe que le sirvió de escondite. Desde allí pudo observar a los cuatro seres en actitud de búsqueda. No estaban a más de 15 metros de él. Contuvo la respiración a duras penas, e instantes después, "los seres se separaron, dieron algunas vueltas, y cuando volví a sacar de nuevo la cabeza ya no estaban".

Los humanoides parecían haber abandonado la búsqueda del camionero y Maxi decidió salir de su escondrijo. Anduvo hasta encontrarse en los aledaños de otra localidad cercana: Horcajo. Temeroso, no se atrevió a llamar a ningún vecino y fumó un pitillo, tratando de apaciguar los nervios...

Luego, emprendió el camino de vuelta.

Cuando llegó al punto de la carretera en donde se encontraba su camión, descubrió que los Ovnis seguían allí; no así los humanoides, de los que no había rastro alguno. Decidió que no le quedaba otra salida más que huir de allí... ¡como fuera! Cuando alcanzó el Ford Avis se dio cuenta de que la portezuela que había dejado abierta en su huida estaba cerrada. Tuvo que abrirla, subirse y, en la medida en la que pudo, cerrarla despacio, sin hacer ruido...

No pudo. Por culpa del sonido, o de lo que fuera, los cuatro seres volvieron a aparecer junto al OVNI, gesticulando y, otra vez, hablando entre sí. Trató de encender el motor, pero el dichoso camión, por influencia de un extraño campo electromagnético, no se dignó a arrancar.

Los seres, sin embargo, en vez de irse a por el pobre Maxi, desaparecieron a la derecha del objeto posado sobre el asfalto y los Ovnis se elevaron en medio de un molesto zumbido. En ese instante, el camionero arrancó y pasó por debajo de los artefactos.

La curiosidad le pudo de nuevo. Como había hecho la primera noche, frenó y miró hacia atrás cuando apenas había avanzado unos 200 metros. Los enigmáticos seres estaban ahí otra vez, al pie de la carretera… Bajó del camión y silenciosamente, se "refugió" tras unos matorrales. Logró acercarse a unos ocho o nueve metros de la "escena". Allí, uno de los humanoides –que entraban y salían del objeto, aunque Maxi no fue capaz de descubrir cómo y por dónde, debido a que su superficie era completamente lisa y compacta– tenía en sus manos una especie de herramienta en forma de T y de unos 80 centímetros de altura, que hundía en el terraplén de la carretera. No parecía estar extrayendo nada, pero perforaba aquí y allá la maleza con la "cruz". Otro de los seres tenía en sus manos una especie de "herradura", mientras que el tercero y el cuarto humanoides se limitaban a observar la escena.

Maxi permaneció tres minutos observándolo todo desde su incómodo escondite. Angustiado, decidió volver al camión, y abandonó por fin el lugar. Al día siguiente, por recomendación de su jefe, puso el hecho en conocimiento de la Guardia Civil. Un mando del cuartelillo de Béjar le visitó tres días después. Le interrogó en profundidad y ambos visitaron el lugar de los hechos para examinarlo visualmente.

Descubrieron una serie de misteriosas huellas. En la carretera descubrieron una línea recta "como si el asfalto hubiera sido rayado por un objeto muy duro". Además, en el terraplén había dos "rascones", provocados con la herramienta con forma de T. Días después, un grupo de investigadores OVNI advirtió, gracias a un contador *Geiger*, que en la zona se registraba un índice anómalo de radiactividad, y encontraron tres círculos de 12 metros de diámetro con la hierba tumbada en el campo que se extendía junto a la carretera.

El caso de este camionero incluye una serie de aspectos que lo convierten en un episodio plagado de evidencias: huellas, efectos electromagnéticos, restos de radiactividad…

Se trata de uno de los más importantes encuentros en la tercera fase que se han producido en España, uno de esos casos que marcaron una era en la ufología. El año en el que se produjo –1974– fue el primero de un largo lustro de intensa oleada. Las imágenes de las huellas, los dibujos de los Ovnis que efectuó el testigo y el expresivo rostro del camionero inmortalizado en los periódicos de la época son parte de la historia inolvidable del fenómeno OVNI. Aunque si de verdad alguien no olvidará lo sucedido en aquellas dos jornadas consecutivas, será el propio Maximiliano Iglesias. Él seguirá preguntándose por el extraño y hasta absurdo comportamiento de aquellos humanoides que lo llegaron a perseguir campo a través; seguirá sin saber por qué en todo el tiempo que duraron los encuentros ni un solo coche, ni un solo camión, nadie en definitiva, apareció por ahí; y, sobre todo, seguirá recordando el pánico que sintió: "Antes no sabía qué era el miedo, pero ahora… ¡Ahora sí!".

Otro que no olvidará en su vida al humanoide que le "abrasó" es el uruguayo Juan Fröch. Este hombre, serio, trabajador y de un elevado nivel cultural, habitaba una granja cerca de Libertad (Uruguay) aquel 14 de junio de 1980.

Era medianoche y nuestro testigo y su esposa, Ana Parodi, se encontraban ya dormidos. Repentinamente, Juan se despertó sobresaltado, como si algo extraño estuviera ocurriendo. Se aproximó a la cocina de su vivienda, encendió la luz del patio y preguntó, pegando su oído a la puerta, si se encontraba alguien ahí:

"Abrí y sucedió algo que recordaré: en el patio se encontraba un ser de vestimenta extraña, con un traje tan ajustado que parecía pintado sobre su cuerpo. A continuación apareció una criatura parecida, sólo que era mujer. Sus alturas eran normales y sus facciones finas y bonitas, muy similares a las nuestras, a excepción de una marca en su frente que comenzaba en el espacio entre las cejas y que se extendía hasta el cuero cabelludo. Parecía ser la cicatriz de una operación".

El humanoide, un varón, se dirigió hacia la puerta de la cocina haciendo ademán de entrar. Los gestos del humanoide, aunque no podían ser calificados de agresivos, eran "graves", taxativos, tajantes... Fue entonces cuando con la palma de su mano apartó al ser que tenía frente a sí, increpándole verbalmente. Los gritos alertaron a Ana, su esposa, que acudió presta hasta la cocina e inmediatamente descubrió que la mano de su marido estaba sembrada de quemaduras. Contabilizarían hasta un total de 43. Mientras, del humanoide ya no quedaba rastro. Se había esfumado...

La policía y una comisión de la Fuerza Aérea de Uruguay investigaron la "agresión". El Dr. Ramón Núñez certificó la existencia de las quemaduras en la mano izquierda del testigo. Según sus informes, se asemejaban a las que pudieran realizarse con puntas de clavos al rojo vivo en contacto con la piel.

Algún purista de la ufología podría considerar que este suceso no puede encuadrarse dentro de los encuentros con humanoides debido a la inexistencia de ningún objeto desconocido en las proximidades. Pero no es así: al tiempo que Juan Fröch se las tenía con aquel humanoide, unas veinte personas observaron la presencia de un objeto desconocido sobre el lugar.

Quien ya no tiene motivo alguno para el recuerdo es Arcesio Bermúdez, fallecido tras un encuentro con humanoides. Los sucesos ocurrieron en Anolaina (Colombia), cerca de la capital del país, Bogotá. Junto a Arcesio, un total de diez personas observaron un potente foco luminoso amarillo-anaranjado que se encontraba estático a unos 50 metros de altura. El artefacto estaba rodeado por un arco de luz, y en su parte inferior se apreciaba algo parecido a "dos patas azules". Arcesio salió corriendo hacia el objeto, y al regresar aseguró haber visto en su interior –ya que parecía transparente– a un ser de apariencia normal de cintura para arriba, pero con la parte inferior del cuerpo en forma de "A" luminosa.

Días después Arcesio enfermó gravemente: le subió la fiebre, y sufrió gastroenteritis y vómitos negros. Falleció ocho días después del incidente. El Dr. Horace C. Dudley, profesor de Física Radiactiva de la Universidad de Illinois, certificó que la muerte pudo ser provocada por los efectos derivados de la exposición a algún tipo de radiación. Para otros expertos de la Fuerzas Aéreas como Benjamin Sawyer, los síntomas que presentaba Arcesio eran idénticos a los sufridos por personas sometidas a una fuerte emisión de rayos gamma.

El dilema, ante los dos casos anteriores, es evidente: ¿Había intención por parte de los tripulantes de lesionar a los testigos? ¿Era intencionada la misteriosa energía que abrasó la mano de Juan Fröch? ¿Y la radiación que se llevó a la otra

Científicos soviéticos confirman el aterrizaje en la URSS de un «ovni» tripulado por gigantes

Moscú. Ap

Científicos soviéticos han confirmado el aterrizaje de una nave espacial no identificada en un parque de la ciudad de Voronezh, informa la agencia Tass. El aparato iba, al parecer, tripulado por tres seres gigantescos, pero con pequeñas cabezas. En el lugar en donde se instaló la nave se han hallado dos piedras cuya composición se desconoce en la Tierra.

Según la información facilitada por la agencia oficial de noticias Tass, una gran bola o disco brillante fue visto planeando sobre un parque de Voronezh. Testigos de este hecho manifestaron que tres seres, con una constitución física parecida a la de los humanos, descendieron de la nave no identificada acompañados por un pequeño robot. Las mismas fuentes precisaron que, aunque los alienígenas tenían tres o cuatro metros de altura, sus cabezas eran muy pequeñas. «Ellos —afirma la versión de los testigos— caminaron alrededor de la bola o disco brillante y después se introdujeron en el mismo.»

Genrikh Silanov, director del laboratorio de geofísica de Voronezh, manifestó a la agencia Tass que los científicos que investigan este caso han afirmado que la nave no identificada había originado una depresión en el suelo de veinte metros de diámetro y cuatro de profundidad. Asimismo, puntualizaron que los alienígenas habían dejado dos piedras, que hasta el momento no han podido ser identificadas. Los científicos han señalado que las dos rocas están formadas de sustancias que no pueden ser encontradas en la Tierra. La agencia Tass, que no ha facilitado la fecha en que se produjo el aterrizaje, recoge en un comunicado que la información facilitada por los testigos de este caso coincide básicamente con las conclusiones obtenidas por los científicos.

Los habitantes de Voronezh recientemente avistaron una nave espacial con forma de plátano parecida a la descrita hace poco tiempo en una revista americana.

A finales del pasado mes de agosto, otro hecho de este tipo se registraba en la URSS. En esta ocasión el escenario elegido fueron los Urales. Seres descabezados y objetos luminosos extraños se aparecieron a varios habitantes de la ciudad de Perm. Debido a estos hechos, por primera vez en la historia las autoridades soviéticas aceptaban la presencia de «ovnis».

La repercusión en la prensa del caso Voronezh
en septiembre de 1989 fue enorme.

vida a Arcesio Bermúdez? Cabría pensar –y no es descabellado– que esas "fuerzas" eran inherentes al fenómeno. Aun así, en el caso uruguayo, el humanoide trató de entrar en la casa por la fuerza. Mientras, en el de caso de Maxi Iglesias, las cosas son bien distintas. El camionero salmantino fue perseguido como si fuera un delincuente por estos extraños seres que "operaban" a su antojo en la carretera. De todos modos, revisando el relato de Maxi, a uno le asalta la impresión de que aquellos humanoides no hicieron todo lo posible por "detener" al testigo, sino más bien por alejarlo o asustarlo. Quizá estaba en el lugar menos idóneo y en el

Según Vasia Surin y otros muchos niños, un OVNI aterrizó en el parque. Del artefacto descendieron varios humanoides.

momento más inoportuno. O quizá todo fue una puesta en escena, un acto más de ese inmenso teatro que parece el comportamiento del fenómeno OVNI.

CONIL, ¿HUELLAS DE OTROS MUNDOS?

Medio mundo estalló en asombro aquella noche del 9 de octubre de 1989. Al filo de la medianoche, los informativos radiofónicos no hablaban de otra cosa: según la agencia soviética oficial de noticias *Tass*, un OVNI había aterrizado en la ciudad de Voronezh, 500 kilómetros al sur de Moscú.

El suceso había ocurrido en un parque de la ciudad el 27 de septiembre. Nada menos que un OVNI, en pleno

163

En Conil, el 27 de septiembre de 1989 se produjo un espectacular encuentro con humanoides.

casco urbano, había aterrizado, y de su interior salieron dos enormes seres y un enigmático "robot". Como prueba de lo acontecido quedó en el lugar una huella de 20 metros de diámetro con cuatro hendiduras en forma de rombo y de 5 centímetros de profundidad.

Los medios de todo el mundo se hicieron eco del suceso, que ocupó titulares en las portadas de periódicos, abrió telediarios y obligó a las radios a ocuparse del asunto en profundidad. La sociedad occidental se enzarzó en peregrinas discusiones: nunca antes un avistamiento OVNI había tenido tal impacto. Como era de esperar, los desmentidos y la confusión provocaron que casi nadie llegara a tener claro qué había ocurrido.

Reconstrucción del caso Conil. Gentileza de la revista Año Cero.

Pero durante aquellos días, para cinco jóvenes gaditanos había otro caso OVNI todavía más importante, el protagonizado por ellos mismos en las blancas playas de Conil de la Frontera (Cádiz). El suceso, por su espectacularidad y trascendencia, dio la idea para el título del libro de J.J. Benítez *La quinta columna*.

Cuando siete años después de los hechos recorría la larga –y no menos ancha– playa de Los Bateles en compañía de uno de los testigos, Juan Bermúdez, no pude dejar de sentir un extraño escalofrío. No era para menos: me encontraba en el escenario del más desconcertante y fantástico encuentro con humanoides de los últimos tiempos.

Veamos por qué...

Testigos del primer encuentro en Conil.
Foto de Jesús Borrego.

Varios jóvenes de entre 17 y 23 años –Isabel y Pedro Sánchez, Loli Bermúdez y Pedro González– paseaban a mediados de ese mes de septiembre por la playa cuando observaron sobre el mar una especie de "luna de color entre rojizo y anaranjado" que en su interior tenía cuatro focos luminosos. Durante las noches siguientes siguieron observando el objeto, hasta que llegó el 29 de septiembre. Como todas las noches, aparecieron las misteriosas luces, pero hacia las 21.00 horas distinguieron a dos seres, enfundados en sendas túnicas blancas, deslizándose suavemente hacia la arena, sobre las olas, como "levitando". Sus cabezas eran esféricas, pero parecían planas y sin rasgos perceptibles. Tras cuatro o cinco segundos alcanzaron la costa y se tumbaron en la arena, y levantaron con arena mojada una especie de muro a modo de trinchera que les cubría parte del cuerpo.

Los jóvenes, agazapados, pudieron presenciar el resto de la escena…

Los humanoides se tumbaron y quedaron ocultos tras el muro de arena. Tras unos tensos minutos, los "visitantes" se levantaron, pero ya no eran aquellos dos humanoides sin rostro de dos metros, sino dos personas –un hombre y una mujer– completamente humanas. Sorprendentemente, habían mutado convirtiéndose en una pareja común, sólo que altos y de aspecto nórdico. Sin duda, parecían dos turistas más.

Los jóvenes trataron de seguir los pasos de la pareja "mutante", pero por el mismo lugar por donde aparecieron los dos humanoides, apareció una misteriosa niebla. De su interior surgió un ser inmenso, ataviado con un mono negro, de tres metros de altura y una enorme cabeza en forma de "pera invertida". Aterrados, los testigos salieron huyendo del lugar.

De manera breve, muy breve, éste es el relato del primero de los sucesos. Y digo primero porque el 15 de octubre los humanoides regresaron. En esta ocasión en presencia de Juan Bermúdez y del policía municipal gaditano e investigador OVNI Jesús Borrego. Ambos me narraron durante varias horas el "retorno" de los humanoides, en un caso bastante similar al primero, con la salvedad de que en esta ocasión no observaron mutación alguna, salvo cuando vieron sobre la playa una esfera negra que acabó convirtiéndose en un ser que identificaron como el humanoide femenino del anterior encuentro.

El suceso de Conil, aun admitiendo que posee un grado de extrañeza elevadísimo, reporta numerosas evidencias cuando se somete a estudio. A saber:

1–. No eran barcos ni buzos: ¿Había barcos en la zona que pudieran haber confundido a los testigos? El día 16 de octubre se publicó que lo observado por los jóvenes era el buque cablero británico *Monarch*, y los humanoides, buzos en lanchas Zodiac de dicho cablero. Algunos clamaron: "¡Caso resuelto!". Pero estaban más que equivocados: según informó el responsable del navío, el capitán Simkins, el día de los hechos se encontraban faenando a 32 millas de la costa, lejos del límite de percepción visual de los testigos que –a pleno día y en condiciones favorables de visibilidad– se sitúa a 10 millas. Simkins confirmó que su buque no utilizaba buzos ni lanchas Zodiac en sus operaciones.

2–. Testigos coherentes: los testigos exigieron anonimato y rehuyeron, desde el primer momento, todo tipo de publicidad. Sus testimonios, además, no mostraban contradicción alguna.

3–. Las huellas: tras la primera observación aparecieron en la playa, en la zona cercana al mar, es decir, en arena dura y mojada, unas enormes huellas de unos 45 centímetros de longitud y 15 de anchura. Parecían salir del mar, efectuar círculos sin sentido y continuar rumbo al pueblo. Las huellas se diluían a medida que se aproximaban al paseo marítimo, en donde la arena ya no se encontraba mojada. Cada impronta pertenecía a un pie de cuatro dedos normales y un enorme pulgar. Delante de los tres dedos más pequeños aparecían "arañazos" como si su causante deslizara la punta de los pies en su desplazamiento. El tamaño del pie parecía el doble que el de cualquier ser terrestre normal.

Después de la segunda aparición de los "mutantes" surgieron nuevas y profundas huellas, comunes en su aspecto, parecidas en suma a las dejadas por un pie normal, pero con dimensiones enormes: 50 centímetros de longitud. Los cálculos efectuados estimaron que el peso del causante debía ser superior a los 100 kilogramos.

4–. Otros testigos: a lo largo de aquellos días, y durante varios meses, numerosos habitantes de Conil observaron Ovnis y humanoides. Entre ellos, miembros de la Guardia Civil y la Policía. En una de las ocasiones, los Ovnis sobrevolaron las instalaciones del CESID (Centro Superior de Investigaciones para la Defensa) en Conil.

5–. Avería en los sistemas de defensa: durante los días anteriores y posteriores a los hechos, los radares del sur de España detectaron una avería de incierta causa y origen que convirtió la zona del Estrecho de Gibraltar, en cuyos dominios se encuentra Conil, en un perfecto "blanco" de vacío de radar para cualquier tipo de operación "extraña" y furtiva.

6–. La evidencia más sorprendente: ¡infiltrados! Los humanoides, una vez adquirieron su apariencia humana, vivieron a sus anchas durante algún tiempo en el pueblo. Según averiguó J.J. Benítez, la pareja estuvo alojada en un pequeño hotel de Conil durante los días en que se produjeron los extraños acontecimientos. Utilizaron identidades falsas, correspondientes a dos alemanes que durante aquellas fechas no habían abandonado su país. Aunque suene increíble, fue así.

Recorrí durante horas aquella inmensa playa mirando al paseo marítimo. Y sobre todo, dejando caer mis ojos en ese hotel en el cual dos falsos "alemanes" se instalaron a finales de septiembre de 1989. Recorriendo aquellas mismas calles escarpadas –de un blanco que redobla al Sol– y estrechas, muy estrechas. Envenenándome de aquel ambiente y con la piel erizándoseme al pensar que ese caso sugería que la tecnología que opera tras el fenómeno es capaz de mutarse y adquirir forma humana hasta el punto de poder entremezclarse entre nosotros a modo de quinta columna.

La lectura del caso obliga a ese planteamiento. A fin de cuentas, aquellos dos humanoides que surgieron en la playa tenían un aspecto bien poco parecido al nuestro y, en cuestión de segundos, adquirieron otra morfología mucho más humana. Desconozco si el fenómeno nos induce intencionadamente a creer que eso es lo que ocurre. Quizá todo sea una puesta en escena, como ya he dicho en ocasiones. Sin embargo, un pequeño puñado de casos –el de Conil es el mejor ejemplo– nos hacen pensar en tan atrevida hipótesis a propósito de la "infiltración". Precisamente, cuando se produjo la oleada de 1995-96, en Entrimo (Orense), un testigo vio cómo una esfera luminosa sin más forma que la esférica se convertía de pronto en lo que parecía un avión de pasajeros.

Como último apunte al caso Conil quisiera indicar que marcó un antes y un después en la historia de la ufología española. Como ya he dicho en alguna ocasión, durante toda la década de los ochenta, el número de avistamientos de Ovnis se redujo de forma drástica. El vacío informativo al respecto se hizo más que prolongado; fue desesperante. Habíamos vivido en España –y en parte del resto del mundo– unos años de frenética actividad OVNI. El tema interesa a los medios de comunicación, y mucho. Pero de repente, los Ovnis se esfumaron. Desaparecieron del mapa. La ausencia de noticias al respecto trajo consigo que muchos estudiosos y periodistas que habían trabajado con afán en la recopilación de información se desanimaran. Fue a partir de 1988 cuando comenzaron a sucederse nuevos avistamientos.

El 2 de febrero de ese año, una inmensa "bola de fuego" de naturaleza desconocida atravesó los cielos peninsulares dejando a su paso cientos de miles de testigos. Este suceso –del que me voy a ocupar en breve con la extensión que se merece– "animó" algo la desidia informativa. Y aunque sin llegar a las cotas de los años setenta, el número de casos creció de forma considerable, pero la explosión mediática del caso de Voronezh –y del de Conil– provocó que volvieran a verse No Identificados aquí y allá durante meses. No sólo en España, sino también en el resto de Europa se vivió una intensa oleada de avistamientos, entre los que destacaban encuentros múltiples con miles de testigos, como el que había sucedido el 2 de febrero de 1988. Luego, ya iniciada la década de los noventa, se sucedió una nueva etapa de recesión a la que siguió la oleada de 1995-96.

Los Ovnis, durante los últimos años, han vuelto. Surcan los cielos como antaño, esperando que los medios de comunicación, inundados por la falta de rigor y el sensacionalismo, vuelvan a ocuparse del tema como lo hicieron en otros tiempos.

Que quede claro algo: el fenómeno OVNI sigue vivo.

GERENA Y OJÉN, NUEVAS HUELLAS

Analicemos más casos de encuentros en la tercera fase.

El siguiente que relato ocurrió en esa época dorada. Exactamente en noviembre de 1978, en Gerena (Sevilla), cuando hacia las 3.30 horas cuatro personas se encontraban cazando cerca de la orilla del río Guadiamar, inmersos en un pequeño bosque de eucaliptos. Allí, entre los árboles, los testigos pudieron observar un potente foco de luz. Al acercarse vieron que se trataba de un objeto discoidal posado en tierra y con una cúpula de unos tres metros de altura y cinco de diámetro. Delante del artefacto, que estaba situado en un claro en mitad de los árboles, observaron a un hombre recu-

Huella dejada por el humanoide del caso Gerena

bierto por una especie de vestimenta plateada, alejándose del objeto recogiendo algo del suelo.

Al tiempo podía escucharse un extraño ruido cavernoso. Los testigos distinguieron que el humanoide portaba en su cabeza algo parecido a un casco negro. La parte frontal del casco, a la altura de los ojos y la boca, estaba formada por una especie de cristal.

Antonio Moya, un activo ufólogo andaluz, encontró en el lugar varias huellas de pisadas hundidas en la tierra que tenían 42 centímetros de longitud. Gracias a las investigaciones realizadas se determinó que la altura del ser debía de rondar los dos metros de altura —incluso algo más— para poder dejar semejantes huellas.

Reconstrucción
del encuentro en la
tercera fase
ocurrido en Gerena (Sevilla).
Dibujo de
José Antonio Moya

Meses antes del suceso de Gerena, otras huellas, más extrañas y misteriosas, vinieron a alterar a la población de Ojén (Málaga), en plena serranía del Retín. Allí, los inquilinos de una finca, a comienzos de marzo de ese 1978, vivieron un inquietante suceso. Era medianoche y el testigo, L.B., se encontraba junto a su hijo viendo la televisión cuando —como tantas veces ha ocurrido— aparecieron en la pantalla una serie de interferencias.

En ese momento, el perro lobo del testigo comenzó a ladrar. Salieron al porche de la casa para ver si había alguien y, efectivamente, "algo" merodeaba por el lugar, desplazándose "a tumbos" y lateralmente por las cercanías.

A la luz de un farol del lugar distinguieron que el humanoide tenía dos "patas" alargadas, de un metro de

173

altura y "gruesas como tuberías". L.B. decidió soltar a su perro lobo, que corrió veloz hacia la extraña figura. Pero cuando el enojado can parecía que iba a alcanzar a la extraña criatura, ésta desapareció. Sin embargo, el perro siguió ladrando camino abajo, como persiguiendo algo o alguien "invisible" por un estrecho camino de tierra abierto entre matorrales. Como si la criatura, pese a haberse vuelto invisible, siguiera ahí.

Al día siguiente aparecieron 50 huellas rodeando la vivienda. Aquellas marcas fueron examinadas poco después del suceso por J.J. Benítez. Según sus mediciones, cada huella tenía de 10 a 15 centímetros de diámetro y entre 6 y 8 de profundidad. Surgían, en uno u otro lugar, bruscamente y separadas entre sí de 30 a 40 centímetros, formando una línea "coincidiendo con lo descrito por los testigos; con la marcha de costado", explica el investigador navarro.

Las huellas tenían aspecto animaloide y estaban formadas por cuatro pezuñas retráctiles. La fracturación del terreno –completamente seco antes, durante y después de la observación– y su profundidad hacían pensar que se produjeron de forma terriblemente violenta, como si el humanoide hubiera dejado caer sobre el terreno un enorme peso que podría calcularse en más de 300 kilogramos.

Esther Rebato, titular del Departamento de Biología Animal y Genética de la Universidad del País Vasco, analizó las improntas. En su opinión, no pertenecían a ningún tipo de primate, ni siquiera a un gorila macho, que pese a su peso, en torno a los 200 kilogramos, tampoco dejaría huellas tan profundas en un terreno seco. Rebato descartó que dichas huellas pertenecieran a algún tipo de primate.

Francisco Purroy –a la sazón catedrático de Zoología de la Universidad de León–, por su parte, negó que correspondieran a un oso o a algún tipo de cánido.

Se trataba, por lo tanto, de un "animal" desconocido. Pura criptozoología, pero eso sí, dorada con la componente ufológica: efectos extraños en aparatos eléctricos, descripción de los testigos que vieron las extrañas y metalizadas "patas" del sujeto, y la enigmática muerte de una gata que estaba a punto de parir...

La gata en cuestión apareció junto a la casa propiedad de L.B.. Estaba decapitada y tenía su pierna izquierda amputada. Ni cabeza ni extremidad serían encontradas jamás. El cuello apareció con un corte limpio y seco, y la pierna con el hueso "cortado de tajo". La autopsia –que reveló la existencia de cuatro fetos– realizada por los veterinarios fue concluyente: "Cabeza y mano fueron separadas mediante una acción mecánica, probablemente con un bisturí o un objeto cortante. El tejido óseo presentaba en la zona de corte un perfil sin rugosidades, indicio básico que apoya la hipótesis de un seccionamiento por medios artificiales y muy perfeccionados".

"El pelo del felino –prosigue el informe–, directamente en contacto con el área mutilada, presenta asimismo, a través de la microfotografía de 200 aumentos, claros signos de chamuscado. Unas señales que apenas son perceptibles en los restantes tejidos del cuello".

La extraña mutilación tenía similitudes con las que recientemente ocuparon a numerosos investigadores de Centroamérica y que fueron atribuidas a un extraño ser que el vulgo denominó "chupacabras". También en España se han producido muchas extrañas mutilaciones de cabras, ovejas, caballos o gallinas desde 1994. Investigué personalmente estos sucesos en Teruel, Huesca, Zaragoza, Vitoria, Vizcaya y

Burgos. Las reses, en casi todos los casos, mostraban cortes y orificios "meticulosos", realizados de forma mecánica y no atribuibles –según los veterinarios– a ningún depredador conocido. Las huellas halladas en los lugares de los hechos tampoco correspondían a ningún ser vivo conocido.

El suceso de Ojén, localidad a menudo frecuentada por humanoides atípicos, muestra –lejos de los encuentros con tripulantes– otras dos facetas del fenómeno OVNI que ya hemos estudiado: los efectos electromagnéticos y sobre seres vivos.

Y es un buen ejemplo de la riqueza del enigma que estamos exponiendo. Porque si bien tenemos casos como éstos que suelen ocurrir en entornos rurales, de forma casi furtiva, con uno o muy pocos testigos, también hay episodios que son reportados por miles de observadores. Son los macroavistamientos, un tipo de manifestación OVNI que en los últimos tiempos ha cobrado una nueva dimensión…

De estos episodios me ocupo ahora.

Capítulo 7

MACROAVISTAMIENTOS: DE LA "BOLA DE FUEGO" A LA "NAVE DE LOS DIOSES"

Como antes señalaba, a finales de los ochenta el fenómeno OVNI se reactivó en nuestro país. Aquella oleada tuvo su punto de partida en una fecha muy concreta: el 2 de febrero de 1988. Ese día, decenas de miles de personas observaron desde diferentes puntos de la Península una gran masa luminosa seguida de una larga estela brillante surcando el cielo.

Las autoridades, cómo no, tomaron cartas en el asunto, al hilo del enorme impacto informativo de la multitudinaria observación.

Muy pronto se divulgó la información de que se había tratado de un bólido o meteorito que había penetrado en la atmósfera dirigiéndose hacia el este. El "pedazo de cielo", según aquellas primeras versiones, habría atravesado la Península y se habría desintegrado en el Mediterráneo.

Pero... ¿fue en realidad aquella "bola de fuego" un meteorito?

Para responder a esta pregunta, inicié una larga y meticulosa investigación.

2 DE FEBRERO DE 1988: ¿OVNI O METEORITO?

Decía Jacques Bergier, maestro de investigadores de lo insólito: "No nos creemos todo, sino que todo debe ser investigado". Puse su adagio en práctica a pesar de que el caso parecía "explicado". Entonces, servidor había amanecido hacía bien poco a este reino de la ufología y la investigación OVNI. Y el estudio del caso me sirvió para darme cuenta de muchas cosas. Los "veteranos" me habían avisado de ello: la investigación de campo de los episodios OVNI ofrece una perspectiva de la fenomenología mucho más rica y real, en la cual las "explicaciones racionales" quedan contra las cuerdas.

No tardé en demostrar, sobrado de pruebas, que la observación no se había debido al paso de un meteorito. Los primeros en esbozar esta hipótesis habían sido los miembros de la Asociación Valenciana de Astronomía. Según los cálculos de estos estudiosos, el meteorito alcanzó la Península, a la altura de Lisboa, a unos 150 kilómetros de altura a las 19 horas, 9 minutos y 30 segundos, describiendo una trayectoria descendente que se ejecutó a 200.000 kilómetros por hora, alcanzando, en tan sólo 30 segundos, la vertical de Valencia a unos 50 kilómetros de altura. Así, y de acuerdo a aquella versión, a las 19 horas, 10 minutos y 10 segundos el meteorito –o lo que quedaba del meteorito– se precipitó al mar.

El principal problema es que el presidente de esta asociación, José María Trigo, no fue capaz de demostrar sus afirmaciones. El trabajo de los ufólogos dejó bien claro que los avistamientos se iniciaron hacia las 17.30 horas y se sucedieron hasta la una de la madrugada del 3 de febrero. Y no sólo eso, sino que aquel o aquellos objetos describieron maniobras verdaderamente imposibles para un meteorito:

cambios de dirección, de tamaño, desapariciones súbitas, frenadas en seco...

Nos ocuparía un libro –y no es broma– describir cada uno de los relatos que tuve ocasión de recoger en aquellas fechas y que destronaban la tesis del meteorito, pero trataré de ceñirme a los aspectos más controvertidos del suceso.

En principio, he de señalar que fueron varias las tripulaciones en vuelo que se toparon con el OVNI, incluida la de un avión militar del Grupo 45 de las Fuerzas Aéreas que trasladaba de Madrid a Barcelona un corazón destinado a un trasplante. A propósito del incidente, el Ministerio de Defensa divulgó un comunicado oficial que decía lo siguiente: "No es la primera vez que los pilotos de la unidad observan este fenómeno, pero nunca se habían encontrado a tan poca distancia de este tipo de objetos tenidos por meteoritos".

Según pude averiguar, dos cazas de la base aérea de Zaragoza despegaron en *scramble* con la intención de identificar aquel misterioso artefacto. Precisamente en la capital del Ebro, diferentes testigos relataron el paso del objeto a diferentes horas y en diferentes direcciones. A medida que obtuve datos llegué a la conclusión de que sobre la capital maña se observó más de un objeto, algo que confirmó un testigo visual que pudo observar el fenómeno con binoculares y que me lo describió así:

"No se trataba de una esfera luminosa, sino de dos contiguas con tres puntos rojos de luz fijos. Encima de este objeto principal que se desplazaba en dirección noroeste, había otro más pequeño, similar, pero consistente en una sola esfera que en un momento de la observación se separó del objeto principal y se desplazó en línea descendente en dirección este, dando la impresión de que caía en la ribera del Ebro".

En cuestión de horas, la observación se convirtió en un asunto del máximo interés informativo. Aquella noche, casi todos los espacios radiofónicos del país abrieron sus micrófonos a todos aquellos oyentes que habían visto la "bola de fuego". Los noticiarios televisivos también se hicieron eco del avistamiento y, al día siguiente, los periódicos –bien locales, bien nacionales– reflejaron en sus páginas los detalles del evento.

Hacía años, muchos años, que no se producía un hecho de tales características que motivara tan intensa atención por parte de los medios de comunicación y de la opinión pública. Recuerdo perfectamente aquellas emocionantes jornadas que hoy sabemos que supusieron la resurrección del enigma OVNI en España.

Enredado en la vorágine mediática del suceso, la recopilación de datos, ingente y sin descanso, comenzó a reportar pistas a cual más fascinante... Apuntes que me hicieron contemplar la hipótesis de que numerosos Ovnis habían sobrevolado el país.

En Zaragoza, donde el paso del OVNI dejó miles de testigos, el avistamiento ocurrió hacia las siete de la tarde. A esa hora, decenas de vecinos del barrio zaragozano de El Arrabal observaron el paso de la "bola de fuego". Algunos de ellos advirtieron la presencia en una populosa calle de una extraña furgoneta. En torno a ella había varios personajes que fueron los únicos en no prestar atención al fenómeno. Los vecinos se acercaron a ellos instándoles a observar el fenómeno. Tal fue la insistencia que uno de aquellos "operarios" se revolvió y se dirigió con acento extranjero a una vecina en los siguientes y sorprendentes términos: "Ya sabemos lo que está pasando; estamos aquí para recogerlo". Atónita, una de las vecinas echó un rápido vistazo al interior de la furgoneta observando una serie de ordenadores y pantallas de todo tipo.

Varios investigadores tratamos de averiguar el origen de aquella extraña furgoneta. Aparentemente, uno de ellos, Carlos Bogdanich, la logró localizar en Zaragoza y resultó pertenecer a una empresa de limpieza catalana. Pero el misterio no quedó resuelto: en el interior de aquella segunda furgoneta no había ordenadores ni nada similar, y los "operarios" no reconocieron haberse expresado así a los vecinos de El Arrabal… ¿Quién decía la verdad? Hablé con ellos, y juran y perjuran que su versión se ajustaba a la realidad.

Sumidos en estas deliberaciones, llegó a oídos de los investigadores el testimonio de un maestro de escuela llamado Ángel Carreras. Afirmaba haber presenciado la caída de un extraño objeto en las proximidades de Osera, una localidad sita a unos 20 kilómetros al este de Zaragoza. Esto fue lo que nos confesó: "Vi un fogonazo cayendo a pocos metros de la orilla del Ebro. Era como una bola de luz incandescente que caía poco a poco, muy despacio. Luego, desde aquel lugar comenzó a salir una humareda negra tremenda".

A medida que pasaban las horas, fui recogiendo más y más testimonios que confirmaban la probabilidad de que aquel objeto hubiera caído en algún punto de la ribera del Ebro próximo a Osera, Pina o Fuentes, es decir, a unos 20 o 30 kilómetros de la capital maña en dirección este.

Un equipo de investigadores asociados al exitoso programa radiofónico *IV Dimensión*, que por entonces se emitía en Radio Heraldo de Aragón –la principal emisora de la región–, como si de una auténtica expedición se tratara, nos dirigimos a la zona del presunto impacto la mañana del 7 de febrero de 1988. El objetivo no era otro más que buscar evidencias físicas de la caída del objeto. A las 8.30 de la mañana nos detuvimos en el arcén de la carretera de Barcelona, justo en el punto donde Enrique Carreras y otros conductores detuvieron sus coches para observar aquel extraño objeto que se precipitó sobre la zona. Inmediatamente aquella búsqueda nos reveló un problema añadido –y bien sabido que los teníamos–: la ribera del río, como todos los años por aquellas fechas, estaba completamente empantanada y la zona se convertía en un auténtico dique de barro entre la vegetación.

Los primeros testimonios a los que tuvimos acceso resultaron sobrecogedores: los vecinos de las diferentes localidades nos afirmaban que justo dos días después de los hechos, un grupo de personas con uniforme militar y a bordo de dos Jeeps se acercaron al lugar, e interrogaron a los testigos y, lo más sorprendente, recogieron muestras de "un extraño pedrusco negro".

Los militares –una vez más– habían llegado antes. Por mucho que luego lo negaran…

Durante horas, divididos en varios grupos, peinamos kilómetros y kilómetros en busca del lugar del impacto que nos había señalado Enrique Carreras. El rastreo resultó sumamente peligroso, pero "algo" sí encontramos: se trataba de una serie de pequeños arbustos con las copas calcinadas muy superficialmente. El calcinado de las ramas, con sólo frotarlo, desaparecía. Todo apuntaba a que la fuente calorífica había actuado –incomprensiblemente– de arriba abajo y con una intensidad muy suave.

¿Correspondía aquella "huella" con la "caída" relatada por diferentes testigos a las 19.10 horas? Así podría ser…

En Nuez, otra localidad de la comarca, localizamos una finca, habitada por media docena de familias, en donde numerosas personas fueron testigos presenciales de aquella enigmática "bola de fuego": "Vi un resplandor muy grande delante de mí, reflejándose en esa pared –nos indicó una de aquellas personas señalando a un muro en dirección este– y pasó justo por encima de mi cabeza. Tuvo que caer por ahí…".

Otros testigos de la zona nos narraron lo mismo. A tenor de todas las pistas que comenzábamos a recuperar de la aún perenne memoria de aquellos observadores, existió un segundo objeto "estrellado" en la zona casi a la misma hora.

Aquellos paisanos lo tenían bien claro: dos "bolas de fuego" habían caído "la otra noche" por allí. "Pero no habéis sido los primeros en venir; a los dos días estuvieron por aquí los del Ejército y anda si pasaron aviones de ésos", nos aseguraron.

Y añadieron un dato que para nosotros tenía un sentido muy especial: "Llevaban unas furgonetas muy raras, llenas de televisiones y aparatos". ¿Se estarían refiriendo al mismo vehículo descrito por los vecinos de Zaragoza?

Permítame el lector que abra un paréntesis…

Aquella buena gente me impactó. Aunque vivían a unos 40 kilómetros de Zaragoza, estaban completamente aislados. A lo lejos se vislumbraban las torres de la basílica de El Pilar, pero algunos de ellos ni siquiera conocían la ciudad. No sabían que el hombre había llegado a la Luna y jamás habían escuchado la palabra OVNI. Y para colmo, con su lenguaje sencillo, nos estaban describiendo algo que nada tenía que ver con un meteorito… A ellos no les movía interés alguno, ni tenían ganas de notoriedad ni se estaban inventando nada.

Son éstos los testimonios puros que el investigador se encuentra a menudo. Relatos sin una micra de contaminación que dejan al desnudo cuadriculados planteamientos que valoran la calidad de un encuentro OVNI en función de la situación socioeconómica de los observadores.

Y cierto es que existen testigos infinitamente mejor preparados que otros para distinguir si un fenómeno aéreo no identificado en principio responde a una circunstancia explicable o no. Un piloto, por ejemplo, tiene una larga preparación en diferentes campos técnicos que le califican como observador de un OVNI. Un pastor o un agricultor quizá no, pero su relato de los hechos, a menudo efectuado con un lenguaje sencillo pero de una calidad descriptiva casi poética, es tanto o más fidedigno que el de un aviador. Es probable que desconozca hechos astronómicos, meteorológicos o físicos que puedan explicar lo que ha visto, pero ahí es donde entra la capacidad del investigador para discernir los hechos. En cambio, de lo que sí podemos estar seguros al escucharlos –en un elevado número de casos– es de que cuentan la verdad, y de que lo que han visto lo narran sin adornos y sin estar influenciados por los medios de comunicación o las lecturas ufológicas, de las que en la mayor parte de los casos nunca han tenido noticia. Por ello, el testigo, cuando es un hombre sencillo, entregado a su vida en el ámbito rural, tiene para el investigador auténtico un plus de credibilidad.

En cambio, las autoridades españolas –mal aconsejadas por sus compadres civiles–, cuando han pretendido cuadricular la credibilidad de un suceso OVNI en función de quién lo ve, han patinado sin remisión. En 1968, cuando se inician las investigaciones oficiales, se establecieron cuatro categorías de testigos. En el "primer grupo" estaban los observadores más creíbles: pilotos, ingenieros aeronáuticos, astrónomos y científicos; en el "segundo grupo" quedaban encuadrados militares, policías y otros agentes de seguridad, empresarios y periodistas de medios serios (¿Qué entendían los legisladores del Régimen por "medios serios"? Nos podría dar la risa…); en el "tercer grupo" aparecían campesinos, obreros, bachilleres, comerciantes, etc.; en suma, el hombre de a pie. Y mientras, en el "cuarto grupo", personas sin estudios, drogadictos, alcohólicos y... periodistas de publicaciones sensacionalistas, o sea, y sabiendo que quienes dictaban esta clasificación no hicieron mucha apología de la libertad de expresión, me temo que se referían a los periodistas más críticos.

En 1992, esta clasificación se actualizó por parte del Mando Operativo Aéreo, que elaboró una normativa nueva sobre la investigación OVNI a nivel oficial que tomaba en consideración la capacitación de los observadores. Era prácticamente la misma de 1968, pese a que se corrigieron los dejes franquistas. Aun así, "las personas sin estudios ni formación" aparecían como testigos poco fiables. Pero insisto que en que me he encontrado con personas que no saben leer ni escribir, que aún preguntan si el Real Madrid ganó ya la séptima Copa de Europa y que se ríen hasta el desconsuelo si les dices que el hombre ha llegado a la Luna. Mi experiencia me dice que son hombres que pese a su incultura escolar son fiables, dignos y fieles a la verdad.

...Y cerrado el paréntesis, volvamos a la investigación del caso del 2 de febrero de 1988.

¿OVNIS ESTRELLADOS EL 2 DE FEBRERO DE 1988?

Las siguientes horas —una vez que habíamos asimilado lo inútil de la búsqueda por el fango— las dedicamos a la localización de más testigos.

Y los relatos de los numerosos observadores que habían presenciado el paso de al menos dos objetos en el plazo de diez minutos fueron acumulándose.

Cuando, en mitad de aquel recorrido llegamos a una de las ermitas de la zona, nos encontramos reunidos a los vecinos de Pina de Ebro, otra de las localidades sobrevoladas a baja altura por los Ovnis. Una oportuna casualidad...

Sorprendentemente, el motivo de aquel cónclave no era otro más que el OVNI del día 2 de febrero. Los vecinos no estaban nada contentos con la situación creada: el buen nombre del pueblo estaba en entredicho; la prensa y la radio nacional ya habían informado de la "caída" del misterioso objeto y no parecían muy dispuestos a que su pueblo se convirtiera en una meca ufológica.

Sobra decir que no fuimos muy bien recibidos. Casi nadie nos quiso comentar nada; lo negaban todo, absolutamente todo. Para entonces ya teníamos la pista del rastreo que en la mañana del 3 de febrero había efectuado un equipo de la Guardia Civil de Pina. En las "maniobras" había participado el alcalde de Osera, Ángel Rubio, con quien charlé en diferentes ocasiones y que me confesó su deseo –truncado por determinadas "presiones"– de elevar una consulta oficial al Gobierno Civil y al Parlamento de Aragón para aclarar el asunto. Y a pesar de que las personas que participaron en el rastreo de la zona efectuado por la Benemérita nos habían brindado su testimonio, la Guardia Civil nos negó reiteradamente la verdad. Aquel comportamiento lo encontramos también en otros cuartelillos de diferentes localidades españolas que se vieron involucrados en búsquedas similares. Alguien, no me cabe la menor duda, había dado la orden de silenciarlo todo.

Cuando dejábamos atrás aquella ermita, uno de los vecinos se acercó a nosotros y con un rictus seriamente preocupado nos confesó, a espaldas de sus incomodados paisanos, que él también había sido testigo de los hechos: "Antes de que se vayan, quiero decirles que yo también lo vi, pero era muy raro, como de color azul, era casi transparente...".

Aquel "disidente" nos facilitó algunos nombres de testigos que habían observado el misterioso objeto en Pina. No fue difícil localizarlos. Manolo Cebolledo, de 50 años, nos contó:

"Aquello fue muy raro. Una bola de fuego, con tantas luces como el arco iris. Aquéllos –dijo, señalando a un grupo de paisanos que campaba en la misma barra– os lo pueden decir. ¡Se desintegró! Los chicos estaban jugando en la cancha de fútbol y aquello, que era del tamaño del tapacubos de un coche, se detuvo sobre los chavales y desapareció. Cayeron tres o cuatro chispas y todo volvió a la normalidad. Pero os lo repito: se paró a muy pocos metros de los muchachos".

Y el lúcido astrónomo de Valencia diciendo que cayó sobre el Mediterráneo…

Se trataba del tercer fenómeno extraño que identificamos. Recapitulemos. El primero de ellos había ocurrido hacia las 19.00 horas en Osera. Entre esta localidad y Pina se produjo, diez minutos después, una nueva observación. Hubo testigos de los dos avistamientos, así que no hay lugar a un posible error de horarios. Y hacia las 19.30 ocurrió el tercero de los avistamientos, el que acabamos de relatar, y del que también fue testigo Alejandro Marcón, otro vecino de Pina que nos describió así lo ocurrido sobre aquellos muchachos:

"Era como una bola y tenía una cola de luz detrás. La cabeza no sería más grande que un televisor y la cola mediría unos dos metros y medio. Estaba sólo a unos 5 metros de altura del suelo… Y, después de unos segundos, se apagó".

Sería excesivamente tedioso relatar todos y cada uno de los testimonios que recogí durante aquellos días. Pero tengo bien claro que lo ocurrido no tenía nada que ver con un meteorito. Algo que vino a confirmarse con otras informaciones, procedentes de diversos puntos de la Península y que hablaban también de la caída de otros objetos.

Un lugar donde ocurrió algo muy similar a lo que he narrado anteriormente fue Escalona (Toledo). El suceso tuvo lugar hacia las 18.45 horas. El principal testigo de los hechos se llama Cándido del Barco, que observó la súbita aparición de una "bola de fuego" incandescente que pareció caer –tras unos 10 segundos– a unos 100 metros del río Alberche. Creyendo que algún tipo de artefacto aéreo se había estrellado en el lugar, decidió llamar a varios medios de comunicación para informar sobre el asunto. Las gestiones de los periodistas culminaron con la presencia en el domicilio de Cándido del Barco de nada menos –¡menudo despliegue!– que 15 agentes de la Guardia Civil. El testigo acompañó a la "expedición" al lugar del presunto impacto, pero no se halló nada anormal.

El investigador Alfredo Salvador entró en contacto con el cuartel de la Guardia Civil en Escalona. Desde allí le negaron la existencia de ningún tipo de rastreo, al igual que había hecho la Benemérita en Pina de Ebro. En ambos casos, numerosos testigos confirmaban la presencia de agentes en los lugares de "impacto", pero oficialmente se negó aquello que resultaba tan evidente. Y esa actitud debió de tener una razón de ser que nada tenía que ver con el paso por el cielo de un inocente meteorito.

Por si fuera poco, en la provincia de Cáceres numerosas personas observaron cómo otra de estas esferas luminosas caía al interior del embalse de Gabriel y Galán, sin que el Instituto Sismológico de Toledo detectara nada anormal, lo que debería haber ocurrido si se hubiera tratado de un meteorito. En la sierra de la Demanda, y frente a la costa levantina, se reportaron nuevas caídas. En el segundo de los episodios, los testigos relataron cómo la "bola de fuego" se dividió en tres antes de precipitarse al mar.

Con todos los datos expuestos –e infinidad más de ellos que por cuestiones de espacio no puedo detallar– me siento en condiciones de afirmar que la tarde del 2 de febrero varios objetos de procedencia desconocida atravesaron la Península. Las características morfológicas de los mismos sí podrían asociarse a un bólido de procedencia meteórica, pero no su comportamiento. De haber sido un "pedazo de cielo", los testimonios deberían haber respondido a un patrón común (dirección este; 30 segundos de observación como máximo; movimiento rectilíneo sin cambios de rumbo y velocidad; espectro de un minuto entre todas las observaciones), y... no fue así.

Además, permítame el lector una reflexión. En mi voluminoso dossier del caso recogí testimonios de hasta siete presuntas caídas de "bolas de fuego" o "esferas luminosas" aquella tarde. Por supuesto, no puedo afirmar que se estrellaran Ovnis. Me limito a constatar lo que los testigos aseguran, una vez que descarté como presuntas caídas aquellos relatos que pudieran aludir a un efecto óptico. No creo que se precipitaran contra el suelo naves de ningún tipo; fue otra cosa, aunque desconozco su naturaleza, y cualquier opinión sobre esto alcanzaría, más allá de este punto, un grado de elucubración al que ahora no conviene llegar. Pero aun así, sí quisiera dejar constancia de un patrón común a esas caídas. Amén de una "desmaterialización" a pocos metros del suelo (el último caso relatado), los otros seis incidentes ocurren en aguas enfangadas o embalses (cuatro casos), en ríos (un caso) y en el mar (un caso). Esto quiere decir que todas esas caídas parecieron elegir el agua como destino, imposibilitando a los investigadores acceder a más pistas. Y digo "elegir" a conciencia, puesto que tras tanta "puntería" sólo puedo adivinar una acción inteligente y deliberada.

Ante tal cúmulo de extrañas peculiaridades, las autoridades militares se mostraron muy activas, pero década y pico después mantienen todos los datos en el más estricto secreto. Aun con todo, sabemos que se ejecutó un *scramble*, rastreos de las zonas de presuntas caídas, investigaciones posteriores y las consabidas y sospechosas negativas oficiales. Si a todo esto añadimos la presencia de aquella extraña furgoneta en Zaragoza y la recogida de "un pedrusco negro" (extremo que afirman varios testigos independientes pero del que, justo es decirlo, no tengo más pruebas que ésa), el suceso del 2 de febrero de 1988 sigue constituyendo un expediente abierto y tan intrigante como el generado a raíz de la caída de otro extraño meteorito en Galicia el 18 de enero de 1994...

Otra bola de fuego, ahora en Galicia

Este suceso ocurrió en un marco inédito. Para entonces, ya se había procedido a la apertura de los archivos secretos —mejor dicho, de parte de los archivos secretos— sobre Ovnis del Ejército del Aire en España. Entonces, toda la información OVNI, así como las pertinentes investigaciones, estaba al cargo del Mando Operativo Aéreo, que disponía ya de una normativa específica que explicaba los pasos que debían seguir las autoridades militares a la hora de estudiar un caso OVNI. Y si esa normativa existía, sólo cabe una interpretación: el enigma OVNI seguía y sigue siendo objeto de estudio por parte de las autoridades.

Así pues, vayamos con este episodio, ocurrido en Galicia, que desde finales de los ochenta parece haber tomado el relevo de Canarias como epicentro de las observaciones OVNI más inquietantes.

A las ocho de la mañana del 18 de enero de 1994 una nueva "bola de fuego" atravesó el cielo. En esta ocasión, los testimonios se concentraban en la zona sur de la provincia de La Coruña. Nuevamente, los testigos presenciales del hecho notificaron la posible caída del objeto. Desde diferentes puntos, numerosos testigos informaron a las autoridades del hecho y la Guardia Civil inició las gestiones, tratando de comprobar si lo que los testigos denunciaban –la caída del presunto meteorito en la sierra de Outes– había ocurrido en realidad. Apenas una hora después de producirse el suceso, agentes del cuartelillo de Brión iniciaron la búsqueda –silenciosa, discreta y... secreta– del objeto presuntamente siniestrado.

Pocas horas después, cuatro científicos del Observatorio Astronómico Ramón María Aller de la Universidad de Santiago iniciaron una meticulosa investigación de los hechos, y se abrió así un nuevo *expediente X* científico. El primer paso que cumplimentaron los astrónomos fue recoger todos los testimonios posibles. Como ejemplo, escogiendo uno de ellos, el dado por Albino Ortego y Luisa Ferreiro. Dice así la ficha rellenada por los científicos:

"El matrimonio se desplaza en coche por la autopista que une Santiago y A Coruña poco después de las 8 de la mañana. La señora lo vio aparecer por la derecha. Atravesó la autopista con una trayectoria ligeramente descendente hasta que llegó a un punto en el que el descenso fue brusco, perdiéndose la luz por el horizonte. El movimiento del objeto era bastante lento, hasta el punto de que les dio tiempo a parar el coche y, ya en pie, ver cómo caía en la lejanía a la izquierda. Estiman que pudieron contemplarlo casi un minuto. Era muy brillante, del tamaño aparente de la luna llena y con un pequeño rastro.

Presentaba color rojizo en el centro y amarillento hacia el borde. Era del color típico del fuego".

El sorprendente relato se ajustaba al patrón denunciado por otros testigos: una "bola de fuego" surgiendo por el sur y dirigiéndose hacia el este, describiendo lentamente una trayectoria descendente que se pronunció aún más a partir de un momento determinado. Este y otros datos sirvieron para que los científicos descartaran, una a una, casi todas las explicaciones convencionales.

Y, poco a poco, la probabilidad de que aquel objeto se tratara de un ingenio aeronáutico fue abriéndose paso.

Casi un año y medio después, se filtraba a la prensa una fotografía que daría un vuelco a la investigación. En Cando de Arriba, en plena sierra de Outes, había aparecido tras la observación un cráter que aparentemente correspondía a la caída del enigmático objeto.

El suceso, de la noche a la mañana, alcanzó una nueva dimensión. El cráter, que no albergaba en su interior ningún resto del objeto causante, medía 29 metros de longitud, 13 de ancho y 1,5 de profundidad. Fruto del impacto, los árboles de la periferia aparecieron arrancados de raíz. La tierra y los troncos del interior del "boquete" quedaron esparcidos en un radio de 100 metros. La potencia del impacto debió de ser tremenda... Y sus efectos, pese al tiempo transcurrido, aún eran constatables.

Los astrónomos, encabezados por José Antonio Docobo, centraron sus estudios en el análisis de aquel cráter, sin que ninguno de los exámenes mineralógicos revelara la existencia de resto meteórico alguno. Geólogos de la Facultad de Ciencias de Santiago se desplazaron al lugar para evaluar la probabilidad de que la hendidura en el terreno hubiera sido ocasionada por un corrimiento de tierras, pero esta hipótesis quedó descartada.

Las pruebas magnéticas arrojaron nuevas incógnitas, ya que según aquellas mediciones la susceptibilidad magnética de la base del cráter resultó ser muy elevada, en especial en su zona más ancha, que correspondería al lugar de "estancamiento" del objeto –o lo que fuese– siniestrado. Estos mismos análisis revelaron algo, si cabe, más sorprendente: el lugar estuvo sometido a temperaturas superiores a los 400 grados centígrados, suficientes para reorientar magnéticamente las moléculas del terreno y fundir la roca.

Todas aquellas alteraciones bien podrían deberse a la caída de un objeto artificial, pero ¿dónde estaba? ¿Acaso lo localizaron los agentes de la Guardia Civil que en diferentes ocasiones se desplazaron a la zona? ¿O se trataba, como supone el físico arzerbayano V. Tamazian, de algún tipo de arma de plasma ultrasecreta? Y si así era, ¿quién había experimentado con ella en Galicia, poniendo en riesgo la vida de los habitantes de la zona? ¿Qué relación existía entre este suceso y otros muy similares, aunque sin estrellamiento por medio, que se produjeron en Galicia durante los siguientes años? ¿Dónde están los informes oficiales del caso?

Las incógnitas científicas sobre el suceso adquirieron tal resonancia que la más prestigiosa de las publicaciones académicas del mundo, *Nature*, se hizo eco exponiendo tres hipótesis: explosión de gases subterráneos, un misil retirado en secreto por los militares o –añadían con cierta sorna– una nave no humana. Sobraba la ironía… La tercera de las hipótesis se antojaba la más plausible.

El 2 de julio de 1998, la investigación del caso dio un nuevo e imprevisto giro. Hacia las 11.30 de la mañana, un portavoz de la Guardia Civil me telefoneó. Semanas antes había dirigido a la Dirección General de la Guardia Civil en Madrid varias consultas acerca de la implicación de este cuerpo en el caso. Por fin, vía telefónica, llegaba la respuesta, y mi comunicante me leyó el siguiente informe oficial:

"El día 18 de enero de 1994 se observa una luz muy baja... Ante las denuncias, varios agentes se desplazaron al lugar sin hallar indicios de ningún tipo, salvo de un corrimiento de tierras.

Dos meses después, un equipo de la Guardia Civil se desplazó al lugar, recogiendo testimonios.

...Se realizaron mediciones magnéticas sin resultado de ningún tipo.

El vecino que vive más cerca del lugar de la caída del meteorito informó que dos días después de Reyes oyó un fuerte ruido.

...En consecuencia, se desvincula la observación del objeto del día 18 de enero con el cráter, que apareció diez días antes y fue consecuencia de la explosión de una bolsa de agua fruto de las constantes lluvias".

La información que me estaba filtrando aquel "portavoz" de la Guardia Civil rompía todos los esquemas. En cierto modo, confirmaba ciertas sospechas que mascaba desde hacía tiempo y que me hacían dudar que la aparición del cráter se hubiera debido al OVNI del 18 de enero. Sin embargo, el escrito negaba algunos resultados analíticos –por ejemplo, las alteraciones magnéticas en la zona– divulgados por los científicos, y presentaba una nueva hipótesis justificativa: el cráter apareció el día 8 de enero, como consecuencia de la apertura de una bolsa de agua fruto de la intensa pluviosidad de aquellas fechas.

La hipótesis oficial es insostenible se mire por donde se mire. El "reventón" podría haber procurado, a lo sumo, un corrimiento de tierras incoherente. Sin embargo, el cráter parecía haber sido causado por un objeto que cayó horizontalmente sobre el lugar fundiendo la roca y sometiéndola a una temperatura superior a los 400 grados. Ninguna de estas dos características puede ser atribuida, bajo ningún concepto, a la explosión de una "bolsa de agua". Entre otras cosas, porque el agua ni quema ni provoca combustiones… Por no hablar de cómo los troncos de los árboles aparecieron a 100 metros del lugar algunos y, otros, arrancados de raíz. En conclusión, ninguna "bolsa de agua" puede generar tal potencia ni provocar los reseñados efectos, como certificaron todos los especialistas consultados.

Lo que sí estaba claro al redactar ese expediente oficial es que existía la intención de correr un tupido velo sobre el caso.

Cuando el agente me comunicó aquellos datos, le pregunté el motivo por el cual se había efectuado ese informe. Su respuesta me dejó de piedra:

–Este expediente se ha redactado a solicitud del Centro de Estudios Interplanetarios.

–¿Y qué tipo de organismo es éste? ¿Civil o militar? –pregunté, tratando de hacer creer a mi interlocutor que desconocía al grupo de Ballester Olmos, precisamente el colectivo apuntado desde siempre como colaborador en la trama oficial de desprestigio del enigma OVNI.

–Supongo que es el organismo competente en estos asuntos. Tú sabrás más… –añadió, como dando por hecho que lo conocía todo.

Y bien que lo sabía, como veremos en próximos capítulos.

Aquel 2 de julio fue la primera vez que un organismo oficial implicado en la investigación OVNI en nuestro país mencionaba al CEI tras las rocambolescas afirmaciones de Ballester Olmos, publicadas unas semanas antes. Aquella mención dejaba al descubierto la "trama civil" del caso y, según me dicta la intuición, las intenciones de quienes estaban detrás no parecían nobles.

Pero aquel informante de la Guardia Civil sufrió otro lapsus linguae bien significativo. Me mencionó como relacionada con el caso del cráter de Cando, para luego desmentirla, la fecha del 23 de noviembre de 1993. El agente obvió proseguir con la lectura de esa parte del informe... ¿Por qué? ¿Acaso tenía algún significado especial esa fecha?

El instinto me decía que sí. Pocos minutos después de la conversación, guiado por un impulso no menos intuitivo, me sumergí en el archivo. ¡Ahí estaba la respuesta! El 23 de noviembre de 1993, y casi en la misma zona, se había producido un hecho bien similar al ocurrido el 18 de enero de 1994. Ocho militares destinados en el radar militar EVA 10 de la ría de Noia, en Barbanza (La Coruña), observaron en dirección al Atlántico otra enorme "bola de fuego". Se efectuó una investigación oficial sobre el suceso, expediente que ha sido desclasificado recientemente y que ofrece la explicación de que el OVNI era... un meteorito.

El fenómeno fue también observado por numerosas tripulaciones de barcos pesqueros que observaron el objeto "arrojando fuego por la parte trasera" a tan sólo unos 200 metros de altura por encima del agua. El avistamiento, según diversas fuentes, duró del orden de tres minutos. Demasiado tiempo, en todo caso, para tratarse de un bólido.

Ahora bien, ¿cuál podría ser la conexión entre ambos casos? Apenas los separaban dos meses y resultaban extremadamente similares: la misma hora, la misma dirección, la misma trayectoria descendente, un entorno geográfico muy similar... Demasiadas razones como para atribuirlas a la casualidad.

MÁS MACROAVISTAMIENTOS

Pero el suceso del 23 de noviembre dio para más.

Horas antes de que ocurrieran los hechos, pescadores de la zona de la isla de Ons reportaron observaciones de objetos extraños. Antonio Toval, periodista del *Diario de Pontevedra*, acudió a la playa de La Lanzada alertado por unos pescadores que al parecer estaban viendo algo sospechoso en los cielos.

Llegó allí hacia las cuatro y media de la madrugada y narró de esta forma lo ocurrido:

"A las cuatro y media de la madrugada, con objeto de corroborar los testimonios, me desplacé hasta La Lanzada y tras unos minutos de espera divisamos una enorme mancha roja sobre el cielo de El Grove, que emitía un resplandor del mismo color que pendía en dirección a la isla de Ons. La imagen siempre circulaba en sentido concéntrico, como si se tratara de la luz de un faro de potentísima intensidad. El cuerpo volante, sin una forma común, zigzagueaba en el cielo".

Cuando acudí al mapa para extrapolar geográficamente los datos del suceso, caí en la cuenta de que la posición del resplandor inicial correspondía con la sierra de Outes. ¿Se encontraba aquel objeto en las inmediaciones del lugar en donde apareció el cráter? ¿No son demasiadas conexiones con el caso del 18 de enero? Y una última y arriesgada cuestión: si el cráter de Cando apareció antes del 18 de enero, y a sabiendas de que la fecha del 8 de enero parecía "cogida por un hilo", ¿cabría especular con que el cráter apareciera el 23 de noviembre de 1993? Conviene destacar en este punto que los vecinos de Cando creyeron ver numerosos relámpagos la noche en que apareció el cráter. ¿Eran aquellos "relámpagos" los flashes de luz emitidos por el objeto avistado el 23 de noviembre? Muchas preguntas... Y más que preguntas, habrá intuido el lector, son sugerencias.

Una vez más, el expediente sigue abierto y las futuras investigaciones en marcha depararán nuevas sorpresas.

Ciertamente, este tipo de episodios constituye una de las características de la última era de la ufología. Popularmente, los investigadores denominamos a este tipo de sucesos "macroavistamientos" o "encuentros múltiples". Son casos en los cuales los Ovnis sobrevuelan núcleos urbanos dejando a su paso cientos o miles de testigos. La investigación de estos avistamientos suele conducirnos a la conclusión de que en la observación estuvieron implicados varios No Identificados.

Este tipo de episodios se producen desde siempre, pero nunca con la intensidad registrada en los últimos tiempos, y en especial tras el suceso del 2 de febrero de 1988.

Da la impresión de que la inteligencia que opera tras el fenómeno hubiera cambiado de estrategia a la hora de mostrarse. Es como si lo hiciera de forma más abierta e inconfundible. Nos enfrentamos en este tipo de casos a algo más que a un testigo aislado que reporta un encuentro más o menos cercano y de cuyo testimonio la opinión pública puede dudar. Aquí no: se trata de una ingente cantidad de observadores que de ningún modo se han podido poner de acuerdo para inventarse la observación.

A partir de aquí, si el lector lo desea, podríamos penetrar en terrenos más especulativos. Terrenos resbaladizos que inducen a pensar que los Ovnis han decidido mostrarse más abiertamente. Pero esto sólo es especulación.

27 DE NOVIEMBRE DE 1999:
NUEVO MACROAVISTAMIENTO

Este día se produjo otro importante macroavistamiento OVNI. Ocurrió hacia las 22.30 horas, cuando cientos de testigos del sur y el este de España, y de las islas Baleares, observaron el paso de dos o tres esferas luminosas desplazándose hacia el este.

El suceso fue motivo de discordia entre los estudiosos. Quienes como servidor recogimos todos los testimonios posibles y los estudiamos en conjunto llegamos a la conclusión de que la observación fue de todo punto inexplicable. Sin embargo, los autoproclamados escépticos –que de tales tienen poco, pues gustan de abrazar todas las versiones oficiales sin rechistar– de inmediato aseguraron que el avistamiento se debió a la caída de chatarra espacial.

Tiempo después, en la revista *Anomalía*, los investigadores Matías Morey y Vicente-Juan Ballester Olmos, aseguraron que el OVNI era, en realidad, la reentrada en la atmósfera de uno de los propulsores de la nave espacial china *Shenzou*. Sin embargo, la investigación que efectué, y que tardó varias semanas en ver la luz, concluyó de forma rotunda y sin género de dudas que dicho cohete no provocó el presunto avistamiento OVNI.

Lo voy a justificar detenidamente. Según Ballester y Morey, diferentes expertos internacionales y fuentes oficiales confirmaron que dicho objeto reentró en la atmósfera ese día. No voy a negar este extremo; sin embargo, lo que mi investigación demostró es que no lo hizo sobre las zonas de observación ni a la hora de la misma. En conclusión: la observación del 27 de noviembre de 1999, y de la que se hizo eco la prensa española, portuguesa, francesa e italiana fue provocada por un Objeto Volante No Identificado.

Por aquel entonces, efectué la investigación para la revista *Más allá*, en la que por entonces trabajaba. Los primeros testimonios que llegaron a nuestra redacción procedían de Latina (Italia). Allí, cientos de testigos habían observado dos objetos esféricos de color blanco-rosáceo dejando una larga estela en su parte de atrás. Pocos minutos después, fueron observados desde Cerdeña a una velocidad que los investigadores calcularon en 3.600 kilómetros a la hora. Al mismo tiempo, muchos testigos los observaron desde Mallorca. Dos de ellos, que se encontraban escalando en la Massellana, fueron los más privilegiados testigos y los primeros que nos ofrecieron la reconstrucción gráfica. Primero vieron un conjunto de 20 o 25 luces de color blanco-verdoso desplazándose en varios grupos uno detrás de otro. Según el testimonio de los observadores, a los que accedimos gracias a la labor de la investigadora Carmen Domenech, "se ocultaron tras una nube y, al traspasarla, sólo quedaron dos de aquellos objetos. Se dirigían hacia Pollensa (noreste)".

En la zona sur peninsular, los testimonios, recopilados por el investigador Antonio Salinas, denunciaban la presencia de una o dos luces en la misma dirección.

En Portugal, el investigador Manuel Andrade recogió el testimonio de tres pescadores que avistaron en Vila Real de Santo António, al centro-sur de Portugal, una esfera blanca que, tras casi detenerse en su desplazamiento hacia el este, aumentó considerablemente su brillo, al tiempo que dejaba que se viera otro punto luminoso rojo justo detrás.

Además de en Granada, el OVNI fue filmado en Valdelinares (Teruel). En las imágenes se observa, sobre el horizonte y dirigiéndose hacia el norte, un conjunto de seis luces en formación de diamante.

En algunas zonas del sur Francia también pudo observarse a los No Identificados. Allí, los testimonios hablaban de un objeto rojo con luces detrás que parecían llamas y que cruzaron el cielo en un minuto en dirección oeste-este.

Así pues, cerca de las 22.30 horas dos o más esferas con estelas fueron vistas desde diferentes puntos del Mediterráneo occidental volando en el cielo con dirección noreste.

El espectáculo luminoso fue –en opinión de los testigos– grandioso.

Pocos días después del avistamiento, y gracias a las gestiones de Ballester y Morey, la agencia *EFE* rebotaba el siguiente teletipo: "Informaciones procedentes del USSPACECOM (Mando Aéreo de Norteamérica) han confirmado la reentrada de una de las etapas del cohete *Larga Marcha*, catalogado como 1999-61B, que casi con certeza fue el causante de la observación".

¿LA NAVE DE LOS DIOSES?

Cuando *EFE* dio a conocer el "hallazgo", servidor ya había descartado la hipótesis que se planteaba en la noticia.

Hablemos algo más sobre el cohete *Larga Marcha* y la reentrada en cuestión.

El 20 de noviembre, siete días antes de la reentrada, desde el Centro Espacial de Jiuquan (China) fue lanzado el cohete *Larga Marcha*, que horas después puso en órbita la cápsula espacial *Shenzou*, cuyo nombre significa "nave de los dioses".

Tras dar 14 vueltas a la Tierra, cayó 21 horas después en Mongolia. China se convertía así en el tercer país del mundo en situar en órbita una nave espacial. Sin embargo, a cientos de kilómetros de altitud continuaron rotando un módulo espacial y la última de las fases impulsoras del cohete que envió al espacio a la *Shenzou*. Una de esas fases, de forma cilíndrica y hueca, fue denominada en las catalogaciones oficiales que se efectúan de cualquier objeto que viaja por el espacio con el número de serie 1999-61B. En las previsiones de USSAPACECOM, organismo norteamericano que controla todo lo que ocurre ahí arriba, se esperaba su reentrada para el 27 de noviembre, es decir, para el mismo día en que se produjo el avistamiento. Además, según esta institución, en sus últimas rotaciones el cohete atravesaría el sur de España y el Mediterráneo.

Las reentradas se producen como consecuencia del lento descenso de los objetos enviados al espacio. Como ocurrió cuando la estación espacial MIR cayó a la Tierra, el artefacto espacial, una vez cumplida su misión, continúa girando en torno a la Tierra. A cada vuelta, el objeto se encontrará más cerca de un "punto crítico" que se sitúa en torno a los 90 kilómetros de altura. Al alcanzarlo, se precipita hacia la superficie del planeta a gran velocidad. Como consecuencia de la velocidad y la fricción, el objeto espacial, ya convertido en chatarra, se incendia y puede provocar en ocasiones juegos luminosos en el cielo. En prácticamente ningún caso, la chatarra cae al suelo, puesto que se suele consumir antes.

Tras producirse el avistamiento, y como suelo hacer en casos que como éste pueden invitar a la duda, entré en contacto con expertos y organismos oficiales para averiguar si la reentrada se produjo sobre España a la hora y en la dirección señalada por los testigos.

En principio, así podría parecer. Alan Pickup, uno de los expertos internacionales que se encargan de elaborar las previsiones de reentrada, pareció confirmarlo en primera instancia, aún a falta de valorar detenidamente los datos: "No puedo estar seguro de todos los detalles, aunque es posible que lo observado pudiera corresponder al objeto 1999–61B".

Posteriormente, me explicó que tras ajustar los datos y las diferentes coordenadas, había concluido que la reentrada se había producido a las 21.30 horas en las proximidades de Nueva Guinea. Por tanto, y según sus datos, lo observado en los cielos del Mediterráneo no correspondía a la reentrada de la "nave de los dioses". Lamentablemente, *Anomalía* sólo se hizo eco de las primeras apreciaciones de Pickup... Pero el mismo especialista, que trabaja para las mejores instituciones del planeta, cuando procesó todos los datos disponibles, concluyó que el avistamiento no correspondía a la reentrada.

Para contrastar la conclusión de Pickup, entablé contacto con el USSPACECOM. Según *Anomalía*, este organismo había confirmado que la confusión producida en España se había generado a consecuencia de la caída del cohete espacial. Sin embargo, un portavoz del USSPACE-COM me aseguró que dicha reentrada no se había producido sobre Europa, sino en el Pacífico. El error de los investigadores de *Anomalía* había sido casi infantil: sólo tomaron en consideración las previsiones de reentradas, y efectivamente para ese 27 de noviembre el cohete chino iba a reentrar. De hecho, casi todos los días se producen reentradas... Pese a ello, USSPACECOM nunca señaló al Mediterráneo como punto de reentrada. Ni al Mediterráneo ni a ninguna otra situación geográfica, porque el lugar de las reentradas no es previsible. Sólo cuando restan unas pocas horas para producirse la caída de la chatarra, los especialistas pueden intentar aproximarse.

Me lo acabó confirmando un experto de SeeSat, un colectivo internacional de especialistas en el seguimiento de satélites y reentradas, que pasa por ser uno de los pocos que dispone del *software* especial para averiguar dónde y cuándo se produce una reentrada. Se trata de Rubén Velasco, que me indicó lo siguiente: "Me parece poco probable, pero no descartable, que el 1999–61B reentrase cerca de España. Según mis cálculos, la reentrada se produjo algo después de lo indicado por USSPACECOM, en torno a las 19.14 horas y sobre Nueva Zelanda".

También diría lo mismo la Embajada de China en España: "Nuestra nave no produjo esa observación, pues la reentrada se produjo muy lejos de España", me confirmó personalmente el jefe de prensa de la delegación diplomática china en Madrid.

Quisiera apuntar un último detalle que no deja de ser la puntilla a la hipótesis escéptica: el objeto chino que entró en la atmósfera era cilíndrico y hueco, de escaso peso y masa, de modo que difícilmente podría haber provocado el espectáculo luminoso que se registró en el Mediterráneo. Por no señalar otros datos que resultan sospechosos. Por ejemplo, la ruta del objeto observado superpuesta sobre un mapa indica que, en sus sucesivas rotaciones sobre la Tierra, el cohete chino nunca pasó por donde se vieron los Ovnis. Es más: si hubiera seguido girando en torno a la Tierra, en su ruta tampoco se encontraban las coordenadas donde se vio el fenómeno.

Concluyendo: la noche del 27 de noviembre de 1999, uno o varios Ovnis se dejaron ver en los cielos españoles, franceses e italianos, mientras que la "nave de los dioses" de los chinos reentró entre 3 y 5 horas antes de la observación y… ¡en Nueva Zelanda!

Y es que los Ovnis, en los últimos años, han retornado a la actualidad y a los cielos.

Capítulo 8

EL RETORNO DE LOS OVNIS

Domingo, 30 de junio de 1996. Mediodía. La portada del diario *Heraldo de Aragón* mostraba uno de esos titulares que a los investigadores OVNI nos erizan el vello: "Sorpresa por la presencia de un objeto volante", se leía junto a una de las fotografías que se tomaron del artefacto. En páginas interiores, el sumario del reportaje era tajante: "Un extraño objeto volante fue visto el viernes por la noche en Zaragoza. Un testigo lo grabó en vídeo y la imagen ampliada le dejó atónito. En instancias oficiales no hay explicación; ni siquiera hay constancia. Pero la imagen está ahí".

Al parecer, la noche del viernes 28 de junio, hacia las 23.00 horas, numerosos testigos pudieron observar un objeto anaranjado sobre los cielos de Zaragoza. Uno de los observadores, Pedro Aznar Adiego, lo había llegado a filmar con su videocámara doméstica. El rotativo aragonés presentaba cinco fotogramas de la grabación, en los que se observaba el extraño objeto, de forma esférica, anaranjado y con una serie de círculos concéntricos en su interior. El contorno circular del objeto aparecía quebrado por una especie de muescas que se percibían en la parte superior e inferior del artefacto: "Son como compuertas", sugería el autor de las imágenes.

Pocas horas después me encontraba en el domicilio de Pedro Aznar Adiego, en el barrio zaragozano de San José. Le acompañaban su esposa y los dos pequeños hijos de ambos. Los cuatro habían sido testigos del fenómeno.

"Eran las once y media de la noche aproximadamente. Estábamos entrando y saliendo de la terraza, tomando el fresco. Yo estaba dentro de la casa —me cuenta Pedro Aznar— y de repente oí gritar a mi familia, pidiéndome que saliera afuera. Entonces vi un lucero grande, a la izquierda de las torres del Pilar, de color anaranjado. El objeto realizó un movimiento hacia la izquierda y desapareció...".

"Y me pareció que se escondía detrás de una nube", terció en la conversación uno de los niños.

En cuestión de pocos minutos, el objeto volvió a hacer acto de presencia. La escena se repitió. Fue entonces cuando Pedro acudió presto en busca de su cámara, una Sharp VL C690 8X. Cambió rápido de baterías y cogió la primera cinta que encontró: "Y a la tercera aparición lo pude filmar durante unos segundos", me dice, satisfecho, satisfecho como el que siente haber ganado un premio.

Tras la tercera aparición del OVNI no lo volvieron a ver. Habían pasado quince minutos desde que lo avistaron por primera vez... Tiempo que fue suficiente para filmarlo y "ganarse" la portada del periódico más importante de la región, que llevaba años y años —más de década y media, para ser exactos— sin traer a su primera plana una noticia relacionada con el enigma que nos ocupa en este libro.

No era casualidad: en toda España llevaban meses viéndose Ovnis por doquier.

LA ÚLTIMA GRAN OLEADA

Por aquel entonces, los investigadores veníamos siguiendo de cerca la intensa oleada de avistamientos que entró en su momento culminante a partir del 23 noviembre de 1995, cuando las cámaras de seguridad del cuartel militar de As Gándaras (Lugo) registraron, por espacio de nueve horas, la presencia de un objeto romboidal sobre dichas instalaciones militares. A partir de entonces, en toda Galicia, y posteriormente en el resto de España, se registraron numerosos avistamientos. Y en muchas de aquellas apariciones de Ovnis los testigos tuvieron la fortuna de poder filmarlos.

La oleada alcanzó su apogeo en pleno mes de mayo de 1996, medio año después de la observación de As Gándaras, a la cual siguieron otros 200 avistamientos OVNI en menos de un año.

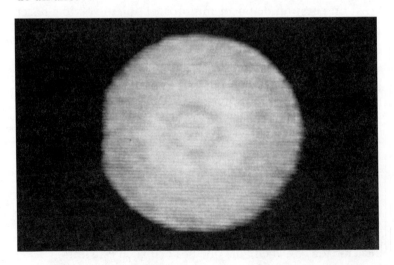

Imagen tomada en Trujillo, Cáceres. 1996 fue el año de las filmaciones de *No Identificados*.

A las 21.55 horas del 3 de mayo, el concejal de Corera (La Rioja) Juan Barrios pudo filmar durante varios minutos la presencia sobre dicha localidad de un objeto esférico, traslúcido y con una especie de punto negro en la parte inferior. Tres días después, en Trujillo (Cáceres), hacia las diez de la noche, la familia Ruiz pudo seguir –y, de nuevo, filmar– las evoluciones de otro objeto esférico de color azul tenue que permaneció sobre el lugar hasta las siete de la mañana del día siguiente. En la toma se observan en el interior del objeto una serie de círculos concéntricos que parecen efectuar rotaciones.

Desde esos días hasta la observación de Zaragoza, la oleada reportó –según consta en mis archivos– un total de 28 observaciones OVNI: una cada dos días...

Enorme ovni sobre Zaragoza

La filmación obtenida aquel 28 de junio por Pedro Aznar, de 18 segundos, resultaba espectacular pero técnicamente incorrecta. Pedro Aznar, tras haber situado en el punto de mira el "lucero", del tamaño de media luna llena, forzó en exceso el "zoom", de modo que aquel foco de luz puntual acabó convirtiéndose en una inmensa esfera que cubrió la totalidad del visor. Las famosas "muescas" que tanto habían intrigado a los redactores del *Heraldo de Aragón* no eran más que parte del mecanismo de la videocámara.

Sin embargo, el objeto filmado era auténtico, como confirmaban miles de ciudadanos (una encuesta entre población potencialmente observadora de los sucesos, sobre una muestra de 200 personas, nos reportó el dato de que al menos el 4 % de los zaragozanos habían observado el objeto,

Todo empezó con un titular en *Heraldo de Aragón*. Un OVNI había sobrevolado Zaragoza el 28 de junio de 1996. Luego llegarían los grandes reportajes haciendo eco de la noticia.

lo que elevaba la cifra de observadores a una cantidad entre 15.000 y 20.000 personas). Como resumen del testimonio de tanta y tanta gente, expongo a continuación una breve descripción de algunas observaciones efectuadas desde los puntos más significativos de la ciudad y que servirán al lector para hacerse una composición de lugar:

22.30 horas: César Sirvent, estudiante de 5º curso de Física, nos relató así lo sucedido desde su lugar de observación, al oeste de la ciudad: "Una amiga mía y yo estábamos en la calle Calanda, cuando un punto de luz al norte llamó nuestra atención. Nos detuvimos a contemplarlo. Era una intensa luz amarillento-anaranjada, de un brillo varias veces superior al planeta Venus. No pudimos determinar su forma, y al cabo de unos segundos notamos que oscilaba horizontal-

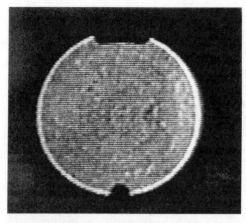

Una imagen del objeto tomada en vídeo por un vecino de San José, Pedro Aznar Adiego

Sorpresa por la presencia de un objeto volante

Un extraño objeto volante anaranjado que se movía pausadamente sorprendió la noche del pasado viernes a miles de zaragozanos que lo avistaron desde distintos puntos de la ciudad. El objeto, redondo y con dos muescas, una mayor que la otra, fue visto du rante unos minutos para pasar a fundirse, repentinamente, en la os curidad. Ante lo extraño de su forma, numerosos ciudadanos lla maron a distintas instancias, sir obtener, como este periódico, expli cación al fenómeno. El viernes con cluían las maniobras Cierzo 96.

(Página 1!

Noticia aparecida en el periódico *Heraldo de Aragón* sobre el OVNI.

mente. Tras varias oscilaciones, la luz se extinguió bruscamente, en una fracción de segundo. La observación había durado medio minuto...".

Entre las 22.30 y las 23.00 horas: al este de la ciudad, un testigo llamado Carlos Hernández de Andrés observó un punto luminoso de fuerte color anaranjado. El objeto se mantuvo estático durante 3 minutos hasta que desapareció en un abrir y cerrar de ojos.

Entre las 23.00 y las 23.30 horas: M.G., comandante del Ejército de Tierra en la reserva observó, desde la urbanización El Zorongo, a unos 10 kilómetros al norte de la ciudad, un punto luminoso que se mantuvo estático durante casi diez minutos. Al cabo de ese tiempo, comenzó a desplazarse a gran velocidad hasta que desapareció. El objeto se

211

encontraba al sur de su posición, en dirección hacia Zaragoza. Gracias a esta observación, y situando en el mapa el resto de observaciones, determinamos que el OVNI se había situado sobre la vertical del campo de maniobras militares de San Gregorio.

Entre las 23.30 y las 23.45 horas: en un punto del centro-este de la ciudad, Luis Santiago observó un gran punto "más luminoso que cualquier estrella brillante" de color anaranjado que permaneció en el cielo durante unos cinco minutos hasta que inició una leve maniobra descendente. "Lo pude observar por los prismáticos y vi que en la parte inferior estaba como recortado, como si le faltara la parte de abajo para ser una circunferencia".

Entre las 23.30 y las 00.15 horas: Desde el centro geográfico de la ciudad, gracias a la perspectiva que ofrecen los ventanales de los estudios de Radio Ebro, en el ático de un edificio de 15 plantas, varios locutores observaron –hacia el norte de la ciudad– un objeto anaranjado, tan grande como la luna llena, que aparecía y desaparecía realizando movimientos de arriba abajo.

Gracias a todos los datos que pude recopilar, extraje las siguientes conclusiones:

*El avistamiento duró cerca de dos horas. Sin embargo, la presencia del OVNI fue intermitente. Aparecía en el cielo, se mantenía estático durante unos minutos –tres, cinco o diez, según las ocasiones– y posteriormente desaparecía. En alguna ocasión, antes de desaparecer efectuó rápidos desplazamientos. El proceso se repitió hasta en 11 ocasiones.

*El OVNI se encontraba sobre el campo militar de pruebas San Gregorio.

*Según las mediciones efectuadas, medía del orden de unos 15 metros de diámetro.

NUEVA FILMACIÓN OVNI

En la mañana del 1 de julio, la investigación sufrió un giro de tuerca. Y aunque era incapaz de imaginar lo que descubriría días después, esa mañana Zaragoza entera desayunó con nuevas imágenes del OVNI que el *Heraldo de Aragón* ofrecía otra vez en primicia.

Ese mismo primero de julio, a las 23.00 horas, un taxi me dejaba a la entrada de la urbanización Torres San Lamberto, a dos kilómetros de Zaragoza, junto a la autovía N-232, que une Zaragoza con Logroño. Allí vivían Carlos Morer Camo y Víctor R. Bernal, los autores de la segunda y fascinante filmación del que ya era conocido como "el OVNI de Zaragoza".

De acuerdo a lo que me relataron, todo ocurrió pocos minutos después de las 23.00 horas, cuando la esposa de Carlos Morer advirtió un extraño punto de luz en el cielo. Se encontraba en la terraza de la casa, un lugar de observación que –según pude comprobar– resultaba privilegiado. Aquel "lucero anaranjado" se encontraba aproximadamente sobre los dominios militares del campo de San Gregorio.

Alertado por su esposa, Morer salió al balcón y vio el objeto luminoso. "Como no tenía la cámara cargada pensé en quién podía tener una, así que avisé a Víctor R. Bernal, que vive en el piso de abajo y vino enseguida con la suya", narra el testigo.

Estuvieron observando el objeto hasta las 00.30 horas del día 29 de junio. Durante todo ese tiempo, el objeto apareció y desapareció un total de 11 veces, manteniéndose visible entre tres y cuatro minutos en cada ocasión. Fue durante la sexta aparición cuando pudieron filmar el artefacto, que subía y bajaba, se alejaba y se acercaba.

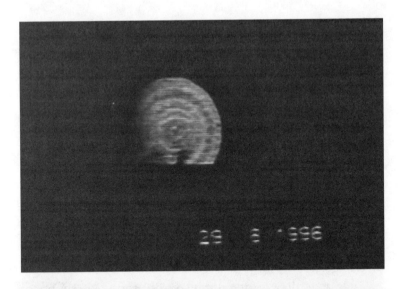

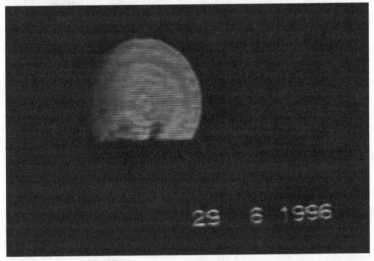

La otra filmación del OVNI de Zaragoza, de mejor
calidad que la primera, muestra a la
perfección el objeto.

Los primeros visionados de la secuencia, de unos tres minutos, fueron suficientes para saber que me encontraba ante una toma de extraordinaria calidad.

Lo que se observaba en la filmación, obtenida con una Sony Hi-8, era una esfera luminosa de color anaranjado que en su interior poseía una serie de círculos concéntricos. El más próximo a la periferia aparece mucho más nítido y más oscuro que el resto del cuerpo, de modo que daba la impresión de ser una corona circular. En la parte inferior del objeto se observan una especie de extrañas manchas que bien pudieran tener un origen óptico. La parte inferior aparece recortada, como si la cubriera un velo. Y este "corte" no era un efecto óptico, ya que algunos testigos visuales también nos lo habían descrito.

Lo más destacado de la secuencia es el momento en el cual una pequeña esfera blanca de luminosidad muy suave se desprende del objeto, efectuando un pequeño giro en torno al artefacto mayor antes de desaparecer tras haber permanecido en escena por espacio de tres segundos y medio.

Antes de entrevistar a los autores de esta segunda filmación, ya había tenido la ocasión de conversar con testigos que –bien por su situación geográfica o por la altura de los edificios desde los cuales presenciaron el fenómeno– me habían relatado cómo en torno al objeto anaranjado "rondaban" otros más pequeños de color blanco.

Un último detalle: en los últimos segundos de la filmación, la esfera anaranjada, en un espacio que apenas abarca un tercio de segundo, cambió de forma y se convirtió en una especie de "bombilla sin cuello".

Sometí la filmación al criterio de los expertos. A grandes rasgos, éstas fueron las apreciaciones que efectuaron:

*La pequeña esfera luminosa surge del interior del OVNI. Este detalle sirve para poder determinar si la filmación muestra síntomas de desenfoque. Y la opinión de los expertos es que técnicamente la filmación es correcta y que lo que aparece en ella es lo que, efectivamente, se encontraba sobrevolando los cielos de la capital maña.

*Si el pequeño objeto que emerge del interior del OVNI tiene un origen físico, difícilmente el disco anaranjado puede ser —en contra de lo que algunos "escépticos" afirmaron en los medios de comunicación aragoneses— una fuente puntual agrandada por el desenfoque, puesto que en el fotograma aparecerían dos fuentes luminosas, una de ellas desenfocada (disco) y otra enfocada (la pequeña esfera).

*Cuando el disco se apaga lentamente sigue conservando su tamaño en la filmación. Esto confirma que no es una aberración de abuso del zoom y que, por consiguiente, el OVNI… ¡cambió de forma!

En busca de una… ¿explicación?

Es para indignarse, y no me lo negarán.

Les explico por qué…

En cuanto tuve noticias del avistamiento, me entregué furiosamente a la investigación del caso. Hablé con decenas y decenas de testigos. Localicé y analicé las filmaciones y fotografías que se obtuvieron del OVNI. Consulté a expertos en óptica, aeronáutica, física, etc. Hice gestiones para averiguar si algún tipo de artefacto de fabricación humana había sido lanzado al cielo de Zaragoza aquella noche; todas las fuentes consultadas dijeron que no. Realicé cálculos, mapas, mediciones…

Y de repente, la mañana del 2 de julio desayuné con una noticia —otra vez servida por el inefable *Heraldo de Aragón*—

con la que se pretendía zanjar la polémica. El titular de aquella información decía así: "Los expertos creen que el supuesto ovni podría ser un globo sonda". La fuente que había proporcionado tan asombroso "hallazgo" tenía nombre propio: Miguel Ángel Sabadell. Este joven astrofísico, que ni había investigado el caso, ni había entrevistado a nadie ni había movido un solo dedo para obtener datos fidedignos sobre lo ocurrido aquel 28 de junio, se había convertido en la cabeza visible en Zaragoza de la agrupación ARP (Alternativa Racional a las Pseudociencias), una organización entre sectárea y coercitiva que pretende imponer sus criterios al precio que sea. Y sus criterios no son otros más que la negación por decreto, el dogmatismo por bandera y la arrogancia cientifista –que no científica– como arma. Sus miembros se erigen en representantes de la ciencia (cuando entre sus filas los científicos se cuentan con los dedos de una mano) y como tal cosa se presentan ante los medios de comunicación. Algunos periodistas de dichos medios, deslumbrados ante lo que en apariencia es una carta de presentación, les otorgan crédito. Y dan luz verde a sus opiniones sobre los Ovnis. Esto fue lo que ocurrió en esta ocasión. Porque Sabadell no había efectuado ni una sola entrevista, ni un solo cálculo, ni una sola medición... Sin embargo, el *Heraldo de Aragón* le colgó el cartel de "experto" para mostrar su tesis sobre el suceso del 28 de junio de 1996. "Las características del supuesto OVNI, tanto por su movimiento como su color, coinciden con los adoptados por uno de estos globos meteorológicos cuando se encuentran expuestos al reflejo del Sol", aseguraba Sabadell en las páginas del *Heraldo de Aragón*.

Su tesis rayaba en lo absurdo. En primer lugar, según me confirmaron en el Instituto Nacional de Meteorología, no hubo ningún lanzamiento de un globo sonda en la zona hasta las 1.30 horas del 29 de junio, es decir, hasta una hora después del final de la observación. En segundo lugar, no hay globo sonda en el mundo que sea capaz de permanecer visible ante toda una ciudad durante dos horas. Tal y como señalaba Sabadell, el presunto globo debía de encontrarse a 35 kilómetros sobre la superficie de la Tierra, pero no existe ningún artefacto de esas características capaz de alcanzar semejante altura.

El patinazo del astrofísico era de órdago a la grande. Si se hubiera tratado de un globo, no habría sido tipo sonda, como afirmaba, sino de prospección, es decir, habría sido un globo estratosférico. Y los lanzamientos de estos globos son materia exclusiva del Instituto Nacional de Técnica Aeroespacial (INTA), y este organismo oficial ya había negado que hubiera ejecutado lanzamientos de este tipo de artefactos durante aquellos días, bien fuera desde su base en León o bien desde la ubicada en Huelva. Por si fuera poco, un globo de estas características, debido a su enorme tamaño, habría sido observado desde Logroño, Pamplona, Huesca y Lérida, amén de aquellas otras provincias que el globo habría atravesado. Y, sin embargo, no existían testigos fuera del entorno de Zaragoza capital.

Dos días después, el ínclito Sabadell, una vez que admitió que había errado con lo de los globos, distribuía –vía Internet– su nueva explicación de los hechos: "Caso cerrado: se trataba de bengalas. No estaría de más recoger las impresiones de los testigos para así ver cómo vieron psicológicamente la luz y lo que puede hacer una bengala en el cerebro de la gente".

Sin duda, no le faltaba razón: una bengala puede hacer estragos en el cerebro de cualquier persona... El mismo Sabadell es una buena demostración de ello.

Nuevamente, el patinazo era de órdago: según confirmaron fuentes del Ejército del Tierra, los últimos lanzamientos de bengalas dentro de las maniobras conjuntas hispano-holandesas que se realizaron aquellos días en el campo de pruebas de San Gregorio fueron llevados a cabo una hora y pico antes de la primera aparición del OVNI.

Para entonces, ya había entrevistado a algunos militares y ex militares que presenciaron el fenómeno y que me aseguraban y juraban que lo que tuvieron delante de sus ojos se parecía tanto a una bengala como una castaña a un tanque. Además, las bengalas empleadas en las prácticas militares llevan un paracaídas para prolongar su tiempo de iluminación… ¡Nadie observó tal paracaídas! Y eso que, tal y como he comprobado, son perfectamente visibles, incluso de noche y a bastante distancia. Por si fuera poco, paracaídas incluido, una bengala de las utilizadas en San Gregorio suele mantenerse en el aire como máximo un minuto… Y los testigos aseguraron haber visto el OVNI, en ocasiones, hasta durante más de 10 minutos seguidos.

Al día siguiente, en un ejemplo de delirio freudiano, este científico divulgaba una nueva hipótesis, la tercera en cuatro días: "Está por confirmar que todo fueran bengalas. Parece ser, y sólo parece, que había algo más que bengalas en el cielo aquella noche, todo proveniente de militares. Pero eso hay que mirarlo con más detenimiento y quizá no se sepa nunca". ¿Maniobras militares ocultas? ¿Un prototipo secreto siendo probado a las afueras de una localidad de 600.000 habitantes? Creo que no merece la pena responder. Los escépticos y sus delirantes hipótesis, una tras otra, habían quedado en evidencia. Confío y deseo que estas líneas sirvan para que en el futuro ningún otro escéptico de ARP engañe a la opinión pública haciéndose pasar por experto…

El ovni aterrizó en zona militar

Días después de haber iniciado la investigación, una sorprendente "pista" hizo adquirir al episodio una dimensión inesperada. De acuerdo a las informaciones que manejaba, un grupo de soldados de la Brigada de Caballería Castillejos II–RACA 20 (un grupo operativo de la OTAN para actuar en caso de conflicto en el norte de África) habían estado de maniobras aquella misma tarde en el campo de San Gregorio. Cuando regresaron a sus barracones en la Academia Militar, desde donde se divisa el polígono de maniobras, varios soldados observaron que sobre una loma se distinguía perfectamente una luz amarillenta que en un principio pensaron que podría tratarse de un vehículo militar llamado TOA. Dieron la señal de aviso y decidieron ir a recuperar, en los Jeep del Ejército, el vehículo extraviado. La sorpresa de los uniformados llegó cuando aquella luz amarillenta comenzó a elevarse lentamente.

Me embarqué, pues, en la dura labor de tratar de contrastar lo que entonces era tan sólo un rumor…

Esto fue lo que averigüé en las siguientes jornadas de intenso trabajo:

*Tras la contrastación por tres fuentes distintas, llegué a la conclusión de que la observación del fenómeno fue tal y como he explicado anteriormente. Al parecer, un objeto no identificado había aterrizado o cuasiaterrizado sobre el campo de pruebas militares de San Gregorio en un punto situado a unos 7 u 8 kilómetros al norte de la ciudad, entre la N-232 al este y el pueblo de Alfocea al oeste. Al norte, como tercera localización casi equidistante, se encuentra la urbanización El Zorongo, desde donde los testigos observaron el fenómeno casi sobre su vertical.

La investigación puso al descubierto que el OVNI había sobrevolado el campo militar de San Gregorio, al norte de la capital del Ebro. Se descubrió incluso que había aterrizado allí. Varios militares fueron testigos.

*Durante esa noche y las siguientes, los soldados de aquellos cuarteles recibieron la orden de sus superiores de doblar la intensidad de las guardias nocturnas. No se les explicó el motivo, pero se les pidió que atendieran a los cielos.

*Bastante tiempo después, un lunes del mes de septiembre, varios altos mandos del Ejército citaron en sus despachos a los soldados involucrados en los hechos con el fin de efectuar una declaración oficial a propósito de lo que habían podido observar. Por lo tanto, el suceso del 28 de junio de 1996 motivó una investigación oficial.

El 14 de noviembre de ese mismo año, con toda la información anteriormente expuesta en mis archivos, pude visitar en compañía de un comandante del Ejército de Tierra (ésta y otras identidades, por respeto a mis confidentes las silenciaré) las instalaciones de Castillejos II con la intención de averiguar algo más sobre el asunto o, al menos, de confirmar la existencia de dicha investigación oficial. Un teniente coronel con el que nos reunimos fue tajante a nuestras preguntas: "Sí, algo se comentó". Acto seguido, tomó papel y lápiz y apuntó el teléfono del comandante. Mientras lo hacía, este militar de los Servicios de Información, con sonrisa irónica, añadió: "Sabéis que la explicación oficial es, siempre, la del globo sonda".

"Y ésa es mi explicación".

Tiempo después, mi confidente pudo hablar con otros cargos militares, amigos suyos del cuartel. La negativa escondía una afirmación: "Ya sabes –le dijeron– cómo funcionan estos asuntos: no se puede comentar nada".

"Y eso –me aseguró el comandante– que son casi de mi familia".

"Pero tú, ¿qué impresión tienes después de lo que hablaste con ellos?", le pregunté.

"Sin duda, que algo pasó".

Algo muy importante: una observación masiva de Ovnis, dos filmaciones, testigos militares y secreto oficial por medio.

Y lo más relevante: la definitiva confirmación de que el enigma de los No Identificados acababa de volver a la más rabiosa actualidad.

Capítulo 9

EL SECRETO OVNI EN EUROPA Y ESPAÑA

Increíble pero cierto: España se convertía, a comienzos de 1997, en el único país del mundo que oficialmente había dado a conocer toda la información OVNI que engrosaba sus archivos secretos.

A mediados de marzo de este mismo año, diferentes medios de comunicación divulgaban la "espectacular" noticia. Diversas emisoras de radio y algunos de los más importantes diarios dedicaron al tema páginas enteras. Las fechas –en plena Semana Santa– eran propicias para que informaciones "marginales" adquirieran una relevancia especial. Es más, el 28 de marzo, la primera edición del Telediario de la primera cadena de Televisión Española abrió su emisión, por primera vez en muchos años, con una noticia sobre Ovnis, y en concreto sobre la desclasificación.

Aquellas noticias se sustentaban sobre tres pilares argumentales:

1–. El Ejército había dado a conocer 83 informes de observaciones OVNI estudiadas oficialmente, de las cuales una veintena quedaban sin explicación.

2–. Ésa era toda la información OVNI que oficialmente existía en España.

3–. El ex presidente del Gobierno Adolfo Suárez había sido testigo de un avistamiento OVNI cuyo informe se encontraba desclasificado.

Los grandes medios de comunicación, a menudo muy críticos con las versiones oficiales, divulgaron la información sin añadir matices. Sin embargo, aquella documentación estaba envenenada. En primer lugar porque la "fuente" originaria de la información daba a entender que el proceso de desclasificación había sido fugaz e instantáneo. No se decía que el proceso databa de 1992, y que había sido lento y agónico. Además, nadie contrastó la existencia del presunto informe oficial sobre el OVNI avistado por Adolfo Suárez, que realmente no existe. Y es que los ufólogos que asesoraron a la agencia *EFE*, que fue el medio que distribuyó la noticia en primera instancia, no explicaban que dicho informe no se había dado a conocer.

¿Qué oscuros intereses se escudaban tras las noticias de marzo de 1997? Posiblemente los mismos que desde hace años conducen a la manipulación de la información oficial sobre Ovnis en España.

1992: AÑO DE LA DESCLASIFICACIÓN

El fenómeno OVNI comienza a interesar a las autoridades españolas a finales de 1968, poco después de que la Embajada de Estados Unidos en Madrid consultara sobre el particular al Ejecutivo español. En aquella época, aprovechando que se estaba viviendo en España una intensa oleada de avistamientos, las autoridades militares efectuaron varias investigaciones oficiales y secretas.

El 20 de octubre de 1976, el teniente general Felipe Galarza, Jefe del Estado Mayor, entregó al investigador J.J. Benítez 12 informes oficiales sobre Ovnis. Este ufólogo y periodista había mantenido diversos contactos al más alto nivel. Fruto de su tenacidad, Galarza le citó en las dependencias del Cuartel General del Aire en Madrid. Durante la reunión, el afamado militar le entregó 12 expedientes, que contenían un total de 78 folios. La mayoría de aquellos informes no estaban completos, pero suponían una irrefutable prueba de la existencia de investigaciones oficiales en España.

Benítez publicó un libro que contenía aquellos informes (*OVNI: Alto Secreto*, reeditado por Planeta en octubre de 1992), pero el fenómeno OVNI siguió considerándose secreto. Es más, el 3 de marzo de 1979, la JUJEM (Junta de Jefes del Estado Mayor) actualizó la clasificación del fenómeno OVNI, otorgándole el rango de "materia reservada". Mantuvo, sin embargo, el proceso de investigación de cada caso: tras producirse una observación OVNI, las autoridades militares nombraban un juez informador militar que entrevista a los testigos y reúne toda la información posible. Finalmente, redactaba un informe con todos esos datos al que se le estampaba el inconfundible sello de "confidencial". Así ocurría entonces, y así ocurre hoy.

Entre marzo y abril de 1979, el malogrado Andreas Faber-Kaiser, uno de los mejores investigadores que hayan existido, se entregó a la ardua labor de intentar que el Ejército del Aire diera toda o parte de la información OVNI que poseía para realizar un informe sobre el fenómeno que iba a ser remitido a la Organización de las Naciones Unidas, en donde por aquel entonces se gestaba la celebración de una asamblea general dedicada de forma monográfica a este asunto.

Sus gestiones tuvieron como intermediario al comandante Jaime Aguilar Hornos, Jefe de la Oficina de Relaciones Públicas del Ejército del Aire. En la conversación que ambos mantuvieron el 28 de marzo de ese año 1979, el oficial comunicó al investigador lo siguiente: "Hay una serie de cosas que son confidenciales, en fin, que se escapan totalmente del señor que lo lleva…, que no son responsabilidad de una persona. Además, lo que ha divulgado el señor Benítez ha levantado una polvareda, porque a este señor un determinado militar le facilitó ciertos datos con carácter privado, que resulta que se lo saltó".

Aguilar Hornos faltaba a la verdad. El mismo Galarza, por escrito, felicitó a J.J. Benítez por la publicación de aquella información y años después, el teniente general Jaime Ostos, jefe de la División de Operaciones del Ejército del Aire me confirmaba –también por escrito– que J. J. Benítez había recibido la pertinente autorización para divulgar los expedientes que le fueron entregados.

Días después, Aguilar Hornos insistía en sus negativas ante Faber-Kaiser: "Este tema está clasificado y por lo tanto no podemos darle ninguna información. O sea, que ni nosotros lo sabemos ni conocemos la interpretación, ni las investigaciones que se han hecho, ni de qué se trata, ni nada de nada".

Tras una larga temporada de silencio sepulcral, en enero de 1992 se facultó a la sección de inteligencia del MOA (Mando Operativo Aéreo), ubicado en la base aérea de Torrejón, para gestionar y tramitar todos los asuntos relativos a Ovnis. Aquel cambió en el destino de los archivos secretos parecía el comienzo de algo importante.

De hecho, así fue.

Lo confirmaría el 11 de mayo de ese mismo año el ministro Julián García Vargas, entonces al frente de la cartera de Defensa, que respondía en el Congreso de los Diputados a una cuestión que sobre el particular había efectuado la oposición: "Actualmente, la documentación se ha trasladado al MOA, y algunos de los expedientes que contiene están en proceso de desclasificación".

Y es que aunque nadie se había dignado a comunicarlo públicamente, el 14 de abril, casi un mes antes de la comparecencia de García Vargas, la Junta de Jefes del Estado Mayor había tomado la decisión de levantar la losa del secreto sobre los informes confidenciales relativos al enigma OVNI.

LA GRAN POLÉMICA

En octubre de 1992 los primeros expedientes con el sello de "desclasificado" llegaron al Cuartel General del Aire en Madrid, en cuya biblioteca fueron depositados para permitir su consulta a todo aquel que lo deseara.

Aquellos escritos, que uno tras otro y lentamente fueron "abiertos" al público, veían la luz por primera vez en muchos años…

Los primeros expedientes desclasificados constaban del informe original (elaborado por el militar que cuando se producía cada caso estudiaba el avistamiento) y de un breve escrito, dos o tres folios a lo sumo, elaborados días antes de ver la luz por el teniente coronel Ángel Bastida, miembro de la sección de inteligencia del MOA y responsable del análisis de aquellos insólitos documentos.

En dicho "informe previo", Bastida ofrecía una serie de consideraciones y conclusiones relativas a cada caso. El hecho de que Bastida presentara justificaciones (Venus, globos sonda, efectos ópticos…) para casi todos los sucesos motivó

Enrique Rocamora y Ángel Bastida, los dos oficiales de inteligencia
del Mando Operativo Aéreo de la Base de Torrejón que examinaron
los archivos secretos del Ejército del Aire relativos a los OVNIs.
Su labor ha sido más que polémica.

un aluvión de críticas que provocaron un "parón" en el
proceso a comienzos de 1994 que duraría más de medio año.

Hasta el verano de ese mismo curso no se desclasificaron
más informes. Los que verían la luz a partir de entonces dejaron de incluir las conclusiones de Bastida, así como las del
teniente coronel Enrique Rocamora, que le sustituyó en el
cargo en julio de 1994. Bajo el mandato de este último, pese
a haberse suprimido las polémicas conclusiones, el proceso se
volvió, si cabe, más caótico, desorganizado y lento.

El proceso acabó aproximadamente cinco años después
de la desclasificación del primer expediente. Durante todo
ese tiempo, los ufólogos españoles se enredaron en agrias
disputas. Por un lado, los negativistas y pseudoescépticos

consideraron el proceso limpio, transparente y sincero. Y en el otro extremo, los periodistas especializados y los investigadores opinaban —opinamos, permítame el lector que me incluya en estos últimos— todo lo contrario. Las quejas de estos últimos se centraban en los siguientes argumentos:

*Faltan informes.

En 1992, las autoridades militares dieron por bueno un listado de 55 expedientes que había obtenido el investigador Manuel Carballal. Finalmente, la cifra de informes desclasificados ha sido de 83. Sin embargo, la cifra real de informes oficiales supera los 200, porque muchos expedientes secretos que obran en poder de los estudiosos —o de los que tienen referencias fiables a propósito de su existencia— no han visto la luz.

*Las informaciones facilitadas por las autoridades están incompletas.

En algunos de los expedientes desclasificados faltan informes, escritos y documentos fundamentales sobre cada suceso. Especialmente, informes de pilotos que salieron en misión de scramble. Ni las grabaciones de las conversaciones mantenidas entre dichos pilotos y las torres de control, ni las filmaciones tomadas por ellos, ni las fotografías a las que se hace alusión en los informes desclasificados han visto la luz. La explicación oficial es que dichos documentos, curiosamente los más probatorios de cada caso, se "han perdido en traslados" o "están traspapelados" en sabe Dios qué dependencias.

*Las explicaciones "racionales" para los casos no se ajustan a la realidad.

Muchos de los casos estudiados oficialmente han sido explicados como observaciones de Venus, estrellas, aviones, meteoritos... El examen imparcial de dichos sucesos concluye que las justificaciones propuestas por el Ejército del

Aire no se ajustan a la realidad de los avistamientos OVNI estudiados oficialmente.

Algunos escépticos han colaborado con el Ejército del Aire facilitando dichas explicaciones y colaborando en el desprestigio de los casos OVNI.

Sin que se comunicara por los medios oficiales designados a tal efecto, algunos ufólogos civiles cercanos a las corrientes más recalcitrantes y escépticas del país (en especial los investigadores del CEI, Centro de Estudios Interplanetarios, y de la Fundación Anomalía, ambos colectivos liderados por el estudioso valenciano Vicente-Juan Ballester Olmos) han colaborado secretamente en el proceso de desclasificación, trabajando con las autoridades en conducir a buen puerto las intenciones originales –y calumniosas– del dichoso proceso, cuyo fin no parece haber sido otro más que el desprestigio de todo lo relacionado con el enigma de los Ovnis.

Expongamos algunos de los más interesantes y documentados encuentros con No Identificados en cuya investigación se vieron implicadas, por una u otra razón, las autoridades militares españolas.

LOS OVNIS "ESPÍAN" INSTALACIONES MILITARES

2 de enero de 1996. 19.30 horas.

Iker Jiménez decide que entremos en una chocolatería de la calle Goya en Madrid para entrar en calor. Y para dar el certificado de defunción a una investigación por tierras de Burgos impedida por las inundaciones que azotaban la región que pretendíamos visitar. Allí, en un paraje cercano a Villarcayo, cuatro jóvenes soldados observaron, en plena madrugada, que un objeto desconocido había aterrizado dejando a su paso rastrojos calcinados. El suceso había tenido lugar justo 21 años y 1 día antes de aquella frustrada investigación.

Frustrada, pero sólo a medias, porque Iker, tenaz como el cierzo, tenía muy bien ganada su fama de incansable ufólogo y no dudó en aceptar mi propuesta: investigar otro extraño incidente OVNI acaecido el 2 de enero de 1975 –pocas horas después del aterrizaje de Burgos– en el interior de unas importantes instalaciones militares en Navarra.

Así que aquel mediodía del 3 de enero de 1996 tomamos rumbo al polígono de tiro de Bardenas Reales (instalación de uso conjunto hispano–norteamericano utilizada para prácticas de tiro de cazabombarderos de los dos países). Entre nuestro equipaje figuraba el informe que sobre el suceso había desclasificado el Ejército del Aire el 13 de julio de 1994. El avistamiento, sin embargo, había adquirido cierta notoriedad pública a comienzos de 1975. Toda la prensa nacional se hizo eco de una nota informativa de la Tercera Región Aérea en la cual se comunicaba que un comandante del Ejército del Aire iba a actuar como juez instructor de la investigación oficial del suceso.

Concluida la investigación oficial, el gabinete de prensa de la Tercera Región Aérea dio a conocer a través de la agencia de noticias *Cifra* la siguiente valoración oficial del caso: "Las luces y resplandores observados a baja altura en aquellas instalaciones fueron debidos a efectos ópticos producidos por el halo de la Luna y la luz de las estrellas al pasar a través de la bruma que intermitentemente cubría la zona".

Este comunicado fue hecho público el 8 de enero de 1975. Ese mismo día, el juez instructor del caso había entrevistado a los testigos del suceso y en su informe, elaborado tras las entrevistas, dejó constancia de su parecer en los siguiente términos: "De sus testimonios se desprende que el día 2 de enero de 1975, un objeto volador no identificado sobrevoló el polígono de tiro de Bardenas Reales… Los testigos –concluía el investigador oficial– se manifestaron con firmeza y veracidad en sus declaraciones".

Así pues, la nota de prensa que hizo pública la Tercera Región Aérea fue un engaño. De puertas adentro, los militares sabían que los sucesos habían ocurrido en realidad, pero de cara a la sociedad, que seguía de cerca los acontecimientos OVNI de aquellos días, la versión que se ofrecía era bien distinta… ¿Por qué?

Antes de su fallecimiento en octubre de 1995, tuve la ocasión de entrevistar al coronel Fernando Zamorano, a la sazón juez–instructor (su nombre fue censurado en la información desclasificada) del suceso acaecido en las Bardenas Reales: "Me limité a tomar declaración a los testigos –me expresó el afable militar en su domicilio del madrileño barrio de Moncloa– sin dar explicación a nada, pero la conclusión oficial que se dio de que aquello había sido la Luna fue para tranquilizar a los ciudadanos, aunque todos sabíamos que era falsa… Las maniobras que el objeto realizaba no correspondían a una tecnología conocida".

Por lo tanto, los militares desconocían qué tipo de artefacto había provocado la observación.

Pero de cara a la opinión pública, insisto, no podían –y menos en 1975– reconocer que un OVNI había sobrevolado instalaciones de alta seguridad.

Los hechos, según el resumen que efectuó el teniente coronel Enrique Rocamora para el informe desclasificado, acontecieron del siguiente modo:

"A las 22.55 horas del 2 de enero de 1975, el soldado que prestaba servicio en el exterior de la Torre Principal del Polígono

de Tiro de Bardenas Reales observa una luz roja intensa, inmóvil; pensando que se trataba de un vehículo que había entrado en el Polígono, llama al cabo de guardia que sale al exterior acompañado de otros tres soldados que se encontraban asimismo de guardia".

"La primera observación de las dos que tuvieron lugar aquella noche, es un objeto, del que ninguno acertó a ver su forma o tamaño, que despedía una luz roja muy intensa y otra, del mismo color, más débil. Se encontraba entre 2 y 5 kilómetros de su puesto de observación y después de estar inmóvil unos minutos, de 5 a 10, se eleva hasta 25 o 50 metros y se desplaza lentamente en dirección a la Torre Auxiliar. Al llegar a ella cambia de dirección hacia la Torre Principal, lugar de la observación, aumentando la velocidad y altura hasta que desapareció a gran velocidad en dirección noroeste".

"Sobre las 23.10 horas el Cabo llama al Suboficial de Servicio para darle la novedad. El Sargento 1º con unos prismáticos se desplaza hasta un montículo detrás de las cocheras y desde ese punto percibe un objeto en forma de taza invertida con luces blancas en las partes superior e inferior y luces ámbar y blancas intermitentes en los costados. No puede precisar el tamaño pero lo asemeja al de un camión... Después de estar parada aproximadamente 5 minutos en el mismo lugar en el que apareció la primera, se eleva lentamente y se desplaza en dirección a la Torre Auxiliar, desapareciendo posteriormente a gran velocidad en dirección NE".

Cuando servidor aterrizó en la zona de Bardenas Reales ya sabía qué estaba ocultando el Ejército del Aire: un nuevo avistamiento en el mismo lugar tres días después del que reflejaba el informe oficial. Tan sólo nos faltaba localizar a los testigos, pero era cuestión de tiempo. Según nuestras pistas, podríamos encontrar a los protagonistas de este tercer incidente en la segunda noche en Ejea de los Caballeros (Zaragoza), población casi fronteriza entre Aragón y Navarra que a la vez ejercía de "capital" de las Cinco Villas, comarca en las que los Ovnis han aparecido en reiteradas ocasiones.

Nuestras pesquisas nos condujeron a buen puerto aquella misma noche. En un local de Ejea localizamos a Vicente Martínez, que durante 21 largos años había mantenido un silencio sepulcral a propósito de lo que le tocó vivir aquella noche.

Su inicial desconfianza acabó tornándose en sinceridad... Y tras más de dos décadas, y por fin con luz y taquígrafos, este hombre que en aquel entonces –5 de enero de 1975– cumplía su servicio militar en Bardenas Reales, decidió soltar lastre y romper su silencio:

"Aquello se trató de ocultar, pero yo lo vi. Fui el primero en hacerlo. Era la una de la madrugada, aproximadamente. Estaba escuchando la radio por un transistor que se oía muy, muy bien... Nos lo habían prestado los militares americanos. De pronto, comenzaron a escucharse unas interferencias. Al final, la radio dejó de oírse".

Justo en ese momento, frente a él, quizá a unos 3 o 4 kilómetros, vio un resplandor luminoso sobre la llamada "zona de blancos" del Polígono. Otros testigos –según comprobé posteriormente– explicaron que se trataba de cuatro puntos luminosos que desprendían un potente "tubo" de luz...

"Del suelo –prosiguió explicándome Vicente– partía un haz de luz cilíndrico, de color "blanquinoso" y que se volvió anaranjado y rojo fuerte. Avisamos al cabo y desde el cuartel vinieron dos Land Rover. Fue entonces cuando el haz "blanquinoso" se levantó hacia arriba. Se convirtió en algo redondo, con forma de aureola y desapareció a gran velocidad hacia arriba. Antes de dejarse de ver, sobrevoló el cuartel. La observación duró tres cuartos de hora o una hora".

Acto seguido, los dos Land Rover alcanzaron el lugar sobre el que se encontraba "aquello". En uno de los Jeeps viajaba el mismo Vicente Martínez. Al llegar al lugar del presunto aterrizaje, encontraron algo que les provocó una taquicardia:

"Había una huella, redonda como esta mesa; tenía unos 10 o 12 metros de diámetro. Los matojos estaban quemados; también la tierra, hasta una profundidad de cuatro o cinco dedos. Al día siguiente, nos hicieron patrullar para que nadie viera la huella; luego, quisieron ocultarlo diciendo que la habían causado unos cazadores furtivos. Dos o tres días después, cuando la noticia había sido publicada, nos llamó a todos el teniente jefe del polígono, no recuerdo su nombre… La cosa es que hizo venir incluso a aquellos que estaban de permiso y nos dijo que 'no nos fuéramos de la boca, que el caso estaba cerrado'. Todo bajo amenaza de arresto. Ni siquiera a nosotros se nos permitió ir a ver la huella. Tuvimos mucho miedo aquellos días. Con 18 años y bajo amenaza de arresto, ya me dirás… Nos llegaron a revisar las taquillas y hasta nos requisaron las cámaras fotográficas".

Durante aquella misma investigación pudimos localizar a otro testigo presencial: Blas Pedro Gilabert, de 45 años. También él estaba allí aquel 5 de enero… Sus declaraciones no hicieron sino confirmar lo que ya sabíamos. Asistió a la última fase del avistamiento:

"Aquella noche –nos explicó Blas Pedro en su establecimiento comercial– estaba dentro del cuartel, pero salí afuera debido al revuelo que se estaba montando. Entonces, pude ver el objeto. Lo vi elevarse; era de color rojo, parecido al "butano" y tenía forma esférica. Iba en dirección a Zaragoza.

Aquello, estoy seguro, se posó ahí. No sé si era de otro planeta, pero aquello no era normal… Iba muy rápido y desapareció en cuestión de segundos".

También él fue "víctima" de la ocultación posterior…

"Normalmente, cada día limpiábamos el polígono, retirando los materiales y escombros de los bombardeos. Pero esos días no nos dejaron limpiar ni acercarnos a la huella. Incluso nos llamó el jefe del polígono, amenazándonos con los permisos y las pernoctas sin contábamos algo…".

A todos aquellos soldados, según estábamos descubriendo, se les instó –y no por las buenas precisamente– a guardar silencio.

Ya entonces, y de cara a la reconstrucción de los hechos que procuré hacer, algo estaba claro: el 5 de enero de 1975, los Ovnis regresaron a Bardenas Reales, y como prueba evidente de su presencia quedó sobre el polígono, aproximadamente en la "zona de blancos" (en donde se sitúan objetivos ficticios que deben abatir los cazas), una perfecta huella circular, cuya existencia trató de ser ocultada al público por el responsable de la instalación, Ricardo Campos Pecino, con quien pude reunirme la mañana del 8 de enero de 1996. A él, los 21 años de silencio no le habían hecho mella, y erre que erre, mantenía la misma versión que entonces. Así me lo explicó:

"Fue el mayor revuelo que recuerdo en mi vida como militar… El 2 de enero de 1975 yo estaba escuchando la radio en mi cuarto, cuando a las 23.30 horas me llaman y me advierten que hay extrañas luces en el polígono. Me vestí corriendo, cogí unos prismáticos y subí hasta un montículo cercano al barracón. Desde allí pude comprobar que, efectivamente, había una luz, pero conforme se fueron disipando las nubes, vi que se trataba de la Luna".

Ricardo Campos Pecino fue el jefe militar en Bardenas Reales en 1975, cuando ocurrieron los dos sucesivos aterrizajes OVNI. Hoy, pese a que el caso ha sido parcialmente liberado del secreto, sigue fiel a su juramento: lo niega todo. Como tantos militares, miente.

Campos, tal y como durante la mañana siguiente dejó escrito en un informe que entregó a sus superiores en Zaragoza, salió al exterior cuando el OVNI había desaparecido, y únicamente pudo observar la Luna.

El militar, ya en la reserva, y como si se debiera a un juramento de por vida, seguía manteniendo la misma versión que antaño. El tiempo no había hecho mella en él: "Se montó una psicosis de luces y… me vi obligado a actuar".

Lo que sí que recordaba perfectamente Ricardo Campos es cómo se gestó la investigación oficial:

"Al día siguiente, que era viernes, yo llevé el informe de los hechos a Zaragoza. Me llamó el ayudante del teniente general Jefe de la Tercera Región Aérea, Carlos Franco Iribarnegaray, para preguntarme si sabía que el teniente general ya había hablado con el ministro Cuadra por el asunto de los Ovnis".

"Primero mandaron al polígono a un teniente del Sector Aéreo como juez informador, pero el ministro dijo que no, que quería que fuera allí un instructor del Estado Mayor, y ahí es entonces cuando se personó allí el comandante Zamorano. Vino, habló con los soldados y al salir me dijo: 'Oye, Campos, ¡que no me has contado todo! Me han dicho los soldados que vieron más luces otras noches...'. Más tarde me llamó Iribarnegaray, que se había reunido con Zamorano cuando éste regresó a Zaragoza, para preguntarme en qué quedaba todo esto. Yo le dije: 'Mire usted, mi general. Yo seguridad no tengo, pero uno de los soldados me llegó a decir que ojalá les hubieran matado para que así les creyeran'. Ellos juraban y perjuraban que todo aquello había ocurrido tal como lo narraron".

"¿Y no decían aquellos soldados que había aparecido una huella?", pregunté a Carlos.

"¡Qué va! —me respondió, serio, con rictus militar, voz grave y formas castrenses— Allí hubo una psicosis de luces, y los soldados, cuando entraba un cazador o un tractor veían luces y Land-Rover arriba y abajo. Tuve que cortar con todo eso. ¿Huella? No. Allí no había ninguna huella. Limpiábamos todos los días y no apareció nada. No volvió a aparecer nada por allí".

¡Increíble! Habían pasado 21 años –27 en el momento de escribir estas líneas– y Ricardo Campos seguía negando lo evidente: el OVNI había dejado, en su aparición del 5 de enero, una huella sobre el polígono cuya existencia me habían confirmado todos los testigos, aquellos soldados que se encontraban allí, que vieron y tocaron aquel terreno calcinado de forma circular y de unos 10 metros de diámetro. Y sin embargo, el oficial que estaba al mando de ellos, el mismo que les había amenazado si contaban lo ocurrido, y por ende toda la cúpula militar, seguían negándolo. Para que luego digan los escépticos y los colaboradores del proceso de desclasificación que no se oculta información oficial sobre los Ovnis...

UN OVNI ATERRIZA EN BURGOS

Como ya expliqué, el 8 de enero de aquel intenso año 1975, el Ejército emitió un comunicado que negaba el aterrizaje de un Ovni en el polígono de tiro de las Bardenas Reales. La ocultación de aquel caso –insisto– dura hasta hoy...

Pero aquel mismo día, las autoridades militares dieron publicidad a otro comunicado sobre los No Identificados. Y en esta ocasión, el texto oficial confirmaba un avistamiento. Lo habían redactado en la oficina de prensa de la Capitanía General de la Sexta Región militar. Decía así:

"El día 8 de enero de 1975, a las 6.30 horas y viniendo a incorporarse a su destino después de disfrutar del permiso oficial, los soldados de la Academia de Ingenieros del Ejército, Ricardo Iglesias, José Castro Pérez, Felipe Sánchez y Manuel Agüera, que viajaban en un 'mini' 850 vieron aproximarse a unos 500 metros al oeste del km 14 de la carretera Burgos a Santander como una nave en forma de tronco de cono muy achatado con una luz fortísima de color blanco amarillento que aterrizaba o quedaba suspendida a pocos metros del suelo... Los ocupantes del vehículo se bajaron del coche... Una vez descendidos vieron cómo se apagaban las luces de este primer vehículo y se encendían de forma sucesiva hasta cuatro en aproximadamente dos minutos; estas luces potentísimas que irradiaban hacia el suelo estaban distanciadas entre sí unos metros, no sabiendo decir si de

este primer ovni salieron los otros tres o fueron descendiendo cada uno de ellos de una forma simultánea y rapidísima, pues sólo vieron el descenso en forma parabólica del primero: presos del nerviosismo optaron por montarse de nuevo en el coche y reemprender rapidísimamente la marcha, ya que el tiempo para su incorporación oficial estaba muy cerca".

El informe oficial a propósito de este suceso fue desclasificado en octubre de 1993. Reconozco que he pasado muchas horas tratando de interpretar qué buscaban los militares españoles con la dispar actitud hacia los dos incidentes OVNI (el de Burgos y el doble aterrizaje de Bardenas Reales), que habían acaecido con muy pocas horas de diferencia. Y creo que la clave la puede ofrecer un documento desclasificado en ambos informes. Se trata de un escrito fechado el 11 de enero de 1975 por el Jefe del Estado Mayor de la Defensa, que se dirigió de este modo a la Comisión Nacional para la Investigación del Espacio:

"Como consecuencia de la información difundida en la prensa nacional sobre la aparición de un OVNI en el polígono de tiro de Bardenas Reales y otro en las proximidades de Burgos durante el presente mes y con el fin de aclarar si es posible que el fenómeno haya podido ser algún globo sonda francés, ruego a usted que a la mayor brevedad posible informe sobre la actividad que el Centro Francés de Aire Sur haya tenido en el mes de diciembre pasado y hasta el día 7 de enero actual".

Justo un mes después, la Comisión respondía, asegurando que no se efectuaron lanzamientos de globos en aquellos días, citando como último el fechado el 15 de noviembre de 1974. Pero quizá no es esto lo más importante. Hay unos datos que pasaron por alto los gestores de la desclasificación y que ponen en evidencia que algo muy importante trataban –y tratan– de ocultar los militares españoles sobre los sucesos de enero de 1975.

El informe oficial del caso de Burgos del 1 de enero de 1875 dice: "El terreno se inspeccionó al día siguiente no encontrándose nada anormal". Falso. El examen del lugar reveló la presencia de una enorme huella. El terreno estaba calcinado.

A propósito de estas sospechas, permítame el lector que formule las siguientes preguntas:

1–. ¿Por qué el Jefe del Estado Mayor del Aire pregunta a la "NASA española" sobre el incidente de Bardenas Reales el 11 de enero cuando tres días antes había dado a conocer por medio de la prensa que todo había sido un "efecto óptico" provocado por la Luna?

No hay más respuesta que ésta: los militares desconocían la naturaleza del objeto que había aterrizado en Bardenas Reales, pero mintieron a la opinión pública. No se atrevieron a confesar la realidad. De haber estado convencidos de que el avistamiento lo provocó la Luna, como dijeron el 8 de enero, la consulta del día 11 estaba fuera de lugar.

2–. ¿Por qué las autoridades consultaban sobre los sucesos de Burgos y Bardenas Reales al mismo tiempo?

Los oficiales del Ejército del Aire entendieron que ambos episodios no eran aislados. Aun así, puede resultarnos extraño que las autoridades hubieran admitido como auténtico el caso de Burgos, mientras que denostaban el de Bardenas Reales. Sin embargo, no debemos olvidar que el episodio de Navarra –desde una perspectiva estratégica– era gravísimo. No obstante, un objeto de procedencia desconocida había aterrizado dejando su huella en el interior de una instalación militar y, por ende, dejando en evidencia la seguridad del Estado.

Sin embargo, al suceso se le dio "carpetazo" el 8 de enero de 1975, el mismo día en que el otro avistamiento, mucho más insignificante, recibía el espaldarazo oficial de las autoridades, tan poco proclives a aceptar estos sucesos. De esta forma consiguieron que la prensa nacional, muy interesada en aquellas fechas por el enigma OVNI, prestara mayor atención al caso de Burgos dejando de lado –y casi en el olvido– lo ocurrido en las Bardenas Reales.

Un investigador, conocedor de la idiosincrasia militar como es Pere Redón, aseguró en su informe del suceso que "los testigos de Burgos estuvieron apoyados de forma oficial, lo que quiere decir que en ningún momento se trató de silenciar lo ocurrido". Mientras, el caso de Bardenas Reales quedó en el ostracismo, olvidado, ignorado, aun siendo más importante. ¿Fue el suceso de Burgos una oportuna cortina de humo para "enterrar" el aterrizaje y las huellas de Bardenas? Me temo que no hay más respuesta que la positiva.

3–. ¿Por qué preguntó el Jefe del Estado Mayor sobre la existencia de globos hasta el día 7 de enero de 1975 cuando oficialmente sólo se reconocían –y se reconocen, a tenor de

Ricardo Martínez
fue uno de los testigos
del caso Bardenas Reales
la noche del
5 de enero de 1975

los documentos desclasificados– los sucesos de los días 1 y 2
de enero en Burgos y Navarra?

De nuevo, una sola respuesta es factible: porque las
autoridades sabían y conocían el "regreso" de los Ovnis a
Bardenas Reales la noche del 5 de enero. Un "regreso" del
que quedó constancia en forma de huella; huella que me
consta interesó vivamente a los oficiales norteamericanos que
utilizaban el polígono.

MENTIRAS CON SELLO OFICIAL

Hay más cosas que me gustaría señalar a propósito de
los acontecimientos vividos en enero de 1975.

Veamos.

Según consta en los documentos desclasificados, el Jefe
del Estado Mayor del Aire encargó la investigación oficial
sobre el suceso de Burgos el 10 de enero de 1975, justo 24

horas después de que el informe secreto sobre los episodios de Bardenas Reales fuera finiquitado.

Así pues, de puertas adentro, el Ejército había concedido prioridad al caso de Bardenas Reales, mientras que el aterrizaje de Burgos sólo fue investigado una vez que se cerró el expediente navarro.

Y de puertas afuera, ocurría justamente lo contrario.

La táctica estaba bien clara… De hecho, se ha hecho siempre en todos los ámbitos: dar publicidad a un asunto para ocultar otro. Dicho de modo más crudo: desviar la atención.

Sin embargo, el expediente del aterrizaje de Año Nuevo de 1975 en Burgos no deja de ser otro botón de muestra más de cómo a lo largo del proceso de desclasificación se han tratado de ocultar muchas evidencias sobre los Ovnis. Además, durante el proceso de desclasificación ya no interesaba alimentar los hechos de Burgos en detrimento de los de Bardenas… Y, por tanto, se echó tierra sobre ambos.

En el resumen previo al informe liberado, el teniente coronel del MOA Ángel Bastida dice lo siguiente sobre este caso: "El lugar donde supuestamente tuvo lugar el avistamiento fue inspeccionado al día siguiente no encontrándose nada anormal en el terreno. Asimismo nadie puede corroborar lo relatado por los testigos… Si vieron algo, desgraciadamente no puede ser confirmado por otras fuentes".

La "chicha" de estas cuatro líneas es mucho mayor de lo que podamos imaginar. Para descubrirla, es necesario recordar de nuevo algunas de las afirmaciones que las autoridades militares han efectuado a propósito del proceso de desclasificación como consecuencia de las críticas recibidas: "Toda la información OVNI del Ejército del Aire ha sido dada a conocer", "los informes están completos y se han liberado íntegros", "el Ejército no se reserva informaciones", "el MOA sólo ha manejado la información que consta en los expedientes desclasificados", etc.

Ahora, volvamos a recordar una de las afirmaciones de Bastida respecto al caso de Burgos: "El lugar fue inspeccionado al día siguiente no encontrándose nada anormal".

Pues bien, si el resumen y las consideraciones previas del MOA sobre cada caso están basadas "única y exclusivamente" en el expediente original, ¿de dónde ha obtenido Bastida la información para asegurar que el lugar del aterrizaje fue inspeccionado al día siguiente de los hechos? En ningún momento en el informe efectuado en 1975 por el juez instructor del caso –el comandante Francisco Llorente, del Aeródromo Militar de Villafría (Burgos)– se hace alusión a la inspección del lugar. En buena lógica, Bastida no extrajo esa información del expediente original del suceso. Además, en el MOA sabían que el reconocimiento del entorno del aterrizaje se produjo al día siguiente de los sucesos. Por tanto, Bastida manejó informaciones que no se dieron a conocer a la opinión pública.

Efectivamente, y aunque no lo reflejaba el informe oficial, dicha inspección existió.

Según las informaciones que manejo, el día 2 de enero de 1975, el comandante Francisco Llorente visitó el punto exacto sobre el cual los soldados vieron aquellos cuatro Ovnis. Posteriormente, el lugar sería examinado de nuevo. Incluso existen evidencias gráficas del reconocimiento. Se trata de unas fotografías en las que se observa a varios oficiales y periodistas –entre ellos Pedro J. Ramírez, por entonces enrolado en *La Actualidad Española*– examinando el lugar.

CONFIDENCIAL

INFORME QUE FORMULA EL COMANDANTE DEL ARMA DE AVIACION (S.V.)
███████████████████ , SOBRE LA NOTICIA DE APARICION
DE OBJETOS VOLADORES NO IDENTIFICADOS EN EL POLIGONO DE TIRO
DE LAS BARDENAS REALES EL DIA 2 DE ENERO DE 1.975, ███████

En el Polígono de Tiro de Las Bardenas Reales a 8 de Enero de 1.975.

Testigos presenciales

Soldado		(Mecánico)
Cabo		(Estudiante)
Soldado		(Agricultor)
Soldado		(Agricultor)
Soldado		(Agricultor)
Sargento 1º		

Se adjunta fotocopias de las declaraciones de estos testigos e informe del Comandante del Destacamento, así como un cro-
quis de las evoluciones que según dichas declaraciones, efectuaron dos objetos voladores no identificados sobre dicho Políg-
gono.

Circunstancias que concurrieron en la observación.

El Sargento 1º observó el segundo de los objetos voladores
con unos prismáticos.
La observación del Cabo y los Soldados que estaban de guardia en la Torre Principal, fué a simple vista.
Las condiciones meteorológicas en el momento de la observación eran:
Despejado y con claridad suficiente para percibir los per-
files de los montes cercanos, había bruma por el horizonte.
Los medios de apreciación de distancia y alturas se realizaron por medio de referencias sobre el terreno.
Durante todo el tiempo de la observación no se apreció --
ningún ruido extraño.

CONCLUSIONES .

Tomada declaración a todos los testigos presenciales, uno
por uno, y por separado, no hubo ninguna contradicción, todos
coincidieron exactamente en sus manifestaciones.
De sus informes se desprende, que el día 2 de Enero sobre
las 23,00 horas un objeto volador no identificado, sobrevoló el
Campo de Tiro de Bardenas Reales, inicialmente a escasa altura
sobre el terreno y a poca velocidad hasta el momento en que llegó a la altura de la Torre Principal, lugar de la observación,
en el que se elevó rápidamente adquiriendo gran velocidad y desapareció en dirección N.W.

CONFIDENCIAL

Uno de los secretos del Ejército del Aire sobre
el caso Bardenas Reales

INFORME QUE FORMULA EL TTE. CORONEL DEL ARMA DE AVIACION (S.V) DON ██████, JEFE DEL GRUPO DE SERVICIOS DE LA ES- ████ ██ ██████████, SOBRE ANORMALIDADES OBSERVADAS EN LA PANTALLA DEL G.C.A. EN LA FECHA QUE SE INDICA.

El día 14 de Enero del actual y teniendo prevista la llegada del avión DA-2C, EC-BXV con el Sr. Ministro de Agricultura a bordo, continuaron en servicio nocturno la Torre de Control, G.C.A. y demás servicios de ayuda a la navegación.

El controlador de G.C.A. al efectuar reconocimientos en la pantalla de exploración observó desde las 1915Z hasta las 1940Z aproximadamente, la presencia de ecos movibles, hasta un total en cierto momento de 7 u 8, codificando en 300, 301, 302 y 303, entre los radiales 120º y 160º, llegando en sus evoluciones hasta 12 millas de cabecera de pista 31. Le llamó la atención los diversos cambios de velocidad en los ecos, desde mantener velocidad relativamente reducida de avión convencional hasta alcanzar las altas velocidades de avión reactor. Incluso noté como algún eco se mantenía con velocidad muy reducida aproximándose a él otros ecos hasta llegar a solaparse.

Identificado en pantalla el avión EC-BXV referido, maniobré la antena en todos los angulos hasta el máximo, con el fin de conseguir la detección de los ecos propios observados, consiguiendo solamente recibir la codificación SIF por lo que estimé, ya que la pantalla no dá información alguna de altura, que los ecos no identificados debieran estar muy por encima de los 25.000 pies.

Coincidieron estas evoluciones en pantalla con la presencia del avión EC-BXV cuando este se encontraba a unas 36 millas de Talavera. Este avión al ser preguntado confirmó no traer escolta. Se llamó a Bolero que respondió no tenía ninguna misión en la zona.

Sobre las 1940Z el controlador de G.C.A. observó que los ecos se alejaban con un rumbo aproximado de 120º-150º. El avión EC-BXV tomo tierra sin novedad en la Base a las 1946Z, reemprendiendo el regreso a Barajas a las 2026Z.

En la mañana del día 15 se consultó telefónicamente al Mando de la Defensa, quien confirmó no haber tenido ningún ejercicio la noche anterior.

Badajoz, 15 de Enero de 1.975
EL TTE. CORONEL JEFE GRUPO SERVICIOS

Unos días después del caso Bardenas Reales y Burgos, varios OVNIs fueron detectados en Talavera escoltando el avión de un ministro. Este es uno de los informes oficiales que recoge el caso.

Está claro que Bastida contó con información "suplementaria". De hecho, esto no es extraño, ya que la prensa de la época informó sobre el examen del lugar del aterrizaje.

Y sabiendo como sabemos que Francisco Llorente y sus hombres de confianza acudieron a estudiar el lugar de encuentro para buscar evidencias del aterrizaje, parece ciertamente incoherente y extraño que en el expediente desclasificado no se informe sobre este asunto. Cabe sospechar que se nos ha ocultado parte de la información sobre lo ocurrido en Burgos, pero... ¿por qué?

La respuesta es sencilla: porque Llorente encontró pruebas de aterrizaje... ¡Huellas!

En concreto, halló un área de matorrales quemados de unos 40 metros de largo y 4 de ancho. Los campesinos de la zona explicaron al militar encargado de la investigación oficial que la última quema de matojos había tenido lugar tres meses antes del avistamiento protagonizado por los cuatro jóvenes, y sin embargo aquella impronta había aparecido el 1 de enero de 1975.

Meses después, otro investigador, Julio Malo, descubrió que apenas quedaba hierba quemada aunque persistían las huellas. Tan sólo quedaban carbonizadas las puntas de las hojas de hierba, lo que hace suponer que el aterrizaje sólo afectó a la parte superior, por lo que dichos matojos pudieron seguir creciendo. También halló una serie de "hoyos" en los cuales las huellas estaban calcinadas por completo.

Por tanto, y en contra de lo afirmado por Bastida y el MOA, la inspección del lugar sí obtuvo resultados positivos. Habían quedado las huellas del aterrizaje...

Si el lector duda de mis palabras, no tiene más que ver las fotografías –obtenidas por los periodistas de *La Actualidad Española*– que acompañan a este reportaje y en las

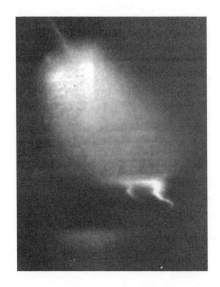

Bella imagen del OVNI
que sobrevoló Canarias,
tras emerger desde
el mar, el
5 de marzo de 1975

que se observa a los oficiales examinando el terreno… calcinado por la acción de los Ovnis.
Y el Ejército sigue negándolo.

MÁS OVNIS SOBRE INSTALACIONES MILITARES

Vayamos con otro "aterrizaje" en el interior de instalaciones militares españolas. En esta ocasión, no se trata de un enclave apartado en medio de un desierto como el que abriga al polígono de las Bardenas Reales. Al contrario: el incidente ocurrió entre las 4 y las 5 de la madrugada del 20 de julio de 1970 en la unidad de ingenieros del Campamento Militar de Hoyo de Manzanares (Madrid).

El suceso –tan grave y trascendente como el de Bardenas– nunca ha sido reconocido oficialmente y me temo que nunca lo será. Veamos lo que Sergio Bota, militar destacado en dicho cuartel, narraba al respecto:

"Estábamos realizando las prácticas de milicias, y aquella noche estaba yo de guardia. De madrugada, uno de los puestos, el del polvorín, notificó al cuerpo de guardia que en la lejanía se había observado un fuerte resplandor, muy localizado en determinado punto, que bien hubiera podido ser un incendio, pero transcurrido un rato pasó algo muy extraño, ya que el resplandor ascendió hacia el cielo, desapareciendo velozmente, hasta perderse en la noche".

Al día siguiente, el coronel que hacía las funciones de jefe del cuartel, junto a otros mandos, acudió al lugar sobre el cual había estado aquel "resplandor" que ascendió posteriormente.

"El alférez que estaba de guardia –explica Sergio Bota– comentó que se habían recogido muestras de rocas calcinadas (el terreno de aquella zona es granítico), advirtiéndonos el alférez a toda la guardia que no comentásemos nada sobre el asunto, ya que todo aquello estaba considerado secreto militar. Imagino por todo esto que allí tuvo que suceder algo, ya que se tomaron muchas molestias por una simple luz; evidentemente allí había estado algo y había dejado algún rastro".

El suceso de la Escuela de Aplicación de Ingenieros y Transmisiones quedó enterrado en las cloacas de los secretos militares. Este episodio –así como el de Bardenas Reales y el de Burgos– es una clara demostración de cómo las autoridades españolas ocultan cuanto pueden sobre Ovnis aterrizados.

Otro encuentro de estas características tuvo lugar en la base aérea de Talavera La Real en noviembre de 1977. Para proceder a su desclasificación, el informe del caso tendría que haber sido trasladado al Cuartel General del Ejército del Aire

Imagen oficial de un OVNI captado sobre Maspalomas. Se conservó la imagen como secreto durante muchos años.

en enero de 1995. Sin embargo, no llegó allí hasta comienzos de 1997. Pero las autoridades, en vez de dar a conocer los cientos de folios que conforman el expediente secreto, apenas liberaron de cara a la opinión pública... ¡una noticia extraída de la prensa!

El recorte en cuestión procedía de un periódico de Venezuela, en donde el investigador J. J. Benítez explicaba los pormenores del caso y daba a conocer que el contenido del informe oficial se extendía nada más y nada menos que 300 folios. Dicho expediente no ha sido desclasificado. ¿Por qué? Simplemente por su gravedad y porque hace referencia a la observación por parte de varios soldados de guardia de un extraño humanoide contra el que abrieron fuego dentro de aquellas instalaciones militares. Como en otros casos similares, las balas "traspasaron" la figura. En el tiroteo, además, llegaron a fusilar un coche que se encontraba cerca del lugar y con ocupantes.

Y es que son muchas, muchas, las informaciones sobre Ovnis que el Ejército del Aire ha escatimado a la opinión pública durante este irregular proceso de desclasificación que ha capitalizado la atención de los investigadores OVNI durante la década de los noventa.

Veamos algún ejemplo más.

En una ocasión, de forma anónima, recibí un extraño documento procedente de Barcelona. Hacía referencia a una observación por parte del personal de guardia del buque *Extremadura* de la Armada española, cuando se dirigía al corazón del Mediterráneo para reunirse con otros acorazados de la OTAN –la agrupación llamada *Navocformed*– que participaban en las operaciones relacionadas con la Guerra del Golfo. Lo entregué en mano a uno de los oficiales de la Oficina de Relaciones Públicas del Ejército del Aire. Hasta hoy, cuatro años después, no ha habido respuesta oficial del Ejército.

El escrito en cuestión, encabezado por la palabra CONFIDENCIAL, era un teletipo enviado desde la fragata *Extremadura* al Jefe de Apoyo Logístico, para que éste informara del suceso al Jefe del Estado Mayor del Aire, por aquel entonces el teniente general Sequeiros. El escrito está remitido a las 3.15 horas de la madrugada del 20 de enero de 1991. Redactado de forma telegráfica y urgente, dice así:

"A las 2.45 horas vigías de guardia observan masa de luz roja grande a babor. Estimación distancia, 4 millas. En el radar SPS–52 aparece contacto desconocido en rumbo 147 a 6 millas moviéndose a 50 nudos y a 300 metros de altura con rumbo 110. No se puede identificar. A las 2.52 horas luz visual y

contacto radar desaparecen bruscamente. Situación de navegación buque: rumbo 075, 12 nudos, 32 millas al sur de cabo Sacratif".

"Meteorología: viento oeste 5 nudos, mar rizada, visibilidad 8 millas, nubes estratos, cantidad 6. Navegando a zona asignada encuentro con Navocformed. Sin más novedad".

Según pude comprobar, la fragata *Extremadura* zarpó de Rota rumbo al Mediterráneo el día 18 de enero. Las informaciones obtenidas me sirvieron para comprobar que los datos de posición a la hora del teletipo eran los correctos. El buque, con 240 hombres a bordo, 133 metros de longitud y 14 de anchura, alcanzaba una velocidad máxima de unos 40 kilómetros a la hora, menos de la mitad que la que el objeto detectado en el radar y observado visualmente desarrolló antes de su inexplicable y súbita "desmaterialización".

Distribuí el escrito entre diversos investigadores. Las pesquisas aún prosiguen, pero gracias al investigador Manuel Carballal se ha abierto un resquicio de luz. Algunos de sus contactos con el CESID (Centro Superior de Investigaciones de la Defensa) le mostraron auténtico interés en saber cómo aquel –aparentemente inocente– escrito había acabado en sus manos. Lo que había inquietado a aquellos agentes secretos, con los que Manuel mantiene una larga relación, es que el informe que había podido obtener gracias a mis investigaciones contenía en su encabezamiento unas series alfanuméricas que no eran sino claves secretas relacionadas con la ubicación y el lanzamiento de misiles.

1977: los ovnis siguen aterrizando y el Ejército investigando

Durante toda la década de los setenta, los oficiales españoles siguieron de cerca cuantos avistamientos OVNI eran notificados. Y el sello de SECRETO se estampaba sobre cualquier papel relacionado con el asunto. Aquello ocurría en España y en el resto del planeta, porque la oleada de Ovnis era mundial.

Uno de los años más activos de aquella época fue 1977, del que datan algunos de los más inquietantes expedientes secretos desclasificados. El examen de esos documentos –una vez más– me demostró que los militares y el Gobierno ocultaban y ocultan informaciones sustanciales sobre la existencia de los Ovnis.

En enero de 1995 se desclasificó el expediente "770213" (la numeración de los informes desclasificados correspondía a la fecha del suceso, sólo que expresada a la inversa), relativos a los sucesos conocidos como "casos de Gallarta".

Todo lo referente a esta oleada de avistamientos empezó el 13 de enero de 1977 cuando el ingeniero naval Juan José Lozón, observó en la zona minera de La Florida, en Gallarta (Vizcaya), un objeto "parecido a un hongo aplastado". Un vecino de la zona, Juan Sillero, un ebanista de 50 años, aseguró que en esas fechas tuvo ocasión de presenciar –¡nada menos!– cinco aterrizajes de un OVNI discoidal (el primero de los encuentros sucedió a mediados de febrero; el segundo, a finales de dicho mes; el tercero, en los primeros días de marzo; el cuarto, hacia el 20 del mismo mes y el último, el 29 de abril). Y aunque su testimonio fue exagerándose hasta volverse increíble, sus primeras declaraciones sí ofrecían visos de credibilidad. Sobre todo porque en el lugar de los aterrizajes se hallaron 80 huellas que constituían una evidencia de peso de la presencia de aquellos "platillos volantes".

El 24 de marzo, la existencia de las improntas llegó a conocimiento de la prensa. El Jefe de la Tercera Región Aérea fue puntualmente informado del "revuelo" que se organizó y recibió órdenes directas, procedentes de Madrid, para que efectuara las pertinentes investigaciones oficiales. Por mucho que en aquellas fechas el ministro del Aire Franco Iribarnegaray hubiera negado a los ufólogos Luis Hernández y José Guillerna la existencia de investigaciones oficiales... ¡Burda mentira! No obstante, otra más de tantas...

En el informe oficial del caso se concluye que los encuentros OVNI de Gallarta fueron un "fraude consciente". Se afirma también que las huellas que aparecieron tras los aterrizajes habían sido provocadas por una retroexcavadora que había estado operando en el lugar. Si en este caso el Ejército del Aire hubiera dado a conocer todo lo que sobre este suceso sabía, no habría podido ser tan soez en sus espurias conclusiones.

El Ejército del Aire ignoró el dictamen de Joaquín Fernández, ingeniero de la Universidad del País Vasco, que estimó que el peso por punto de apoyo que tenía que tener el objeto que provocó las huellas de Gallarta debía de ser de al menos 10 toneladas... Imposible para una retroexcavadora. Además, en las comparaciones que se efectuaron, las marcas que dejaba la mencionada máquina eran como "arañazos" de unos centímetros de profundidad en el terreno, dejando clavados y perfectamente nítidos en el terreno los "dientes" de la pala. Sin embargo, las huellas atribuidas a los OVNIs eran circulares y mucho más profundas. Unas y otras no se parecían en nada.

Pero la mayor prueba de ocultación de información en este caso estaba por llegar.

El País Vasco, en donde ocurrieron los hechos, depende militarmente de la Tercera Región Aérea. El general jefe de dicha región, con sede en Zaragoza, era por aquel entonces Carlos Castro Cavero, un hombre que levantó ampollas en la cúpula militar cuando admitió en público no sólo haber avistado un OVNI, sino que se situó del lado de quienes estiman que el origen del fenómeno es extraterrestre.

No podemos olvidar que aunque Castro Cavero mantenía una postura personal de apertura respecto a la política oficial sobre Ovnis, se debía a su juramento militar. Y como consecuencia de ello, jamás pudo revelar el contenido de las investigaciones sobre No Identificados que se efectuaron bajo su mandato al frente de la Tercera Región Aérea.

Una de aquellas pesquisas oficiales estaba relacionada con los sucesos ocurridos en Gallarta. De cara a la opinión pública, nunca reveló el contenido de aquellas investigaciones. Sin embargo –y con la condición de que la información se mantuviera en la reserva hasta su fallecimiento– escribió al investigador J. J. Benítez desvelando detalles relacionados con los casos de Gallarta. El investigador navarro le había escrito, puesto que Sillero le había contado que en una de las ocasiones en las que aterrizó aquel OVNI discoidal llegó a conversar con uno de los tripulantes del "platillo volante". Éste le había dicho al ebanista que debían marchar de allí porque habían sido detectados...

El investigador navarro preguntó al militar sobre el asunto, y ésta fue su contestación:

"Puedo confirmarle que a lo largo de esos meses (refiriéndose a febrero, marzo y abril de 1978) nuestra estación de radar Siesta (Calatayud, Zaragoza) observó en su pantalla de exploración hasta un total de 5 ecos no identificados en jornadas diferentes".

"Los blancos fueron ubicados precisamente en la provincia de Vizcaya... Se produjo un *scramble* en dos noches y despegaron hasta un total de tres aviones Phantom, salidas que obedecieron a la presencia en radar de los mencionados ecos no identificados".

"Se dio otro caso de registro de ecos no identificados en radar, pero en esa ocasión tuvo lugar fuera de la zona que le ocupa".

Y ahora, servidor se plantea una cuestión más que espinosa. Si Castro Cavero, que dirigió personalmente al juez instructor del caso Gallarta, conocía la salida de aviones de la base aérea de Zaragoza, ¿por qué no se incluyó esta información en el expediente? ¿O acaso sí se incluyó y no ha sido desclasificada? De haberse dado a conocer, la hipótesis del "fraude consciente" hubiera quedado fuera de lugar, y eso habría supuesto confirmar el aterrizaje –y las subsiguientes huellas– de un OVNI en suelo español. Y los militares no parecen dispuestos a ello.

Y menos porque aceptar ese suceso supondría –quizá– reconocer otros muchos ocurridos aquellos días y que formaban parte de una de las oleadas OVNI más comprometidas para la "defensa nacional" que hayan existido.

Por ejemplo, el 18 de marzo de 1977, un grupo de zaragozanos acudieron a la llamada que efectuó un veterano contactado llamado Pascual Vázquez, que aseguró que esa noche se verían Ovnis sobre la localidad de Zuera. Efectivamente, lo que parecía una extraña nave apareció y llegó a ser fotografiada.

Se produjeron más "fenómenos anómalos" aquel mes de marzo. Los días 7 y 13, dos extraños accidentes aéreos ocurrieron en Baleares y nunca fueron explicados. Además, el 10 de marzo un OVNI aterrizó en Espinoso del Rey

(Toledo), dejando huellas en el suelo. La prensa también lo reflejó. Todo aquello y unas estadísticas provocaron que el equipo del programa *Medianoche*, de la Cadena SER, que dirigía y presentaba Antonio José Alés (este periodista se convertiría en el primer presentador radiofónico que retransmitiría un avistamiento OVNI en directo, hecho que ocurrió la noche del 27 de noviembre de 1979, cuando lo narró desde el ático del edificio de la SER en la madrileña Gran Vía) se apostara en el ático de un edificio de Alcorcón el 18 de marzo del citado año.

Tras varias horas de rastreo del cielo, con todo el equipo, llegó lo esperado... o lo deseado: "A las 23.30, en dirección este, apareció bruscamente un potente foco de luz que estaba a unos 800 metros de altura. Dirigimos el teleobjetivo de nuestra cámara en dirección al punto luminoso y comenzamos a disparar fotos. La luz estaba totalmente quieta, no se desplazaba ni un milímetro... El supuesto OVNI permaneció allí quieto durante cinco minutos. De pronto, a su izquierda, y a unos 300 metros, apareció otra luz de la misma intensidad que la primera y de igual tamaño y pulsación, que se mantuvo junto a la otra por más de dos minutos...".

"Por el horizonte –prosigue relatando Alés– una pequeña luz avanzaba de frente hacia el punto de observación. Advertimos que era un avión que daba la impresión de que pretendía acercarse a los dos Ovnis, pero éstos comenzaron automáticamente a moverse, uno a la derecha y el otro a la izquierda hasta desaparecer. El avión giró... Daba la impresión de querer seguir a los Ovnis".

Otro hecho muy similar ocurrió a finales de marzo de ese mismo 1977 entre las poblaciones sevillanas de Gerena y El Garrobo. A las 23.30, José Chávez Jiménez, mientras cazaba jabatos, observó un disco luminoso de un diámetro aparente de tres veces la luna llena. En su parte central tenía una luz más potente que la emitida por el resto del objeto, y en su periferia el objeto disponía de un carrusel de luces giratorias de los más diversos colores. Minutos después se vieron dos cazas a reacción acercándose al lugar en donde se encontraba el OVNI. Cuando estaban muy cerca, el objeto comenzó a alejarse a gran velocidad. Los reactores trataron –sin éxito– de seguir al OVNI.

Así pues, según los datos que he podido reunir, durante aquellas semanas, y hasta en 5 ocasiones, los cazas españoles siguieron –infructuosamente– a objetos volantes no identificados. Pero ni uno solo de estos sucesos ha sido aceptado oficialmente...

A la lista de sucesos inexplicables sobre cielo español podemos añadir que el 24 de marzo de 1977 quedó registrado en el libro de servicios del centro de control aéreo que cubre la zona de Canarias otro suceso que podemos encuadrar dentro de esta oleada. Fue hacia las 21.15 horas cuando un DC–8 escandinavo que volaba a la altura de Villacisneros (Sáhara) en dirección a la población africana de Bandjun observó algo parecido a "una nube luminosa". La tripulación del Jumbo, que procedía de Sudáfrica, también observó el fenómeno.

Pero, y he aquí lo más importante, no sólo hubo cazas españoles en aquellas persecuciones. Aviones de las Fuerzas Aéreas italianas persiguieron un OVNI en abril de ese año, y poco antes, en marzo, cazas franceses se veían involucrados en otro espectacular suceso.

Un informe de la Primera Región Aérea de Francia explica que a las 20.27 horas del 7 de marzo de 1977, la tripulación de un Mirage IV que se encontraba volando a más de 10.000 metros de altura sobre la vertical de Dijon (centro-este de Francia) observó un foco de luz a la izquierda de su posición. El objeto, tras efectuar un giro se dirigió hacia el caza. Acto seguido, se detuvo, manteniéndose estático en el cielo. Entonces, el avión se dirigió hacía el OVNI, pero éste comenzó a desplazarse en dirección opuesta, y desapareció. Quince minutos después el objeto volvió a aparecer en dirección al Mirage IV, que de nuevo trató de alcanzarlo, y de nuevo, sin éxito... El OVNI, según el informe militar, se desplazaba a casi 2.000 kilómetros a la hora. O lo que es lo mismo: a una velocidad imposible de emular por los cazas franceses.

MÁS EXPEDIENTES SECRETOS

Casi todos los expedientes sobre Ovnis revelados por el Gobierno español están plagados de "errores" que, lejos de ser casuales, obedecen a un diáfano interés por no contar toda la verdad a la opinión pública. Han cambiado los tiempos, pero no los hechos. El Ejército del Aire investiga los Ovnis desde 1968. Ya entonces, sus responsables lo hacían a sabiendas de que el asunto era alto secreto. Y por ello, la cúpula militar redoblaba esfuerzos para mentir a la opinión pública respecto a lo que sabían sobre los No Identificados. Han pasado casi 35 años, y el enigma sigue siendo materia reservada para las autoridades militares. Y por ello, la cúpula militar procura que nadie sepa de sus investigaciones. Entre tanto, durante la década de los noventa, se han desclasificado 83 expedientes secretos. En todos ellos se han omitido datos sustanciales, se han propuesto explicaciones para "tranquilizar" (!) a la sociedad, y se sigue engañando sobre lo que los mandos militares conocen. Lo dicho: los tiempos han cambiado, pero los hechos no.

Al margen de los casos expuestos, quisiera destacar algunos avistamientos que a lo largo de la historia merecieron el interés de la cúpula militar y cuyos informes han visto la luz –en ocasiones, tras décadas de secreto– a lo largo de estos últimos años:

*Varias ciudades, 15 de mayo de 1968

Desde las nueve y media de la mañana se observan diferentes objetos "intrusos" en el cielo. Uno de ellos, formado por tres cuerpos superpuestos, se detecta por radar sobre Madrid a unos 3 kilómetros de altura. Al mismo tiempo, sobre Barcelona, y a 20 kilómetros de altura, la estación radar de Rosas registra la presencia de otro OVNI. Cazas americanos y españoles despegan en *scramble* para identificar a los artefactos que están "invadiendo" espacio aéreo nacional. Curiosamente, en el expediente desclasificado no se incluyen los informes de los pilotos que salieron para identificar los Ovnis.

Horas después, sobre el mediodía, y cuando los Ovnis aún sobrevolaban los cielos de las dos grandes capitales españolas, los pasajeros del vuelo inaugural Málaga-París observan otro objeto esférico "con tres patas" cuando su avión sobrevuela la zona de La Rioja. Un pasajero, el periodista Alfredo González Retuerce, obtiene una filmación del objeto desde la cabina del piloto.

Durante la desclasificación, la explicación oficial que ofreció el Ejército del Aire para este suceso es que todos los avistamientos fueron provocados por globos estratosféricos lanzados desde Las Landas en Francia por el CNES (Centro Nacional de Estudios Espaciales). En concreto, el MOA señala que los vuelos 50 y 51 de dicha institución gala causaron el cúmulo de errores. Sirva señalar que la investigación secreta llevada a cabo en 1968 no llegó a semejante conclusión.

Una conclusión que, dicho sea de paso, no se ajusta a la realidad.

El vuelo 50 de los globos del CNES concluyó su misión a las 5.05 horas del 15 de mayo. Por su parte, el vuelo 51 caía a tierra dos horas después.

Y sin embargo, los radares detectan la presencia de los Ovnis sobre España hacia las 9.30 de la mañana, es decir, cuando los globos ya habían caído.

Es más: según consta en el informe de los vuelos 50 y 51, los globos franceses jamás atravesaron la frontera con España, de modo que es materialmente imposible que un radar los detecte sobre Madrid y Barcelona.

Ese mismo día, por la tarde, y desde diferentes localidades de Aragón, se avistan nuevos objetos volantes de procedencia desconocida. Pero para entonces habían pasado ya más de 12 horas desde la caída de los globos…

Hay otro detalle respecto a este episodio que merece una destacada mención, porque demuestra que ya en 1968 existía un verdadero interés –a costa de lo que fuese y de espaldas a la opinión pública– de las autoridades españolas por los Ovnis.

El autor de la filmación del OVNI, que como decía viajaba a bordo de aquel avión que cubría el trayecto Málaga–París, recibió esa misma noche, en la habitación de su hotel de París, la visita del agregado militar de la Embajada de España en la capital gala. "O me entrega usted la filmación, o le retiro el pasaporte", le dijo al periodista.

González Retuerce no pudo rechazar semejante "invitación"...

Y 25 años después del "saqueo", en buena lógica, la filmación debería haber sido desclasificada junto con el resto del informe del caso. Sobra decir que no fue así, y que según el MOA, la filmación del OVNI "se perdió".

*BECERREÁ, LUGO. 2 DE ABRIL DE 1969

Un ciudadano gallego circulaba en coche cuando observó a gran velocidad y muy cerca de él un objeto cilíndrico en forma de "bala" de seis metros de longitud y unos dos de diámetro. Tras el suceso, se abrió el consiguiente expediente y se dictaminó que lo ocurrido no tenía explicación.

Pero un cuarto de siglo después, al hilo de la desclasificación del MOA, se ha propuesto como explicación –por decirlo de alguna forma– que el avistamiento se debió a un "efecto óptico" provocado por "el reflejo de luz solar en rocas graníticas".

La investigación del ufólogo Marcelino Requejo ha demostrado que el día de autos –2 de abril de 1969– el cielo se encontraba completamente encapotado y que el Sol no asomó entre las nubes. Por tanto, es imposible que el avistamiento se debiera a un reflejo solar.

Pero hay más: el testigo del avistamiento remitió una carta a las autoridades el 5 de abril de 1969 explicando los hechos. Dicha misiva forma parte de la documentación desclasificada, pero en el encabezamiento de la misma aparece como fecha de envío el 15 de abril. Curiosamente, la cifra "1" de dicha fecha aparece desviada del resto del texto y la tipografía con la que está plasmada pertenece a una máquina de escribir diferente a la utilizada por el autor del resto del documento.

Aparentemente, alguien, en algún momento, cambió la fecha de la carta… ¿Con qué intención?

El propio Marcelino Requejo parece haber dado con una pista que bien parece caminar sobre la senda adecuada. Parte de la sospecha de que algo ocurrió entre los días 5 y 15 que podría "justificar" el cambio de fecha. Algo que hoy los militares podrían seguir ocultando. El citado investigador averiguó que entre esos días, un importante general de la época –recordemos que estábamos en 1969– visitó el lugar de los hechos.

Se trataba de Carlos Pombo Somoza, un oficial que era a la sazón la mano derecha de Mariano Cuadra Medina, Segundo Jefe del Estado Mayor del Aire en aquel entonces y, posteriormente, en 1975, Ministro del Aire. Curiosamente, Cuadra Medina estuvo involucrado como instigador de decenas de investigaciones oficiales sobre Ovnis en aquellos tiempos. En muchas de aquellas ocasiones situó a Pombo Somoza al frente de las pesquisas secretas. Y a sabiendas de que Cuadra Medina tuvo que saber de la denuncia efectuada por el testigo del caso que nos ocupa, ¿acaso no cabe preguntarse si Pombo Somoza viajó hasta Lugo para investigar el encuentro cercano? Los oficiales, tan aviesamente entregados –antes y ahora– a la ocultación de datos referentes a sus investigaciones, pudieron haber cambiado la fecha del documento para desligar del avistamiento OVNI la presencia de Pombo Somoza en Galicia. Es una sospecha… más que fundada. Y es que ocultando dicha visita, se ocultaba la información más importante del caso, que cabe sospechar que sigue secreta. Aunque nos digan que no.

*Vuelo Palma-Madrid, 25 de febrero de 1969.

No me he saltado el orden cronológico. Considero que el caso de Becerreá resultaría perfectamente "explicable" si se expone este caso a continuación, pese a haber ocurrido semanas antes. Comprobará el lector que las casualidades no existen...

Según reza el informe desclasificado, a las 21.18 (hora oficial) un avión de Iberia que volaba desde Palma de Mallorca rumbo a la capital del país se encontraba en la vertical de Sagunto cuando su comandante, Jaime Ordovás, y el copiloto, Agustín Carvajal, observan un objeto triangular formado por puntos luminosos de color rojo.

Las maniobras efectuadas por el objeto escapaban –y escapan– a las capacidades de la tecnología terrestre. En un momento dado, el artefacto, que se encontraba estático a 10 kilómetros de altura, pareció desplomarse... Picó en dirección al mar y, acto seguido, volvió a ascender hasta situarse de nuevo a 10 kilómetros de altura.

El OVNI ejecutó la prodigiosa maniobra en menos de tres segundos.

El investigador oficial del caso no encontró una explicación satisfactoria para los hechos, sin embargo, el Ejército del Aire divulgó una nota pública en la que desmentía la autenticidad del avistamiento, atribuyendo la experiencia capitaneada por Jaime Ordovás a una observación del planeta Venus.

Y el MOA, durante el proceso de desclasificación, y pese al tiempo transcurrido, dio por buena esta hipótesis que, vuelvo a decir, no se contempló como justificativa cuando se efectuó la investigación oficial.

De nuevo, de puertas adentro, el Ejército pensaba otra cosa a propósito de la naturaleza del OVNI de lo que esgrimía de cara a la opinión pública.

En la investigación oficial del caso efectuada en abril de 1969, y como es costumbre en este tipo de pesquisas, se llamó a declarar al piloto. En su "confesión" estuvo presente el teniente general Mariano Cuadra Medina, a quien le acompañó, nada más y nada menos, que el sospechoso Carlos Pombo Somoza, quien entregó un escrito al comandante Ordovás en donde el piloto afirmaba que su propio encuentro no fue con un OVNI, sino con Venus.

Así lo explica Ordovás:

"Me pidió que lo firmara; me negué, por supuesto. A mi entender, los yanquis andaban detrás presionando a los generales. Pombo Somoza, contrariado, manifestó que daba igual. Ellos habían tomado la decisión y facilitarían una nota a la opinión pública asegurando que la observación era Venus".

Me aferro al tópico: sobran los comentarios.

El teniente coronel Jaime Ugarte actuó como juez instructor del caso, al igual que había sucedido con otros episodios de la época. Ugarte, en aquellas fechas, se vio obligado a requisar unos informes de radar sobre un caso anterior. Dicho informe nunca vio la luz, ni siquiera cuando se desclasificó el informe del caso.

Es grave que a finales de siglo los responsables de la desclasificación hubieran dado por buenas las actuaciones de los oficiales de la dictadura. Pero si lo han hecho es por algo… ¿Acaso porque la consigna de seguir ocultando la realidad OVNI sigue gobernando los intereses de las autoridades militares españolas?

Lo cierto es que sin que hiciera en sus intenciones mella alguna el tiempo transcurrido, Pombo, Cuadra y Ugarte se salieron con la suya. La diferencia es que ahora sabemos cómo se las ingeniaron para que la explicación de Venus tuviera cierta lógica, puesto que se ha averiguado que el despegue y aterrizaje del avión se produjo en realidad una hora antes de lo estipulado en el informe oficial del caso. Curiosamente, a la hora real de observación, Venus no era visible, pero a la hora en la que según el expediente se produjo el avistamiento, el lucero del atardecer sí podía contemplarse en el cielo. Tanto es así, que cuando según el expediente desclasificado se produce la observación del objeto triangular por parte de Ordovás y su tripulación, el avión en realidad ya descansaba en las pistas del aeropuerto de Barajas en Madrid.

Conclusión: ¡En el informe oficial se cambió el horario del vuelo para ajustarlo a la explicación prevista!

Veinticuatro años después, cuando el expediente ha visto la luz, el MOA sigue dando por buena aquella falsedad…

Venus, lógicamente, no causó el avistamiento. En primer lugar, porque era imposible haberlo visto en el cielo. Y en segunda instancia, por no abundar en más detalles, porque Venus no es capaz de ejecutar maniobras imposibles para nuestra técnica. Por no hablar del insulto a la profesionalidad de los pilotos que supone asegurar que hombres tan preparados como ellos y con la enorme responsabilidad que significa "conducir" por el aire a cientos de pasajeros, no son capaces de distinguir a Venus en el cielo. Si los pilotos fueran tan ineptos, nadie se subiría en los aviones. Por no decir que el OVNI avistado por Ordovás tenía forma triangular…

*Lanzarote, Islas Canarias.
12 de febrero de 1985.

A las 21.10 horas, agentes de la Policía Municipal de Yaiza (Lanzarote) llaman al aeropuerto de la isla comunicando la observación de un objeto luminoso en Playa Blanca. Según informó el comandante del vuelo 279 de Iberia que cubría el trayecto Arrecife-Las Palmas, el OVNI siguió en su trayectoria al avión.

En una carta fechada dos días después y que aparece desclasificada en el expediente, liberado en octubre de 1996, el general jefe del Mando Aéreo de Canarias notifica al más alto cargo del Estado Mayor del Aire el nombramiento de un juez instructor para seguir la investigación del caso.

Sin embargo, el oficial del MOA Enrique Rocamora asegura lo siguiente: "En el expediente que obra en poder del MOA no aparece ningún informe instruido sobre el acontecimiento". El oficial resta importancia al extravío, asegurando que no hay motivos para pensar que el informe incluya más datos que los expuestos en el resumen de los hechos.

Por culpa de tan curiosa pérdida, nos hemos quedado sin conocer todos los detalles sobre este inquietante suceso que el MOA, en su resumen, limita a la observación de una luz. Sin embargo, tras nuestras investigaciones sabemos que dicho artefacto permaneció sobre las Islas por espacio de tres horas. Además, el piloto del vuelo 279 –y de esto no dice nada el MOA– recibió la orden de desviarse de su ruta para identificarlo. Posteriormente, un caza de la base aérea de Gando en Gran Canaria despegó con la misma misión. Pero según las autoridades militares, los informes secretos relativos a estos hechos… ¡se han perdido!

*Barbanza, La Coruña. 5 de diciembre de 1989

El informe desclasificado elaborado a propósito de este suceso incluye tan sólo un escrito de 32 líneas redactado por el oficial de guardia del radar EVA (Estación de Vigilancia Aérea) número 10, ubicado en la sierra de Barbanza (La Coruña). Oficialmente se reconoce que ese día varios objetos no identificados fueron detectados durante horas en el noroeste español.

Tal cosa –a mi entender suficientemente relevante– apenas merece un tratamiento que se resume en un folio. Sin embargo, los investigadores OVNI poseemos muchos más datos sobre este caso. Incluso poseemos los escritos oficiales que deberían formar parte del expediente desclasificado, pero que para las autoridades "no existen". No es así, evidentemente. Sencillamente, no se reconoce su existencia… porque su contenido es de suma gravedad.

Aquel día todo comenzó cuando varios agentes de la Guardia Civil de Sada y Castro, ambas localidades de la provincia de La Coruña, observaron en el cielo un misterioso objeto lenticular.

De inmediato, los agentes notificaron la presencia del "platillo volante" a la torre de control del aeropuerto santiagués de Lavacolla. Al frente del servicio se encontraba el controlador Eladio Tapia, que de inmediato percibió la presencia del objeto intruso sobre Galicia. Fue el comienzo de una larga e intensa noche…

Eladio Tapia, como mandan los cánones, puso en conocimiento de los militares la incidencia. Por línea interna se comunicó con los responsables del EVA 10, en donde, efectivamente, también registraron la presencia del No Identificado a unos 20 kilómetros de altura.

En el "parte" de radar desclasificado –de hecho, lo único desclasificado sobre este suceso– se señala que el objeto variaba de altura constantemente llegando a situarse a 25 kilómetros de altitud. Hacia las 21.40 horas, dos horas después del avistamiento de los agentes de la Guardia Civil, el objeto se dividió en tres.

Sobre lo ocurrido a posteriori, el informe oficial no dice absolutamente nada, señalando únicamente que uno de los objetos permaneció en el cielo hasta las 8.30 horas de la mañana siguiente.

Pero, ¿qué pasó durante todo ese tiempo?

Tal y como se esboza en el escrito de 32 líneas, en la torre de control de Santiago se dispararon las alarmas de radio en las frecuencias de emergencia, "registrándose embrollo e interferencias" en las comunicaciones entre Madrid, Santiago y los radares.

Existe un informe del Ministerio de Transporte, Turismo y Comunicaciones –tampoco reconocido por el MOA– en donde se va mucho más allá y se pone en evidencia el extraño comportamiento durante el suceso de los responsables del Mando Aéreo de Combate en Torrejón, el organismo en el que se reciben las señales de todos los radares españoles y desde donde, en última instancia, se dirigen las acciones relacionadas con la seguridad aérea.

La referida señal de emergencia también afectó a las comunicaciones entre el aeropuerto de Lavacolla y algunos vuelos internacionales que operaban en la zona de Galicia (un Britania 710 procedente de Korul y un Caledonia 457). Las comunicaciones se complicaron a causa de un fallo de origen desconocido en las frecuencias del sector noroeste. Justo 27 minutos después de que fuera detectado el SOS, se produjo el siguiente incidente que Eladio Tapia describe así en su informe:

"Solicito a Madrid que se transfiera la frecuencia a dicho vuelo para notificarle la posición del OVNI y para que inspeccionase visualmente, a requerimiento del radar militar de Barbanza. Madrid no parece cooperar omitiendo la transferencia".

Así pues, ¿dónde se encuentran el resto de informaciones que faltan en este informe?

La gravedad del episodio va más allá de la presencia de tres objetos de procedencia desconocida. Va más allá incluso del largo tiempo —más de 12 horas— durante el cual aquellos Ovnis sobrevolaron impunemente los cielos. Lo verdaderamente preocupante es que aquellos artefactos desconocidos provocaron un caos en los cielos gallegos como consecuencia de las inexplicables interferencias que parecían provocar.

Otra vez, nada de esto se reconoce.

El Ejército sigue investigando

La decisión en 1992 de desclasificar los informes sobre Ovnis no supuso el fin del secreto en España. De hecho, aquella decisión involucraba únicamente al Ejército del Aire. El resto de cuerpos y fuerzas de seguridad del Estado (léase Ejército de Tierra, Marina, Guardia Civil, Policía o el Centro Nacional de Inteligencia, el antiguo CESID, Centro Superior de Información para la Defensa) no se vieron obligados a dar a conocer los cientos —posiblemente miles— de documentos sobre Ovnis que custodiaban en sus archivos.

Además, desde 1992, las investigaciones secretas sobre Ovnis se rigen por una norma oficial, la Instrucción General 40/5.

Este documento explica cómo deben efectuarse las investigaciones sobre No Identificados que afecten a alguno de los cuerpos de la Defensa. Al igual que ocurría desde 1968, el primer paso consistía en nombrar un juez instructor, a ser posible un alto cargo militar, que se encargara de reunir toda la documentación posible sobre el incidente. La IG-40/5 contiene un extenso cuestionario que deben rellenar los testigos OVNI en caso de ser objeto de investigación oficial. El texto, además, explica a los militares cómo estudiar las huellas o los posibles restos físicos dejados por los No Identificados.

El informe oficial, una vez cumplimentado, debe ser enviado al MOA. Allí se examina y –de no contener datos que afecten a la seguridad nacional– se procede a su desclasificación.

Oficialmente, desde 1992 apenas se han efectuado una decena de investigaciones bajo los parámetros indicados por la IG-40/5.

Sabemos que han sido muchas más, pero… permanecen en secreto, como por ejemplo permanece en la reserva el informe que se efectuó del caso ocurrido el 28 de junio de 1996 en Zaragoza, suceso durante el cual, y como explicaba en un anterior capítulo, un OVNI tomó tierra en el interior de unas instalaciones militares.

Y es que España no está al margen de la campaña mundial de ocultación OVNI…

Veamos más ejemplos.

EL INFORME OVNI DEL PARLAMENTO EUROPEO

"El Parlamento Europeo podría crear un centro para investigar los Ovnis".

Con un titular tan sugerente –y esperanzador– decenas de rotativos españoles y europeos nos sorprendían el 15 de enero de 1994. Según aquellas informaciones, la Comisión de Energía, Investigación y Tecnología del Parlamento Europeo había aprobado una propuesta del eurodiputado italiano Eugenio Regge para crear un centro europeo oficial para investigar Ovnis.

El *lead* de aquella información dejaba bien sentada la orientación de la noticia: "El Parlamento Europeo quiere proponer la creación de un centro europeo para la observación de objetos volantes no identificados ante la duda de si estos fenómenos presuntamente extraterrestres tienen alguna base de realidad".

La ambigüedad de la información me hizo dudar. Por aquellas fechas, grupos de escépticos en materia OVNI estaban copando organismos oficiales en Europa, pero el hecho de que el fenómeno OVNI alcanzara un escenario tan respetable como el parlamento de Bruselas era más que significativo.

Así que no dudé un instante y solicité al Parlamento Europeo el texto de la propuesta. Muy pronto llegó a mi poder el informe de 12 folios presentado en la capital europea. Según mis informaciones, en la génesis de aquel informe había que apuntar al avistamiento del 5 de noviembre de 1990, cuando en toda Europa occidental se observó un objeto de procedencia desconocida. El suceso provocó que el eurodiputado belga Elio Di Rupo formulara una interpelación dudando de la versión oficial del caso, que asociaba el avistamiento a la reentrada de chatarra espacial. En efecto, ese día, cientos de miles de testigos pudieron observar enigmáticas luces en el cielo. Uno de los testimonios más espeluznantes fue el de un piloto de vuelo comercial que al aterrizar en Barcelona comentó que había tenido el OVNI muy cerca, describiéndolo como un triángulo de unos 4 kilómetros de tamaño.

Di Rupo ya se había interesado por el enigma a raíz de la oleada de observaciones OVNI que asoló Bélgica entre 1989 y 1990. Entonces participó directamente en la creación de redes de observación e investigación que colaboraron directamente con las instituciones militares y científicas. Su motivación era doble: por un lado, creía que los estudiosos del fenómeno necesitaban del respaldo oficial, y por otro, estaba convencido de que la población estaba mentalizada y "preocupada" por el asunto. Como consecuencia de su interés, el 21 de enero de 1991 se encarga a la Comisión antes citada la elaboración del informe, que recayó sobre el eurodiputado italiano Tulio Regge, un conocido físico y divulgador italiano que en aquéllas se había aventurado en la farándula política. Pero sobre Regge recaía –y todavía recae– una sospecha: había mostrado años atrás su simpatía por los movimientos negativistas y escépticos transalpinos. Por tanto, su elección como autor del informe resultaba tendenciosa.

El "Informe Regge"

Por su extensión, y obviedad en algunas ocasiones, he decidido no reproducir el informe completo, pero sí aquellos puntos y párrafos que considero importantes y elementales:

"La observación de Ovnis no es cosa reciente y tiene muchos antecedentes históricos… El fenómeno social que ha inducido a solicitar una opinión comenzó hace casi medio siglo en los EE.UU. con las primeras observaciones de Ovnis por parte del piloto privado Kenneth Arnold… Estas observaciones se atribuyen en general a la presencia de extraterrestres o de visitantes de otros planetas y sólo en segundo lugar al desarrollo de nuevas tecnologías por parte de las grandes potencias.

1–. Secretos militares

Esta tesis es difícilmente sostenible, salvo en rarísimos casos... No existen secretos militares que sigan siendo tales por tiempo indefinido... De cualquier manera la propia aviación belga excluye que el Stealth (avión en parte secreto) tenga que ver con la reciente oleada de observaciones en Bélgica".

[...]

4–. La función de los medios de comunicación

Se publican continuamente libros... Un porcentaje importante de la población cree en la hipótesis extraterrestre. Sus partidarios se distribuyen en un amplio abanico, desde contactistas... hasta ufólogos serios que se interesan por el problema sin ideas preconcebidas.

...Un porcentaje de informaciones resulta fruto de fraude o parte de la imaginación de periodistas fantasiosos".

A continuación Regge explica algunos casos como el famoso incidente de Voronezh en Rusia en 1989 o el de UMMO en España, calificando ambos como fraudes. Insiste, además, en que esta materia deriva en doctrinas paracientíficas que –por contra– admite como válidas la población culta europea. Prosigamos con el documento:

"...No es tarea del Parlamento pronunciarse sobre los Ovnis, pero en cambio debería intervenir con urgencia para garantizar la veracidad de las informaciones al público... Cabe sospechar (sic) que, detrás de las oleadas persistentes de observaciones, entre ellas el asunto Ummo y los sucesos belgas, existan organizaciones decididas a manipular la credulidad de las masas con fines políticos".

5–. Explicaciones varias

El SEPRA (Servicio de Expertos de Fenómenos de Reentradas Atmosféricas) es una sección del CNES (Centro Nacional de Estudios Espaciales), con sede en Toulouse, Francia.

Está financiado por el Estado francés… Investiga con fines científicos los Ovnis. Alrededor del 1% de los casos son fruto de burlas. En el 20% de los casos se llega rápidamente a una conclusión racional, y en el 40% de ellos los datos son incompletos.

[…]

Finalmente, Tulio Regge asegura que un 4% de los casos no tienen explicación.

Y más adelante, entra a valorar algunos episodios concretos.

[…]

8–. La reciente oleada de observaciones en Bélgica

Una reciente publicación de la SOBEPS, cuyos socios se dedican al estudio de los Ovnis, registra testimonios varios sobre la aparición de objetos de forma triangular especialmente en la región de Lieja, Eupean y Verviers, así como contactos de radar de las fuerzas aéreas belgas con objetos que se movían a gran velocidad y con aceleraciones de 40 g.

La contribución del general De Brouwer al libro de la SOBEPS contiene elogios por la actuación de los socios de la sociedad, pero también explica esencialmente por qué los radares y los aviones de reconocimiento no interceptaron ningún OVNI. En definitiva, las luces emitidas por los Ovnis no se pueden distinguir desde lo alto, dado el altísimo nivel de contaminación luminosa que se produce en Bélgica… Puesto que la mayoría de los Ovnis belgas parecen moverse a muy baja altitud y a escasa velocidad, no ha sido posible conseguir observaciones sobre las que basar un debate serio ni vincular las observaciones de testigos desde tierra con los contactos de radar a gran velocidad.

[…]

… Cabe señalar que todas las observaciones ocurrieron en territorio belga, ya que sólo una (5 de septiembre de 1991) se produjo en Francia, pero a muy poca distancia de la frontera

con Bélgica. Ninguna observación se ha registrado tras el fin de la Guerra del Golfo. No me convencen demasiado los extraterrestres que se preocupan tanto de las fronteras políticas.

Detengamos aquí la reproducción del informe de Regge, que si bien hasta este punto expuesto circula por una senda correcta (excepción hecha de la soberana estupidez que dice sobre el caso de Voronezh), dentro del sano escepticismo, a partir de aquí comienza a "patinar". Y es que respecto a la oleada de avistamientos de Ovnis triangulares en Bélgica, Regge falta a la verdad, desconozco si de forma intencionada o si por el contrario lo hace por falta de información.

Veamos los errores de Regge en relación a los Ovnis de Bélgica:

*La explicación que ofrece para la oleada belga demuestra un profundo desconocimiento de los hechos. Los investigadores rechazaron todas las hipótesis que surgieron. Los Ovnis belgas fueron vistos –hasta en 3.000 ocasiones en pocos meses–, fotografiados, filmados, detectados en radar… Indudablemente, se trataba de naves que existían en realidad, y cuya tecnología escapa a las características de la que disponen aviones, como por ejemplo el F–117.

*Es falsa la información de que sólo un caso ocurrió fuera de las fronteras belgas. Son muchos más. Francia, Suiza, España o Alemania fueron escenario de sucesos similares en aquellas mismas fechas.

*Regge trata de asociar los Ovnis belgas con aviones rumbo a la Guerra del Golfo. Recapitulemos: Irak invade Kuwait el 2 de agosto de 1990. Ahí empieza la crisis y el subsiguiente cerco de Estados Unidos a las tropas de Saddam Hussein. A mediados de enero de 1991 comienza la "Guerra del Golfo", que finaliza antes de tres meses después. Pues bien, la oleada belga se inició en noviembre de 1989, nueve meses antes de la invasión de Kuwait. Además, la mayor parte de los avistamientos suceden antes de junio de 1990. De todos modos, los ecos de la oleada siguieron escuchándose una vez que la crisis se apagó.

Con perdón, pero Regge patinó, resbaló y tropezó.

Y, más adelante, dice:

[…]

10–. *Entrevistas con testigos*

Sin pretender sustituir al SEPRA, el ponente entrevistó a cuantos pilotos de aviación civil pudo preguntándoles si en alguna ocasión habían visto un OVNI… La leyenda de que los pilotos observan Ovnis carece absolutamente de fundamento.

De los cientos de entrevistados, sólo un sobrecargo de Alitalia describió un encuentro con un OVNI…

¿Cabe dudar de la buena fe de Tulio Regge? Su estadística contradice, a niveles astronómicos, otras efectuadas con anterioridad. Por ejemplo, la revista *Año cero*, en su número 1, de julio de 1990, publicó los datos de una encuesta efectuada entre 120 pilotos comerciales españoles, de los cuales el 29% aseguraron haber visto Ovnis en alguna ocasión. Más del 96% de estos pilotos acumulaban más de 10.000 horas de vuelo, lo que nos da una idea de su fiabilidad y solvencia.

Los últimos puntos de la propuesta de Regge se encaminan a convencer al Parlamento de la necesidad de investigar seriamente el enigma.

Veamos:

11–. *Fuerzas aéreas de la CE*

El ponente se dirigió por escrito a todas las fuerzas aéreas de los estados miembros de la CE y recibió respuesta satisfactoria solamente de Italia, que envió un compendio de las observaciones registradas en los últimos 10 años. El máximo se alcanzó en 1982 con

32 apariciones... Las demás fuerzas, o no han contestado o bien lo han hecho negativamente, aduciendo que los datos están cubiertos por el secreto militar (España) o que no tienen importancia.

12. Conclusiones

En cuanto a la oportunidad de crear un centro para coordinar la observación de Ovnis, vale la pena señalar una vez más que el SEPRA desarrolla esta actividad desde hace años. La SOBEPS es un organismo privado que ha estipulado acuerdos especiales con la aviación belga.

No obstante, podría resultar útil crear una oficina central que recoja y coordine la información relativa a los Ovnis en toda la CE. En primer lugar, podría poner fin al flujo de leyendas incontroladas que desorientan a la opinión pública y convertirse en un punto de referencia en el caso, muy frecuente, de que lleguen señalizaciones al respecto... Visto que el SEPRA ha acumulado una notable experiencia en este ámbito, la solución más fácil y barata sería dotarlo de una función y un estatuto comunitario que le permita realizar investigaciones y acciones de información en toda la CE.

Propuesta de resolución

—Vista la resolución presentada por el Sr. Di Rupo sobre la creación de un Centro Europeo de Observación de los Ovnis,

—Visto el artículo 45 del Reglamento,

—Visto el informe de la Comisión de Energía, Investigación y Tecnología,

A. Considerando que desde hace más de medio siglo la opinión pública se ve alterada por continuas observaciones de objetos volantes no identificados,

B. Considerando que la mayoría de estas observaciones tienen una explicación racional que raramente se lleva a conocimiento público y considerando la necesidad de contar con informaciones más fiables y verdaderas,

C. Considerando la amplia y creciente difusión de creencias paracientíficas incontroladas en amplios sectores de la opinión pública y, en particular, en las personas cultas,

D. Considerando que en Francia existe desde hace más de 10 años el SEPRA, forma parte del CNES y que realiza investigación sistemática sobre las observaciones de Ovnis, en colaboración con la Gendarmería y la Aviación francesa,

1. Propone que se considere al SEPRA como un interlocutor válido en materia de Ovnis dentro de la CE y que se le conceda un estatuto que le permita realizar investigaciones en todo el territorio comunitario. Los posibles costes producidos por esta nueva función podrían obtenerse mediante acuerdos entre el Gobierno francés y los otros estados miembros de la CE o entre el SEPRA u otros institutos u organismos de investigación en la CE si surgiera la necesidad y se contara con el beneplácito de los gobiernos interesados;

2. Encarga a su Presidente que transmita la presente resolución a la Comisión, al Consejo así como a la Representación de Francia ante las Comunidades Europeas y al Centro Nacional de Estudios Espaciales en Toulouse (Francia).

El informe de Tulio Regge –a mi entender– dinamitó la propuesta inicial del diputado belga Elio di Rupo. Este, a raíz de la renovada actividad OVNI que se registró desde finales de los ochenta, tuvo la osadía de introducir el enigma OVNI en la sede principal de la política europea. Su propuesta, elaborada antes del informe de Regge, fue exactamente la siguiente:

A. Considerando que desde hace numerosos años hay ciudadanos que afirman haber observado fenómenos inexplicados en el cielo de varios países europeos,

B. Considerando que, en los últimos meses, personas dignas de crédito, científicos y militares han sido igualmente testigos de manifestaciones no explicadas relacionadas con Ovnis,

C. Considerando el gran número de testimonios de varios países de la Comunidad Europea durante la noche del 5 al 6 de noviembre de 1990,

D. Considerando que parte de la población se preocupa por la frecuencia de los dichos fenómenos.

1. Pide a la Comisión la creación de un "Centro Europeo de Observación de los Ovnis" cuanto antes;

2. Propone que dicho Centro Europeo de Observación de los Ovnis recoja todas las observaciones dispersas señaladas por los ciudadanos europeos y por las instituciones (militares y científicas), y que organice campañas científicas de observación;

3. Sugiere que dicho centro sea gestionado por la Comisión de Comunidades Europeas y por un comité permanente que reúna a expertos de los Doce Estados miembros.

La iniciativa de Di Rupo resultaba ilusionante, pero Regge la tiró por la borda, porque el científico italiano se saltó la propuesta inicial –crear un organismo específico– y pretendió convertir al SEPRA en ese colectivo, cuando el citado organismo francés estaba y está gobernado por una política negativista hacia el enigma de los Ovnis. Como más adelante veremos, el SEPRA no parecía una institución imparcial.

Y aunque fue suavizando con el tiempo su opinión, Regge tampoco parecía imparcial, porque meses antes de redactar el informe que he expuesto, ya había manifestado cuál era su opinión sobre los No Identificados: "Las historias acerca de discos volantes me irritan tanto por su banalidad como por su falta de fantasía. Casi todos los astrónomos son favorables, con cierta cautela, a la existencia de vida extraterrestre, pero tratar de imaginar a ésta como modelos de determinadas películas es una verdadera locura".

Sin embargo, y pese a las dudas expuestas, lamentablemente la propuesta fracasó. A un año de las elecciones europeas, algunos diputados creían que una comisión de ese estilo podría dañar seriamente la imagen de la eurocámara. Especialmente críticos fueron los laboristas ingleses, a los que Regge no dudó en atacar: "Fui acusado de estar pidiendo dinero para mis asuntos, y otras cosas por el estilo. Creo que se trata de un ataque con motivaciones políticas y que los diputados no llegaron ni siquiera a leer mi informe".

El Parlamento Europeo acabó por olvidar la tentativa. El mismo Regge apenas ha querido volver a hablar sobre el asunto. Y dice que no lo hará hasta que el debate resucite, algo que hoy por hoy se antoja complicado. Pero, por supuesto, aguardaremos expectantes.

LAS INVESTIGACIONES DEL GOBIERNO FRANCÉS

El 21 de febrero de 1974, el ministro de Defensa de Francia, Robert Galley, asombró a medio mundo con unas explosivas declaraciones efectuadas al periodista galo Jean-Claude Bourret.

En ellas manifestaba abiertamente su creencia e interés por el fenómeno OVNI, considerando que debería promoverse su investigación, ya que parte de los sucesos reportados por los investigadores carecían de explicación científica. Aquellas afirmaciones dieron la vuelta al mundo, pero 17 años después, en unas declaraciones a la revista francesa *OVNI presence*, Galley afirmaba: "Mis declaraciones fueron deformadas y se malinterpretaron mis ideas".

Como tantos otros políticos de talla mundial que se manifestaron abiertamente sobre los Ovnis, el ex ministro se retractó. Sobran ejemplos en este sentido. Ahí está el caso de Jimmy Carter, quien en su condición de testigo OVNI y candidato a inquilino de la Casa Blanca, aseguró que si llegaba a ser presidente, ofrecería al público toda la información oficial que sobre el fenómeno existiera. Sin embargo, Carter ganó las elecciones y su promesa... en promesa quedó.

Volviendo con el caso del Gobierno francés, cabe señalar que es uno de los que más interés ha mostrado hacia el fenómeno a lo largo de los años, pese a que las tendencias ocultistas siempre ganaran la batalla. En 1965, George Langelaan, ex miembro del SDECE (Servicio de Documentación Exterior y de Contraespionaje), declaró que los servicios secretos de la Unión Soviética y de Estados Unidos habían colaborado en la investigación del fenómeno OVNI. Fruto de este trabajo, aseguró este ex agente, se llegó a la conclusión de que "los platillos volantes existen y su procedencia es extraterrestre; además, pronto se tendrá confirmación de todo lo que existe detrás de este fenómeno".

Aunque nunca se pudo demostrar la veracidad de tales afirmaciones, lo cierto es que los servicios secretos galos han seguido muy de cerca el fenómeno OVNI, aunque también se sospecha que fueron auténticos maestros en el arte de mantener a la población alejada de la auténtica realidad a propósito de los No Identificados.

De todos modos, una de las instituciones oficiales más serias que hayan existido en el estudio del misterio que nos ocupa fue francesa. Hablo del GEPAN (Grupo de Estudios de Fenómenos Aeroespaciales), organización creada en 1977 y dependiente del CNES (Centro Nacional de Estudios Espaciales). El grupo, en su primera etapa, estuvo dirigido por el científico Claude Poher, que contó con la colaboración del mismo presidente de la república, Giscard d'Estaing.

A partir de entonces se articularon los mecanismos pertinentes para instar a los ciudadanos que vivieran una experiencia de este tipo a denunciar los hechos a las comisarías de la Gendarmería, en donde había agentes "adiestrados" en la elaboración de informes técnicos que deberían ir a parar a las dependencias del GEPAN.

Tras los primeros meses de investigaciones, el comité presentó un informe basado en el análisis de 11 avistamientos OVNI. En nueve de ellos los científicos no hallaron explicación, asegurando que tras aquellos objetos se escondía una tecnología infinitamente más desarrollada que la terrestre.

Pero muy pronto surgieron todo tipo de dudas y la labor del GEPAN fue puesta en entredicho. El Dr. Gille, del Centro Nacional de Investigaciones Científicas (CNRS), aseguró que el comité era "una agencia de relaciones públicas monitorizada por el Gobierno, y que las verdaderas y fundamentales investigaciones sobre Ovnis se realizaban en otros organismos".

A fin de cuentas, se acusaba al grupo de Poher de no ser más que una tapadera de las verdaderas investigaciones oficiales. Y cierto es que todos los casos investigados por el GEPAN tenían a civiles como protagonistas, mientras que los casos protagonizados por pilotos y militares pasaban a engrosar otros archivos secretos de los que nunca se supo.

Claude Poher, desilusionado y sintiéndose estafado, acabó abandonando el proyecto. Creía estar a punto de dar con respuestas al enigma, pero sentía que –desde las altas esferas– le estaban parando los pies.

Sin embargo, la vinculación del CNES con los Ovnis no se rompería.

Así, el 12 de junio de 1984 y ante 55 periodistas, el Dr. Metzel, encargado de relaciones públicas del CNES, admitió lo siguiente: "En 1977 era necesario tranquilizar a la opinión pública en lo concerniente al fenómeno OVNI y con ese espíritu fue creado el GEPAN".

De este modo, Metzlel daba la razón a los críticos con el proyecto que, a pesar de todo, siguió adelante con una nueva denominación desde 1988: Servicio para la Evaluación de Fenómenos de Reentradas Atomosféricas (SEPRA).

A su frente se situó al ingeniero Jean-Jacques Velasco, cuya labor, explicando –¿racionalmente?– cada caso OVNI que cae en sus manos, ha sido durísimamente criticada en todo el mundo. La condena es unánime entre los investigadores más imparciales, quienes acusan a Jean-Jaques Velasco de contribuir a la campaña internacional de negación, distorsión y banalización del fenómeno OVNI.

No olvidemos que Tulio Regge, cuando presentó su propuesta en el Parlamento Europeo, propuso que fuera el SEPRA el organismo encargado de las investigaciones oficiales. Para dudar...

El secreto ovni en Italia

En marzo de 1978, el Ministerio de Defensa italiano decidió desclasificar los informes relativos a seis incidentes OVNI protagonizados por personal militar durante el año 1977. Desde entonces, se informa anualmente del número de expedientes analizados por las autoridades (casos que fundamentalmente son recogidos por las comisarías de los *carabinieri* y que pasan por diferentes estamentos hasta llegar al Estado Mayor de la Fuerza Aérea).

Entre 1979 y 1990 se reconoció la existencia de 111 informes oficiales. Los listados anuales de casos son cedidos al Centro Italiano de Investigaciones Ufológicas (CISU), en donde se asegura que "las estadísticas oficiales suministradas deben ser aceptadas como tales: un sumario de información sin la pretensión alguna de análisis o evaluación".

Los investigadores italianos han mostrado en más de una ocasión su disconformidad por lo que ellos consideran una actitud secretista por parte de las autoridades. Consideran que está bien que se liberen los listados, pero ¿dónde está el grueso de la información? Investigadores como Mario Zingonali piensan así: "Los servicios del Ministerio de Defensa investigan de manera indirecta, casual, discontinua y rodeada de un secretismo a menudo fuera de lugar, característico de los ambientes ministeriales".

Uno de los investigadores transalpinos más internacionales es Roberto Pinotti. Este estudioso ha mostrado en alguna ocasión su sospecha a propósito de cómo los servicios secretos de su país podrían estar manipulando la información que dan a conocer sabe Dios con qué intereses. Acaso –ha llegado a intuir Pinotti– estudiando cómo los investigadores OVNI reaccionan ante la "liberación" de documentos por parte del Ministerio de Defensa.

A comienzos del año 2000, este investigador recibió una serie de documentos que han acabado por capitalizar la polémica OVNI en Italia en los últimos tiempos. En ellos se implica al dictador Mussolini en la recuperación de un "aeromóvil no convencional" en 1933. Los peritajes encargados por Pinotti concluyen que dichos escritos podrían ser auténticos. En ellos se explica que el dictador creó un comité secreto denominado RS/33 formado por un grupo de expertos que investigaría aquellos artefactos. De las conclusiones obtenidas por el colectivo RS/33 sólo Mussolini podría ser informado.

REINO UNIDO: POR ENCIMA DEL TOP SECRET

El interés oficial por los Ovnis en Inglaterra data de la época de Winston Churchill, lo cual no es de extrañar, ya que durante su mandato se produjeron las primeras grandes noticias sobre Ovnis en Estados Unidos, y las relaciones entre ambos países eran del todo cordiales. Y ya desde entonces, los servicios de inteligencia ingleses reunieron cuanta documentación pudieron. Ese interés se debía, entre otras cosas, a que durante los primeros años de la década de los cincuenta, militares y aviadores fueron testigos de la presencia de Ovnis, y se elaboraron los consiguientes informes secretos.

En 1954, Earl Alexander, ministro de Defensa, decía lo siguiente: "En el mundo hay muchos fenómenos que no pueden ser explicados, aunque a la ortodoxia científica le cueste aceptar que hay algo nuevo o viejo que no puede comprender de acuerdo a las leyes naturales conocidas". Pero un año después aseguró que las investigaciones oficiales realizadas por las Fuerzas Aéreas no serían dadas a conocer a la opinión pública por motivos de seguridad.

El 22 de mayo de 1955 una de las más prestigiosas periodistas americanas destacadas en Londres, Dorothy Kilgallen, informaba de que fuentes oficiales inglesas habían comunicado que las investigaciones oficiales sobre "platillos volantes" determinaron que el origen de los mismos era extraterrestre. En su noticia se informaba también de la existencia de un "platillo volante" estrellado en poder de las autoridades inglesas, aunque aquella segunda parte de la información acabó siendo destapada como fraudulenta...

Se ha sabido que la habitación 801 del Hotel Metropole de Londres era el auténtico fortín del secreto en donde científicos y militares se reunían en sigilo para analizar cientos de avistamientos OVNI. Tiempo antes, un primo de Winston Churchill llamado Desmond Leslie había escrito en colaboración con George Adanski un libro exponiendo los contactos con extraterrestres que este último aseguraba tener. Hay quien cree, no sin falta de razón, que la proliferación de personajes similares a Adanski durante aquellos años se debió a una astuta campaña de los servicios de inteligencia para ridiculizar públicamente el fenómeno OVNI.

En todo caso, han aparecido en los últimos años documentos en los cuales se puede intuir cómo se generó el secreto OVNI en el Reino Unido. El hecho es que en julio de 1952 se produjeron en Estados Unidos varios incidentes que tuvieron repercusión mundial. En uno de ellos, varios Ovnis llegaron a sobrevolar la Casa Blanca, como explicaba en el primer capítulo y volveré a narrar en el siguiente.

"¿Qué es toda esa cantidad de cosas sobre platillos volantes? ¿Qué puede significar? ¿Cuál es la verdad?". A Winston Churchill no le iba eso de preguntar con medias tintas. Él lo hacía así. Y así lo dejó escrito tras aquellos sucesos en un documento que tras medio siglo condenado al secreto vio la luz en el año 2001. Le pedía explicaciones de este modo a su ministro de Defensa, Lord Cherwell.

El titular de la cartera de Defensa, en cuestión de pocos días, respondió al mítico estadista remitiéndole un documento secreto que confirmaba la existencia de un "grupo de trabajo" formado por altos mandos británicos. El texto explicaba que durante largas jornadas los miembros del comité habían discutido sobre el incipiente enigma de los No Identificados. Y que a tal fin habían mantenido conversaciones con sus colegas norteamericanos, embarcados en la misma aventura: "Ellos han llegado a la misma conclusión. Los Ovnis pueden deberse a varias causas: errores astronómicos, fallos de percepción, ilusiones ópticas o, simplemente, fraudes". Sin embargo, el mismo documento explica que hay un porcentaje de casos que, por más que se intente, no se ajustan a una explicación racional.

La aparición del documento en cuestión poseía un significado especial. Confirmaba las afirmaciones de muchos estudiosos que aseguraban que en tiempos de Churchill existió un comité y que el mandatario había sido informado del asunto. Oficialmente, siempre se negó. Ahora, tras la aparición del escrito, las autoridades que lo habían hecho quedan en evidencia.

En las mismas oficinas del Archivo de Registro Oficial de Kew en Londres existen nada menos que 452 informes de avistamientos OVNI desclasificados a lo largo de las últimas décadas.

Gracias a todas estas informaciones oficiales sabemos que a comienzos de los años cincuenta altos mandos militares de Estados Unidos y del Reino Unido mantuvieron diversas reuniones en las que abordaron el enigma de los entonces aún llamados "platillos volantes". Oficiales ingleses viajaron a Estados Unidos para reunirse con los miembros del llamado Proyecto Grudge, una iniciativa oficial que había sustituido al Proyecto Signo, a la sazón el primer intento en la historia por desentrañar la verdad de los No Identificados.

Signo concluyó que los Ovnis eran naves procedentes de otros mundos. Sin embargo, Grudge —que no deja de ser casualidad que en español signifique "tirria"— se caracterizó por marcar el inicio de una nueva etapa en el binomio Ovnis–militares en Estados Unidos. Convinieron sus miembros que al público no se le debía contar toda la verdad. Así queda demostrado en los informes oficiales que han sido liberados desde los años setenta en Estados Unidos gracias a la Ley de Libertad de Información. Y, por lo visto, no sólo actuaron así de cara a la sociedad, sino también frente a los estudiosos ingleses.

Otro documento desclasificado está firmado por Marshall Chadwell, director en los años cincuenta de la Inteligencia Científica de Gobierno británico. Este escrito no es sino una reflexión sobre otro que los norteamericanos habían enviado a los británicos aquel año de 1952. El documento estadounidense está firmando por el director de la CIA, y en él se explica que las informaciones sobre "platillos volantes" podrían tener muchas aplicaciones de cara a la "guerra psicológica". Chadwell muestra, además, su preocupación porque este tipo de informes –descartada la probabilidad de que los Ovnis pudieran resultar hostiles– pudieran llegar a colapsar los canales de comunicación militar y de inteligencia que en aquellos años que siguieron a la Segunda Guerra Mundial funcionaban a pleno rendimiento.

Recientemente, el investigador Nick Redfern localizaba otros informes desclasificados, fechados en 1965, en donde se demostraba el interés de la Royal Air Force por los Ovnis de planta triangular, que nada menos que treinta años después protagonizarían una espectacular oleada OVNI en todo el Reino Unido. Oleada que, dicho sea de paso, fue estudiada por las autoridades a través de la llamada "oficina OVNI", que no es sino el *Air-Staff 2-a* del Ministerio de Defensa, un organismo que desde hace dos décadas investiga de forma oficial el enigma OVNI dando a conocer al público parte de los estudios efectuados.

El "incidente de Rendlesham"

"Tras años de encubrimiento y evasión tanto por parte del Gobierno norteamericano como del inglés, podemos hacernos una idea bastante razonable de lo ocurrido el 25 de diciembre de 1980 en la base conjunta inglesa-americana de Bentwaters. Es un caso que pudo haber sacudido a la OTAN. Incluso pudo haber alterado el equilibrio de fuerzas entre el Reino Unido y los Estados Unidos".

La dura afirmación que precede pertenece a la investigadora inglesa Jenny Randles, que investigó los misteriosos sucesos acaecidos en aquella base militar durante la Navidad de 1980, que constituyen el episodio británico de Ovnis con implicación militar más importante que existe.

La noche de Navidad de 1980, unos misteriosos artefactos volantes cruzaron el cielo de varios países de Europa occidental. Se sabe que muchas de las observaciones son atribuibles a la reentrada en la atmósfera de una de las fases de un cohete soviético. Dicha reentrada se produjo sobre las 21.00 horas (hora de Greenwich), pero algunos testigos aseguraron que casi a las tres de la madrugada del 26 de diciembre seguían viéndose extrañas luces sobre Inglaterra. Muchos de los testimonios procedían del sureste del país, y más concretamente de la zona del bosque de Rendelham, en donde se encontraban dos bases británicas alquiladas a Estados Unidos.

A esa hora, en las pantallas del radar de Watton se había detectado un OVNI cruzando la costa hacia el sur, cuya señal se perdió justo sobre la zona de la base de Bentwaters, en cuyas cercanías vive Gordon Levett, que vio sobre la zona un objeto en forma de "seta" que, indiscutiblemente, poco tenía que ver con la reentrada de chatarra espacial.

Precisamente fueron los radaristas de Watton los que recibieron una furibunda visita de oficiales norteamericanos solicitando copia de las cintas de radar, ya que –aseguraban dichos militares– el objeto había sido observado por altos mandos en la citada base de Bentwaters y en la de Woodbridge, a tan sólo tres kilómetros. Al filtrarse la información, el Ministerio de Defensa negó los hechos.

Poco a poco la sospecha de que algo realmente inquietante había ocurrido trascendió, y en 1981 la investigadora anteriormente citada, Jenny Randles, en colaboración con Brenda Butler y Dot Street, inició una labor de búsqueda que acabaría destapando uno de los sucesos OVNI más inquietantes de cuantos se conocen en la historia:

"Tras dos años de pesquisas en los bares y tiendas de los pueblos que rodean al pinar, averiguamos que mucha gente había visto algo desacostumbrado. Conversamos con granjeros que aseguraron que su ganado se había trastornado por unas grandes luces, hallaron vendedores que circulaban por el bosque y vieron algo en el cielo: un electricista llamó a la base para reparar lo que creía era una avería en las luces de la pista de aterrizaje, y un guarda forestal que se había encontrado con daños increíbles en los enormes pinos. Había un enorme agujero en medio de ellos, como de un objeto que hubiera caído del cielo. Informó de ello a sus jefes. A la mañana siguiente toda la zona fue arrasada y los árboles talados y quemados por orden de la jefatura superior de la Comisión Forestal".

En abril de 1983, el Ministerio de Defensa británico, en una sorprendente decisión, confirmó que efectivamente personal militar cualificado había presenciado aquel día fenómenos aéreos anómalos. Al mismo tiempo, el Ministerio de Defensa de EE.UU. también comunicó algo parecido al

Reconstrucción del caso de Rendlesham

investigador Barry Greenwood, de la organización Ciudadanos Contra el Secreto OVNI (CAUS). Según esas primeras versiones oficiales, una nave pequeña se hallaba muy cerca de los árboles, y logró escapar a cualquier identificación.

Gracias al CAUS se desclasificó un informe oficial sobre los hechos elaborado el 13 de enero de 1981 por Charles Halt, comandante de la base. En el escrito se hace referencia a varios sucesos. Tras el primero de ellos —explica Halt— se hallaron tres huellas en el bosque, donde se registró un exceso de radiación. Cuando un equipo de la USAF investigaba los restos, sus miembros sufrieron un nuevo encuentro OVNI.

Pero, ¿acaso decía este informe toda la verdad? Hay suficientes elementos de juicio para pensar que no. Se sospecha que el contacto entre militares y "extraterrestres" fue mucho más cercano de lo que parece. Hubo oficiales que sufrieron la pérdida en su memoria de parte de la observación, y que bajo hipnosis relataron un encuentro con humanoides. De nada de esto se ha informado oficialmente...

Randles sufrió severas amenazas mientras investigaba. Le decían que dejara de estudiar el caso, y que si no lo hacía, debería atenerse a las consecuencias...

Sabemos que durante los primeros años de la década de los ochenta trató de silenciarse lo ocurrido. Pero cuando comenzaron a filtrarse las noticias, el Ministerio de Defensa –y anteriormente otros organismos– confirmó los hechos, aunque restándoles importancia. Al parecer, las autoridades pensaron que contando sólo el 50% de lo que había ocurrido (por supuesto diciendo que ésa era toda la verdad) lograrían defenestrar el resto de la historia a la condición de "mito". Sin embargo, cada día son más las pistas que apuntan a que, efectivamente, en la citada base se produjo un auténtico contacto.

NICK POPE, EL UFÓLOGO DEL GOBIERNO

El 1991 se inició una era de apertura en el Ministerio de Defensa que coincidió con la llegada de Nick Pope a la oficina OVNI de la 2ª sección del Estado del Aire del Ministerio de Defensa británico, la Oficina OVNI del Gobierno británico.

Nick Pope, joven y con iniciativa, ocupó el cargo en julio de 1991, advirtiendo que era un profundo escéptico sobre la existencia de los Ovnis. Pero su mente abierta le llevó a investigar a conciencia cada caso, hablando con los testigos y buscando una explicación a cada suceso, y si no la encontraba –lo que en muchos casos ocurría–, admitía su ignorancia. Hasta que fue relegado de su cargo en 1994, Pope colaboró estrechamente con los ufólogos ingleses, en especial con John Spencer y Timothy Good. Sin embargo, su entusiasmo pareció disgustar a las autoridades. Aun con todo, tras estudiar oficialmente un buen puñado de casos, Pope llegó a admitir lo siguiente: "He pasado del escepticismo inicial a admitir que detrás del fenómeno OVNI se esconde una tecnología mucho más desarrollada que la nuestra".

31 DE MARZO DE 1993: HISTORIA DE UN ENGAÑO

La madrugada del 30 al 31 de marzo de 1993, desde España, Francia, Inglaterra, Irlanda o Gales, cientos –quizá miles– de testigos describieron la observación de dos esferas de luz surcando el cielo. La mayor parte de los testimonios databan de las 00.10 horas Greenwich, que equivalen a las 2.10 horas en España. Toda la prensa europea informó durante varios días sobre el asunto, convirtiéndose este episodio en otro de los significativos macroavistamientos de los que ya he hablado anteriormente y que son una de las señas de identidad de la actualidad ufológica mundial.

El caso acabó por convertirse en una verdadera demostración de la oscura labor del SEPRA, en colaboración con el MOA (Mando Operativo Aéreo) español y otros organismos internacionales. En definitiva: un buen ejemplo de ocultación OVNI que puede servir para hacernos una idea de lo que habría ocurrido de haber prosperado la propuesta del eurodiputado Tullio Regge y el citado organismo francés se hubiera convertido en ese grupo oficial de investigación,

Nick Pope,
ufólogo del gobierno
británico durante
los años
noventa.

"control" (con todo lo que el término implica) y "difusión" del fenómeno OVNI en Europa.

El 30 de abril de 1993, el Mando Operativo Aéreo (MOA) desclasificó un suceso que jamás fue clasificado como secreto. En el expediente desclasificado, de tres folios, los militares españoles no informan, y se limitan a certificar la observación de extrañas luces. Pero... "No se observan suficientes elementos de extrañeza en la observación como para realizar una investigación detallada".

Cabe preguntarse por qué el MOA incluyó este expediente entre los desclasificados, cuando el proceso se limitaba a la liberación de las investigaciones oficiales. En este caso, no hubo tal investigación... Sin embargo, el macroavistamiento en cuestión ocurrió mientras mayor repercusión pública estaba teniendo el proceso. Entonces, la polémica estaba muy, muy viva, tanto respecto al suceso del 31 de marzo como a propósito de los expedientes españoles y sus discutidas explicaciones.

Lo que consiguió el MOA al desclasificar información sobre este suceso no fue sino posicionarse en la polémica, dejando claro –por si había alguna duda– que las autoridades españolas estaban por la labor de dinamitar de cara al público el fenómeno OVNI.

Y en esta ocasión, el discutido MOA lo hizo de la mano del no menos polémico SEPRA, ya que en el informe oficial se añade un documento elaborado por el organismo francés en donde se afirma que las observaciones de objetos luminosos aquella noche correspondieron a la reentrada en la atmósfera de la segunda etapa del cohete *Ciclón*, que había puesto en órbita el satélite *Cosmos 2238*. Según informaba en su comunicado el SEPRA, el *Cosmos* había sido lanzado a las 14 horas (horario de España y Francia), y tras dar varias vueltas al planeta en su elevación, la segunda etapa de su cohete propulsor penetró en la atmósfera hacia las 2.12 horas en Europa occidental. Para justificar dicha información, el SEPRA se amparaba en supuestas informaciones procedentes del NORAD (Mando Aéreo de la Defensa de Norteamérica) y del USSPACECOM.

Cuando el MOA dio a conocer su informe oficial, algunos investigadores ya habían reunido testimonios de personas que aseguraban haber observado los fenómenos antes y después de los horarios señalados por los franceses, y que por tanto habían visto algo diferente a la reentrada del satélite ruso. Además, mucho de ellos describían artefactos voladores que nada tenían que ver con chatarra espacial.

Curiosamente, el MOA nunca recibió el informe desclasificado procedente directamente del SEPRA. El escrito de Jean-Jaques Velasco fue enviado, tras su confección el 6 de abril, al investigador Vicente-Juan Ballester Olmos, del Centro de Estudios Interplanetarios y de la Fundación Anomalía. Este investigador remitió vía fax el escrito al Mando Operativo Aéreo, que no dudó en darlo a conocer inmediatamente.

Sospechando que la relación entre el Ejército del Aire y Ballester Olmos iba mucho más allá de una colaboración desinteresada, el ufólogo y periodista Vicente Moros escribió el 14 de junio al coronel jefe de la sección de inteligencia del MOA, Antonio Delgado Moreno, enviándole toda la información que había obtenido sobre el suceso y que ponía en entredicho que todos los avistamientos fueran motivados por el *Cosmos 2238*. "Estamos totalmente abiertos a que comprueben si todos los datos enviados son reales y si quieren reinvestigar el caso, amablemente les conduciremos a los testigos principales", concluía Vicente Moros en su escrito.

La respuesta que le dio a Moros el Ejército el 23 de julio rozaba el escándalo: "El interés del Ejército del Aire se cifra exclusivamente en su posible condición de peligro o amenaza a la Seguridad Nacional, sin hacerlo extensivo para determinar su naturaleza o posible origen, que es el campo propio de escritores, científicos o simplemente aficionados al tema OVNI", aseguraba el coronel Antonio Delgado sin percatarse de que el informe desclasificado previamente no hacía sino asegurar que las observaciones habían sido provocadas por la reentrada del *Cosmos 2238*.

En la carta se añadía que "el SEPRA nos parece un organismo tan solvente como cualquier otro de los que acostumbramos a consultar… En cuanto a los datos que Vd. aporta quiero decirle que han sido estudiados con detalle, pero en el estado actual del conocimiento del hecho no estimamos que sean concluyentes para modificar la desclasificación de este caso".

Así pues, los militares españoles hacían caso omiso de unos datos que demostraban que lo observado no era exclusivamente "chatarra espacial", sino que había algo más. Y sin embargo, dieron carta de credibilidad a aquellas referencias que exponían justamente lo contrario.

Jean-Jaques Velasco afirma en su escrito que su fuente de información fue el NORAD, pero hay motivos para dudar de su palabra. En una carta del 7 de septiembre de 1993, S. W. Johnson, jefe de planes y programas del dicho organismo norteamericano, confirmaba a J. J. Benítez que "el Centro de Vigilancia Especial de la Base de Cheyenne Mountain no conserva datos sobre la reentrada de cuerpos de un cohete inservible, satélites o desperdicios del espacio, cuyo rastro perdemos una vez que entra en la atmósfera de la Tierra y empieza a consumirse".

Incomprensiblemente, el mismo oficial, en una carta del 28 de abril, decía a Ballester Olmos que la reentrada se había producido sobre Irlanda, asociándola a la observación del OVNI.

El asunto se enturbió más cuando la Agencia Espacial Rusa dejó en mal lugar al SEPRA, asegurando que el lanzamiento del cohete se produjo seis horas antes de lo señalado por el organismo francés, cuya credibilidad dejaban en evidencia los rusos al asegurar —y atienda bien el lector— lo siguiente: "La versión equivocada del SEPRA contradice el esquema de la puesta en órbita del satélite, el tiempo del lanzamiento y la entrada en la atmósfera de la última etapa del lanzador".

Y evidentemente, en esta historia, la rusa era la voz más autorizada. Al fin y al cabo, ellos fueron quienes lanzaron el cohete al espacio.

El Gobierno británico también se implicó en la investigación de este caso. Nick Pope era entonces el responsable de la Oficina OVNI. Comenzó a recopilar información, puesto que en sus "dominios" los Ovnis también se habían dejado ver aquella noche del 30 al 31 de marzo de 1993. Pope, en un principio, consideró la posibilidad de que los episodios descritos por miles de conciudadanos suyos se debieran, efectivamente, a la reentrada del cohete *Ciclón*, propulsor del *Cosmos 2238*. Sin embargo, en cuanto descubrió observaciones que no se ajustaban –bien por su horario o por la descripción de lo visto– a la explicación oficial ofrecida en España y Francia, comenzó a sospechar que verdaderos y auténticos Ovnis habían sobrevolado los cielos europeos aquella inolvidable noche.

Hay un detalle que no debe quedar en el olvido. Los franceses del SEPRA se limitaron a constatar a las pocas horas del avistamiento que había existido una reentrada, e ipso facto la asociaron a la observación. Por su parte, los españoles del MOA fueron aún más "vagos", y en cuanto supieron de la "explicación" del SEPRA la dieron por buena. Es decir, que ni patrios ni galos estudiaron los fenómenos ocurridos la noche del 30 al 31 de marzo de 1993.

Pero los británicos –con Pope a la cabeza– sí lo hicieron, y por ello llegaron a otras conclusiones: "Este suceso fue el que me hizo cambiar totalmente mi actitud escéptica: habían sido registrados sucesos que no tenían explicación alguna", admitió el funcionario británico.

En Inglaterra el fenómeno había sido observado por 19 oficiales de policía en cinco ciudades diferentes. Cientos de

Gracias a J.J. Benítez se han podido averiguar las falsedades esgrimidas por el Ejército para seguir negando que los OVNIs existen.

testigos y decenas de pescadores observaron el fenómeno sobre Irlanda casi media hora antes de la presunta reentrada. Doug Cooper, investigador de la Asociación Británica de Investigación OVNI (BUFORA), examinó el suceso concienzudamente. Algunos de los pescadores que entrevistó describieron el objeto como un "catamarán" que cruzaba el río Parrot minutos antes de la media noche (01.00 horas en España), es decir, una hora antes de la reentrada del satélite ruso.

Cooper también descubrió que durante esa noche se había producido una inusual actividad militar. Helicópteros con potentes focos de luz fueron vistos en la base de Bridgewater como buscando algo que hubiera aterrizado...

Hubo testigos que incluso vieron cazas siguiendo la misma dirección de los Ovnis, como si trataran de alcanzarlos. Nick Pope no tuvo confirmación oficial de qué tipo de misión estaban efectuando aquellos helicópteros y aviones. También él, por supuesto, se encontraba con ciertas barreras informativas. "Debo admitir que es inusual para aeronaves militares estar operativas a una hora tan tardía", afirmaría Pope, quien hizo pública su impresión de que el Ministerio de Defensa estaba tratando de retener en secreto los testimonios militares, sospechando que algún avión pudo llegar a obtener filmaciones de los Ovnis.

A la conclusión que llegaron la mayoría de investigadores, que estudiaron el suceso de la noche del 30 al 31 de marzo, era que la observación de Ovnis fue auténtica como si "algo estuviera utilizando esa cantidad de estímulos visuales como camuflaje para sus vuelos, sabiendo que la mayor parte de la gente escribiría sobre ellos como si se tratase de una visión de chatarra espacial", explicaría Jenny Randles, para quien en la investigación oficial de este caso hay todavía muchas lagunas. ¿Qué oscuros secretos escondían los militares británicos que ni siquiera Nick Pope pudo conocerlos? ¿Por qué el NORAD informaba erróneamente al SEPRA y al MOA? ¿Qué extraña clase de complot o pacto mundial existe para acallar la verdad?

Y una última cuestión: ¿Acaso es el Gobierno de los Estados Unidos el que ha influido decisivamente en el resto de naciones para que todas y cada una de ellas hayan convenido en la oportunidad de clasificar como secreto toda la información sobre Ovnis?

Posiblemente, así sea…

Capítulo 10

EL SECRETO EN ESTADOS UNIDOS:

LOS OVNIS LLEGAN A LOS TRIBUNALES

En mayo de 1968, la Embajada de Estados Unidos en Madrid formula al Gobierno español una intrigante pregunta a nivel oficial: "¿Efectúan ustedes investigaciones sobre Ovnis?".

En cuestión de horas, las autoridades hispanas respondieron y, a través de la Embajada, llega al Departamento de Estado de Estados Unidos el siguiente comunicado: "Fuentes oficiales españolas nos informan de que no están realizando estudios en España sobre Ovnis".

Sólo unos meses después, el Gobierno de España dictamina que el enigma OVNI pasa a ser "secreto de Estado".

En la decisión, lógicamente, pesó la "presión" norteamericana al respecto. También, por supuesto, el hecho de que por aquellas fechas se produjeran varios importantes avistamientos OVNI que motivaron investigaciones de los militares.

Así, el 5 de diciembre de 1968, la oficina de prensa del Ministerio del Aire emite a través de los medios informativos una nota pública en la que se dictan a los ciudadanos unas normas básicas sobre cómo se debe actuar ante un avistamiento OVNI. En dicha nota, se instaba encarecidamente a los españoles a notificar a la autoridad aérea más cercana cualquier incidente de estas características.

Finalmente, el 31 de diciembre, el Estado Mayor del Aire fija una serie de normas de actuación para oficiales del Ejército, relativas a observaciones y procesos de investigación.

De este modo, España se sumaba a la larga lista de países que de un modo u otro archivan expedientes Ovnis bajo el sello de "secreto", "reservado", "confidencial"... Muchos de esos países lo hacían tras el sondeo norteamericano, que no sólo se efectuó al Gobierno de España, sino a otros muchos de Europa y del resto del mundo. Hoy por hoy, raro es el país que no oculta datos sobre los No Identificados.

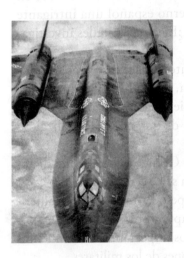

Pese a su extraña forma, estos aviones no se han confundido con OVNIs como algunos creen. Las diferencias son evidentes.

Secreto desde 1947

Como ya he explicado, el enigma OVNI entró en su etapa actual en 1947. Pero ya antes se verían cosas extrañas en los cielos que motivaban la inquietud de las autoridades. Por ejemplo, el 26 de febrero de 1942, en un documento secreto firmado por el general Marshall se informaba al presidente Roosevelt de la presencia en los cielos de Los Ángeles de objetos no identificados la mañana anterior. El suceso, según explicaba el mismo Marshall provocó una situación de alarma tal que cazas americanos de la Brigada 37 abrieron fuego contra aquellos "aeroplanos desconocidos". Varias fotografías recogieron el incidente, que incluso provocó el interés de la prensa de la época.

En aquellos mismos años, los años de la Segunda Guerra Mundial, muchos pilotos de combate se toparon con extrañas luces en sus misiones. Las describían como pequeñas "bolas de fuego", *foo-fighters* en inglés. "Escoltaban" a los aviones, giraban en torno a ellos y ejecutaban maniobras imposibles. Las vieron pilotos de uno y otro bando. Y en ambos frentes pensaron lo mismo: "Son armas enemigas". Pronto descubrieron que no, que eran armas… desconocidas.

Sin embargo, fue en 1947 cuando todo cambió. El suceso del 24 de junio en el monte Rainer fue la primera piedra de esta "batalla". Pero la segunda y definitiva se produjo en Roswell a comienzos de julio. Al parecer, uno de aquellos "platillos volantes" se había estrellado. Los militares recuperaron los restos y en las altas esferas se reaccionó de modo taxativo, cubriendo de un halo de secretismo a todo lo que rodeara a aquel suceso y a otros similares.

"Algo está volando a nuestro alrededor", escribió entonces el general George Schulgen, jefe de los servicios de información de la aeronáutica militar.

En las esferas oficiales apostaban por que se trataba de armas soviéticas o de alguna potencia militar extranjera. Pero la sospecha pronto dejó de ser tal, especialmente tras la creación del Proyecto Signo, una iniciativa militar que tenía por objeto estudiar el incipiente enigma. Los responsables del estudio, con sede en la base aérea de Wright-Patterson (adonde según algunas informaciones fueron a parar los restos del objeto estrellado en Roswell), manifestaron sus sospechas sobre el probable origen extraterrestre de los Ovnis.

Ya entonces, todas las informaciones sobre este asunto pasaron por el túnel del secretismo. Algunas, como la siguiente, tardaron décadas en conocerse. Sin embargo, está fechada en 23 de septiembre de 1947 y firmada por el general Nathan F. Twining, jefe del Mando de Material Aéreo, uno de los organismos militares más importantes de la época.

El documento decía así:

"Tal como ha sido requerido por AC/AS–2, se detalla a continuación la opinión de este Mando respecto a los llamados discos voladores... Se llegó a esta conclusión en una conferencia entre el personal del Instituto de Tecnología Aérea, la Inteligencia, el Jefe de la División de Ingeniería y los Laboratorios de Aeroplanos, Motores y Hélices de la División de Ingeniería.

Nuestra opinión es que:

El fenómeno informado es real y no se trata de algo de carácter visionario o ficticio.

Hay objetos que probablemente tienen una forma aproximada de disco, de un tamaño tan apreciable que parecen tan grandes como los aeroplanos hechos por el hombre.

Existe la posibilidad de que algunos incidentes hayan sido provocados por fenómenos naturales, como los meteoritos.

Sus características de operación informadas, tales como la capacidad de absorción, la maniobrabilidad (particularmente en los giros bruscos) y las acciones que dejan de ser consideradas como evasivas cuando han sido divisados o contactados por aviones y radares, dan verosimilitud a la posibilidad de que algunos de los objetos sean controlados manual, automáticamente o a distancia.

Se recomienda que: el Cuartel General de la Fuerza Aérea del Ejército emita una directiva asignando una prioridad, una clasificación secreta y un nombre de código para un estudio detallado de este tema".

El escrito que acabo de reproducir es histórico. Marca un antes y un después. A partir de su redacción, ya no quedaba duda alguna sobre el carácter secreto de los informes OVNI.

Posteriormente, el Proyecto Signo elaboró un escrito titulado *Examen de situación* en el que se concluía que el fenómeno era real y de procedencia extraterrestre. Pero a pesar de lo rotundo de las conclusiones del informe, se desató una auténtica tormenta interna, tan ruidosa que los autores del citado escrito fueron relegados de su cargo. Aquel fue el primer paso hacia el oscurantismo oficial… El segundo se dio cuando se cerró el Proyecto Signo y se abrió el Proyecto Grudge, palabra que tiene una acepción despectiva que significa aversión, resentimiento, mala voluntad…

De las investigaciones de ambos proyectos nada supo la opinión pública hasta que el mayor Donald Keyhoe revolucionara a la sociedad norteamericana en el primer número de la revista *True*, editado en enero de 1950. Este oficial denunciaba en sus páginas las maquinaciones de los cargos militares para desacreditar el fenómeno OVNI, de cuyo origen extraterrestre –aseguraba convencido Keyhoe– estaban convencidos en las altas esferas. Pero por supuesto, de puertas adentro…

De cara a la opinión pública, el Ejército, y como respuesta a las afirmaciones de Keyhoe, publicó diversos artículos en importantes publicaciones estadounidenses en donde se ridiculizaba el fenómeno y a los testigos.

A comienzos de la década de los cincuenta se determinó que debía darse una sensación de apertura oficial sobre el asunto. Parte de la opinión pública reclamaba esa transparencia y el oscurantismo oficial no convenía en absoluto. Especialmente cuando restos de algunos Ovnis podrían encontrarse en hangares de algunas instalaciones militares.

El "Proyecto Libro Azul"

La solución fue la creación del llamado Libro Azul, un nuevo proyecto oficial que echó a rodar el 4 de abril de 1952. Al frente del equipo de investigadores oficiales se situó al capitán Edward Ruppelt. La misión de este colectivo era la recopilación y elaboración de informes OVNI para su posterior evaluación.

Sin embargo, muy pronto comenzaron a planear sombras de duda sobre la verdadera intencionalidad del Libro Azul. Y todo –que no es poco– porque a cada avistamiento sus responsables ofrecían explicaciones escandalosas. Dichas explicaciones, que se antojaban "racionales", eran falsas y no convencían ni a los científicos integrantes del proyecto. Pero tenían que cumplir órdenes... El mismo asesor científico del proyecto, el conocido investigador Joseph Allen Hynek, acabó por abandonar el barco oficial denunciando en público la situación.

Para Hynek fue trago indigesto tener que situarse frente a decenas de medios de comunicación en 1966 tras haberse producido en Michigan una larga serie de avistamientos de Ovnis. Los periodistas estaban expectantes por la versión que de aquellos avistamientos iban a dar las autoridades, puesto que entre la población existía cierta inquietud. Fueron muchísimos los testigos...

Y Hynek los sacó de dudas: "Los avistamientos fueron provocados por el gas emanado por los pantanos".

La reacción entre la opinión pública anduvo a mitad de camino entre la rechifla y la indignación. El Ejército se había reído de todos, y Hynek, que era un buen hombre, un buen científico, un buen investigador OVNI, se carcomió por dentro, porque sabía que aquella explicación oficial era falsa y que verdaderos Ovnis, fueran lo que fueran y vinieran de donde vinieran, habían aparecido en los cielos de Michigan.

Después de aquello, Hynek lo dejó e inició una labor de investigación privada de lo más fructífera. Tanto que acabó

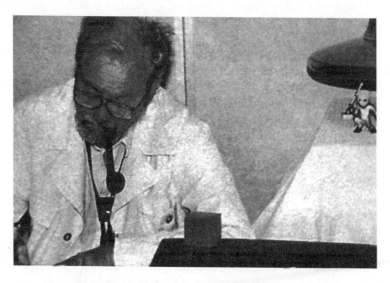

Joseph Allen Hynek, astrónomo que trabajó para el gobierno de los Estados Unidos. Se cansó de no poder decir la verdad sobre los No Identificados y abandonó el proyecto Libro Azul.

por convertirse en el auténtico padre de la ufología científica. Y aunque murió dudando del origen extraterrestre de los Ovnis, sus aportaciones son hoy "palabra de honor" para todos los que buscamos una solución al misterio.

El abandono del científico se produjo días después de la histórica rueda de prensa. Fue en el transcurso de una reunión a la que asistieron Harold Brown, secretario de las Fuerzas Aéreas, y el mayor Quintanilla, uno de los responsables del Libro Azul. Ambos, tras la justificada "deserción" de su asesor científico, iniciaron una intensa búsqueda de alguien que ocupara su lugar. Y, en cierto modo, lo encontraron.

Se llamaba Edward Condon. Era físico, y entre sus "honores" podríamos citar que fue uno de los padres de la bomba termonuclear. Sus íntimos –y menos mal que eran sus íntimos– le calificaban de "tirano", "desquiciado" y "poco objetivo". En suma, era un tigre de bengala dispuesto a dejarse comprar por el mejor postor para lo que el capataz dijera y pidiera.

La consigna oficial por aquellas fechas era mentir respecto a los Ovnis. Condon fue el hombre apropiado para justificar decisiones futuras. Y lo ataron bien: le pagaron 313.000 dólares de la época (50 millones) por analizar la información recopilada en los veinte años previos por parte del Libro Azul (un total de más de 11.000 casos, de los que en torno a 600 no tenían explicación).

Condon se rodeó de un grupo selecto de científicos para examinar aquella información. A varios los puso de patitas en la calle por denunciar en público la aversión injustificada de Condon hacia el enigma OVNI. Finalmente, el grupo ofreció al público un informe de 1.485 páginas a comienzos de 1969. El amplio dossier consistía en el análisis pormenorizado de 90 casos investigados por los miembros del Libro

Edward Condon, el responsable de haber cerrado el Libro Azul. Lo recomendó pese a confesar que el 30 por ciento de los casos no tienen explicación.

Azul. Los miembros del comité de Condon (dicho sea de paso, el propio Condon cobró, mandó y se dedicaba a sus labores) no encontraron explicación para 30 casos. Esto quería decir que uno de cada tres avistamientos permanecía sin justificación racional, lo que sobra decir que justificaba y justifica que la ciencia se encargue de resolver el misterio.

Pero una vez elaborado el dossier, Condon dejó la cafetería de la Universidad de Colorado, en donde trabajaba su equipo, y redactó −sin leer una sola línea del trabajo de sus "súbditos"− un informe final en el cual aseguraba que no había nada interesante en el fenómeno OVNI y recomendaba a las Fuerzas Aéreas dedicarse a otros menesteres.

Las sorprendentes conclusiones de Condon siguen siendo una paradoja de compleja resolución. El dossier era el más proclive de los efectuados a nivel oficial a favor de los Ovnis y las conclusiones, sin embargo, eran rotundamente desmitificadoras. Con razón otro de los padres de la ufología, el astrónomo Jacques Vallée dijo: "Es una pena que Condon no leyera su propio informe".

Y las Fuerzas Aéreas obraron en consecuencia, cerrando para siempre el Libro Azul.

Sin duda, Condon cumplió su cometido: le encargaron "cargarse" las investigaciones oficiales sobre Ovnis y lo hizo.

LAS INVESTIGACIONES CONTINUARON

Oficialmente, tras el informe de Condon, hombre polifacético y profiláctico habida cuenta de cómo cercenó el enigma OVNI, las investigaciones oficiales cesaron. Pero nadie lo cree y pruebas hay, puesto que –desde entonces y hasta hoy– las Fuerzas Aéreas, la CIA, el FBI y el resto de agencias norteamericanas siguieron mostrando un auténtico interés por el misterio de los Ovnis.

No hubo tregua. En octubre de 1969, un memorándum de la USAF –entonces secreto– evidenciaba el papel cumplido por el Libro Azul. Parte del escrito oficial decía así:

"Los informes de Ovnis que pudieran afectar a la seguridad nacional se hacen con arreglo al JANAP 146 o manual de la Fuerza Aérea, y no forman parte del proyecto Libro Azul".

El texto venía a demostrar lo que tantos decían por aquel entonces: "El Libro Azul fue una cortina de humo que ocultaba las verdaderas investigaciones oficiales".

Señalaré además que el tipo de documento al que se hacía alusión venía definido por la Ley de Espionaje, párrafo 18, secciones 793 y 794. De acuerdo a las leyes norteameri-

El misterio OVNI

SCI-4		

DEPARTMENT OF STATE

AIRGRAM

FOR RM USE ONLY

RM/R 1	REP	AF 17
ARA	EUR 5	FE
NEA	CU	INR 5
E 4	P	IO
L	FBO	AID
/PM 1		
AGR	COM	FRB
INT	LAB	TAR
TR	KMB	AIR 5
ARMY	CIA 10	NAVY
OSD 34	USIA 3	NSA
17	NASA 4	

A-650   UNCLASSIFIED
NO.

TO   : Department of State

FROM : Amembassy MADRID   DATE: May 4, 1968

SUBJECT: Request for Information on Studies of Unidentified Flying Objects (UFO's)

REF   : Department CA-7216, April 11, 1968

Official Spanish sources inform us that there are no studies being undertaken in Spain of UFO's.

WALKER

UNCLASSIFIED

FORM DS-323

Drafted by:
COMMATT: RAWebb:mdc   5/2/68
Clearances:
AIRATT: Col. Foy

Contents and Classification Approved by:
ECOUN: FDTaylor

FOR DEPT. USE ONLY

COPYFLO-PDR

Aerograma enviado en mayo de 1968 desde la embajada de los
Estados Unidos en Madrid al gobierno norteamericano,
informándose de que en España no se efectúan
investigaciones oficiales sobre OVNIs.

canas, este tipo de relatos están protegidos: "Su transmisión o la revelación de su contenido, en cualquier modo, a una persona no autorizada, queda prohibida por la ley". Dicha ley, que databa de 1952, especificaba que de violarse el precepto expuesto, el responsable podría ser castigado con hasta 10 años de cárcel y 10.000 dólares de la época.

Así pues, queda claro que la información *light* iba a parar al Libro Azul y la importante, la trascendente, a otros archivos más secretos. Esta afirmación no es gratuita, ya que un documento fechado el 11 de septiembre de 1952 por Marshall Chadwell, director adjunto del departamento de Inteligencia Científica de la CIA –creada cinco años antes– aseguraba que "el problema OVNI excede el nivel de responsabilidades individuales del departamento de Inteligencia Científica de la CIA, y es de tal importancia que merece la competencia y la acción del Consejo de Seguridad Nacional".

Otro documento de la CIA de 1952, firmado por su director Walter B. Smith, era también explícito: "A día de hoy he transmitido al Consejo de Seguridad Nacional una propuesta en la cual expongo que los asuntos relacionados con objetos no identificados pueden tener implicaciones para la guerra psicológica, así como para operaciones de inteligencia".

Todas las evidencias demuestran que al margen de los proyectos oficiales –Signo, Grudge o Libro Azul– existían otros que buscaban la misma e implacable misión de ocultar la "verdad", consistiera en lo que consistiera.

Porque al igual que ocurre en España, las investigaciones en Estados Unidos no se limitan a los cuerpos militares. La CIA y el resto de agencias de inteligencia disponen entre sus archivos de informes sobre Ovnis. Informes que, por supuesto, son secretos. Así pensaban un puñado de idealistas ufólogos e investigadores que a comienzos de los setenta nadaban contra corriente. Sostenían que el *cover up* –que es como denominan al "secreto de Estado" allende los mares– seguía existiendo. Pocos los creían, puesto que la campaña iniciada por Condon, pese a haber sido duramente criticada, había calado hondo.

Y el común de los mortales acabó convencido de que efectivamente ya no se investigaban Ovnis de forma oficial. Hasta que los "iniciados" decidieron que había un camino para demostrar que decían lo cierto: los tribunales de justicia.

EL GOBIERNO EN EL BANQUILLO DE LOS ACUSADOS

El 4 de julio de 1974 se aprobó en Estados Unidos la Ley de Libertad de Información (FOIA, Freedom Of Information Act), que permitía a ciudadanos de cualquier condición acceder a documentos oficiales que por antigüedad o por no afectar a la seguridad nacional pudieran darse a conocer.

El investigador Todd Zechel fundó en 1978 el CAUS (Ciudadanos Contra el Secreto OVNI), cuyo objetivo era agruparse para denunciar al Gobierno y exigirle exponer al público toda la información que sobre el asunto tuviera en sus archivos. Otra agrupación casi hermana, el GSW (Ground Saucer Watch), también demandó al Gobierno.

Ahí arrancó la demanda civil 78-859 del estado de Columbia contra el Gobierno. Parecía imposible que un juez la admitiera a trámite, pero el CAUS y el GSW perseveraron en el intento… Y lo lograron.

Por requerimiento judicial, la CIA se vio obligada a presentar un escrito de alegaciones cuya redacción corrió a cargo del portavoz de la agencia Robert E. Owen. En ese documento admitió que existía una serie de informes que por diferentes motivos no podían darse a conocer.

Las razones expuestas por la CIA para mantener en secreto aquellos documentos sobre Ovnis eran las siguientes:

*Contienen información que debe ser objeto de una protección constante.

*Revelan fuentes y métodos de obtención de información de la CIA.

*Revelan datos sobre organización y personal de las agencias involucradas.

Todos aquellos argumentos planeaban bajo un denominador común que Owen presentaba así: "Se ha decidido mantener clasificadas informaciones cuya revelación ocasionaría, cuanto menos, un daño bien definido a la seguridad nacional". Esta última frase venía a significar que oficialmente el fenómeno interesaba más de lo que se reconocía. ¡Y estaban admitiendo que los OVNIs tienen importancia a la hora de defender la seguridad nacional!

Los tribunales dictaminaron que la población debía conocer aquellas informaciones. Sólo quedaron exentos de la forzosa desclasificación un total de 57 documentos cuyo contenido afectaba de forma decisiva a la seguridad nacional… ¿Por qué?, ¿acaso porque revelaban las verdaderas razones de la actitud secretista del Tío Sam?

Ciertamente, el número de documentos se antoja pequeño para contener algo que se considera tan importante, pero nada se dijo acerca de la extensión de esos expedientes que permanecerían en secreto ni cuántos informes estaban contenidos en ellos.

Quienes han analizado los 1.200 escritos liberados (memorandos, informes de avistamientos y material informativo sobre el fenómeno) han llegado a la conclusión de que son

CENTRAL INTELLIGENCE AGENCY
TELETYPED INFORMATION REPORT

CLASSIFICATION		DISSEMINATION CONTROLS	

TDCS -3/380,949	DATE DISTR.	11 December 1958	PRECEDENCE ☒ ROUTINE

COUNTRY
USSR/India

PLACE ACQUIRED

SUBJECT
Unidentified Object Observed in the Sky

DATE OF INFORMATION
6 December 1958

REFERENCES

APPRAISAL OF CONTENT (TENTATIVE)

SOURCE

On 6 December 1958 between 1838 and 1840 local time source observed, by telescope, an artifical object having a continuous brightness of magnitude 3 (same as the Belt of Orion) cross his position /field of vision/ while source was observing Mars. The object traveled north to south. There was no sign of disintegration, smoke, flame, or noise. There was no sign of any fall. Source did not photograph the object, but he is sure that the object was identical with Sputnik III. Subsequent observations proved negative.

Headquarters Comment: A preliminary check showed that Sputnik III was not within source's area of visibility at the time indicated, nor is the direction cited in agreement with computed orbits. The carrier rocket for Sputnik III reentered the earth's atmosphere on 3 December 1958 according to a Soviet announcement.

Headquarters Comment: Evaluation requested of Air and OSI

Field Dissemination: None
End of Message

DISSEMINATION CONTROLS		CLASSIFICATION	

TO: ACSI. AF. NAVY. JCS. OSD. STATE. NSA,

Teletipo recibido en diciembre de 1958 en la central de la CIA, y
remitido por uno de sus informadores que notifica
el avistamiento de un objeto no identificado en el
cielo de la India y de la Unión Soviética.

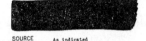

CLASSIFICATION
CENTRAL INTELLIGENCE AGENCY — REPORT NO. OO-W-29903   713
INFORMATION FROM
FOREIGN DOCUMENTS OR RADIO BROADCASTS   CD NO.   --

COUNTRY — Denmark, Dahomey (French West Africa), France, Sweden, West Germany, Pakistan, Union of South Africa

SUBJECT — Military; Scientific - Unidentified flying objects

HOW PUBLISHED — Daily newspapers

WHERE PUBLISHED — As indicated

DATE PUBLISHED — 2 Nov 1953-27 Jan 1954

LANGUAGE — French, German, Afrikaans, Swedish

DATE OF INFORMATION   1953-1954

DATE DIST. 20 Apr 1954

NO. OF PAGES   4

SUPPLEMENT TO REPORT NO.

THIS IS UNEVALUATED INFORMATION

SOURCE   As indicated

SIGHTINGS OF UNIDENTIFIED FLYING OBJECTS

PAKISTAN

FLYING SAUCERS OVER PESHAWAR -- Paris, Le Figaro, 23 Dec 53

Two brilliant objects flying at an altitude of more than 4,700 meters were seen over Peshawar on the night of 21 December. The objects, coming from the southeast and thought to be flying saucers, disappeared in the direction of Afghanistan. Witnesses who saw the saucers said they emitted red and green flames. [The Salonica daily newspaper, Makedonia, in its 23 December edition reported substantially the same facts on this incident and added that in January 1953 similar objects were seen over Peshawar, headed over the Khyber Pass.]

UNION OF SOUTH AFRICA

FLYING SAUCER FOLLOWS MAN -- Capetown, Die Landstem, 28 Nov 53

Heretofore, Die Landstem has not been able to publish the full story of the incident described below, which occurred on 26 May 1953. The incident was reported by the observer to the Department of Defense in Pretoria. The latter acknowledged receiving the report but did not make it public.

Dr D. Beyers of Uppington, while driving in his automobile from Capetown to Uppington, had reached a point about 80 miles south of Brandvlei (between Kenhardt and Calvinia), when, at about 0510 hours, he suddenly saw a bright yellowish green light which illuminated the clouds from behind. Shortly thereafter it came out from behind the clouds. Beyers stated that it was ten times as bright as any star he had seen. It moved up and down and sometimes also forward. The emitted light had the appearance of burning hydrogen. Also, the

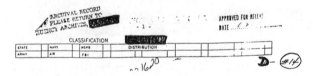

- 1 -

Documento de la CIA sobre objetos volantes no identificados. Informadores de la CIA envían a la central en Washington noticias OVNI aparecidas en la prensa de todo el mundo (aquí, dos noticias publicadas por *Le Figaro* de París y *Die Landstem* de Ciudad del Cabo).

suficientes para asegurar que el interés de las diversas agencias gubernamentales por los Ovnis –incluso después de la clausura del proyecto Libro Azul–, es realmente importante. Lo que sí ha llamado la atención al CAUS es que esta desclasificación se ha realizado por bloques: hay largos espacios de tiempo al que corresponden numerosos escritos y no menos largos periodos en donde no hay un solo documento. Como si se hubieran escogido bloques aleatoriamente para ofrecerlos al público.

Amparados en la Ley de Libertad de Información, los miembros del CAUS interpusieron una nueva demanda en 1981, esta vez contra la Agencia de Seguridad Nacional (NSA), exigiendo la desclasificación de cuantos papeles sobre Ovnis tuviera, ya que si "el fenómeno no existe", como aseguraban las autoridades, nada tendrían que ocultar. El NSA respondió a la querella por medio de su abogado Cheryl Long, alegando que bajo ningún concepto podían revelarse determinados escritos.

El Tribunal Supremo sentenció a favor –en parte– de la NSA el 8 de marzo de 1982, y la libró de dar a conocer 131 documentos, amparándose en la Ley de Seguridad Nacional. Una ley que, de una u otra forma, aparece en todos los códigos de los países civilizados y que ha servido de excusa tanto para afirmar que el fenómeno escapa de sus competencias como para omitir la verdad amparándose en ella.

En la sentencia se manifiesta que la entrega de los documentos "comprometería seriamente la labor de la Agencia de la Seguridad Nacional y la defensa de los Estados Unidos". La resolución en cuestión añade lo siguiente: "La naturaleza delicada del material y el obvio efecto que su entrega provocaría en la seguridad nacional sobrepasan con mucho el interés del público por lo que podría revelarse". Estaba claro: algo realmente revelador contenían dichos documentos.

La naturaleza de aquellos informes tenía que ser tal que la NSA preparó un informe de 21 folios que sólo podía ser leído por el Juez; no podía quedárselo y ni siquiera tocarlo… Además, tuvo que leerlo frente a altos cargos de la Administración. Durante la lectura, Peter Gersten, el abogado del CAUS, tuvo que ausentarse del despacho del magistrado, puesto que se le consideraba un posible "revelador" de los datos que allí se iban a conocer.

Pido al lector que reflexione bien sobre esto que acabo de exponer. Fíjense en las dimensiones del contenido de aquel escrito, en lo que debía de decir, en la importancia de las afirmaciones que tenía que contener para que el juez ni pudiera siquiera tocar aquellos informes. ¡Ni siquiera tocarlos! Tan importante debía de ser aquello que el juez se vio obligado a claudicar y entendió que, efectivamente, la opinión pública no podía conocer el contenido de aquellos 131 documentos… De lo contrario, sólo Dios sabe qué podría pasar.

Al año y medio de aquella decisión judicial se celebraba en Lincoln, en el estado de Nevada, un congreso ufológico en donde se debatiría sobre los documentos desclasificados. Para algunos, la actitud del Gobierno no evidenciaba un espíritu secretista. Para otros, eran una prueba irrefutable de que realmente era así. Esta última corriente se iba imponiendo a medida que pasaba el tiempo, ya que través de la FOIA se iban desclasificando expedientes totalmente censurados a base de "rayones negros". En ocasiones, la práctica totalidad de los documentos eran entregados al público con "borrones" de tinta que impedían la lectura de folios enteros. Aquella censura –amparada por los jueces– estaba justificada amparándose en la manida seguridad nacional.

En aquel congreso se esperaba especialmente la opinión del ya entonces considerado máximo experto mundial, Joseph

Allen Hynek, quien había sido el asesor del proyecto Libro Azul y había dejado de colaborar con las Fuerzas Aéreas americanas debido a la falta de entendimiento con los responsables políticos del proyecto. En realidad, lo que no compartía Hynek era el escaso interés científico prestado al fenómeno y no que se estuviera ocultando algo trascendental. Hasta que falleció en 1985 estuvo rodeado de sospechas, y aún hoy hay quienes le consideran un "agente desinformador" que pretendía mantener a la comunidad ufológica alejada de asuntos de interés primordial. Es decir, que siguió trabajando con las autoridades tras su "espantada" del Libro Azul. Personalmente, y sabiendo cómo trabajan algunos de los que fueron sus colaboradores, creo que Hynek fue "auténtico". Su más fiel heredero, el Dr. Willy Smith, ha sido uno de los investigadores científicos que más énfasis ha puesto en dejar al descubierto algunas tendencias secretistas de su país y también de España, criticando como nadie el proceso de desclasificación del que hablé ampliamente en el capítulo precedente.

Pero antes de Hynek tomó la palabra Larry Fawcet, que había estudiado los escritos obtenidos por el CAUS. Aseguró lo siguiente: "Los documentos oficiales del Gobierno sobre la cuestión OVNI ponen de manifiesto que: algunos Ovnis son objetos aéreos no convencionales; que estos objetos se comportan de manera que están mucho más allá de los desarrollos tecnológicos actuales, y que estos objetos no convencionales, por sus especiales características y funciones, constituyen una amenaza para la seguridad nacional de Estados Unidos, a la vez que pueden tener implicaciones de supervivencia humana".

"El Gobierno –sigue explicando Fawcett– encubre de la siguiente forma: desaprueba total y públicamente cuantos informes serios se refieran al tema en aspectos en que los

Ovnis no afectan a la seguridad nacional ni tampoco representan desarrollos tecnológicos más allá de los actuales, y no constituyen una evidencia de que son naves interplanetarias o interestelares. Por otra parte el Gobierno y sus ramas militares tuvieron, y todavía tienen, interés en los Ovnis en la medida en que puedan afectar a la seguridad nacional y se cita esta razón para no dar a conocer ciertos documentos".

Hynek advirtió al CAUS de que lo obtenido hasta la fecha no era prueba suficiente para justificar las intrigas oficiales que se ciernen sobre los Ovnis: "Según los datos que poseemos –comenzó explicando Hynek– parece como si cada informe serio sobre Ovnis que llega a la atención de la CIA, el FBI o la NSA fuera tratado como un incidente aislado, una rareza, algo que dejar de lado, que nadie sabe cómo abordar. ¿Es, quizá, el auténtico encubrimiento, un encubrimiento de ignorancia y de la confusión siguiente a esta ignorancia?".

Y Hynek fue al grano. Conocía el problema por dentro, y puede que jamás fuera tan sincero como lo fue en Nebraska: "Cuando trabajé en el Libro Azul fui testigo de la tácita confusión que envolvía al proyecto. Evidentemente, hubiera sido desagradable aceptar que había algo que no se podía controlar. Era mucho más fácil etiquetar todo el asunto como histeria pública, alucinaciones e incluso propaganda subversiva. De este modo, y siguiendo las directrices del Pentágono, los oficiales del proyecto Libro Azul hicieron cuanto pudieron para minimizar los informes OVNI conflictivos y publicar tan sólo aquellos –y eran muchos– que podían explicarse fácilmente y que, por lo tanto, no eran informes OVNI de capital importancia".

"Repetidas veces –prosiguió Hynek– fui testigo de deliberados intentos de ocultar la verdad a los medios de comunicación sobre informes buenos y de la distribución de explicaciones ad hoc para los casos conflictivos. De vez en cuando salían del Pentágono unas hojas de hechos exponiendo los casos resueltos y el engañoso bajo porcentaje de casos sin explicación. Sin embargo, estos últimos nunca fueron explícitamente mencionados, sino que pasaban sin especial interés, sin que pareciera que afectaran a la seguridad nacional, lo contrario que puede deducirse de los documentos del CAUS".

Hynek expresaba así el verdadero objetivo del "archifamoso" proyecto Libro Azul: minimizar el fenómeno OVNI. Los casos buenos iban a parar a no se sabe bien dónde. Quizá a ningún sitio, y es lógico. Aquellos desconcertantes informes no debían de contener en esencia nada que no supieran las autoridades, si es que tenían –que creo que sí– constancia física de la verdad. El Libro Azul era una orquesta que manejaban a su antojo de cara a la opinión pública, una cortina de humo que ocultaba lo importante, que bien podría estar expuesto en aquel informe de la Agencia de Seguridad Nacional de 21 páginas que ni el juez pudo tocar. Su contenido secreto era tal que, como decía anteriormente, ¡tuvo que leerlo a distancia!

En definitiva, lo que se ha sacado en claro de aquellos documentos es que existía un control absoluto de cuanto ocurría en cualquier rincón del mundo sobre el fenómeno OVNI, dando especial importancia a aquellos informes remitidos por agentes destacados en países poco afines a los EE.UU. Y por encima de todo se recopilaban informaciones protagonizadas por personal militar y en instalaciones castrenses.

Informes de avistamientos

Veamos alguna muestra de los informes desclasificados.

El 10 de diciembre de 1956, el agente J. P. Anderson emitió el siguiente informe para la CIA que permaneció en secreto por más de veinte años. Para que luego digan que la CIA no se interesa por los Ovnis...

1–. Durante la observación de la prueba 3018 a las 01.l4 del 8 de diciembre de 1956, fue avistada una llamarada roja a gran altura en la zona este del cielo. Esta llamarada era una mancha de luz rojiza con pequeñas colas del mismo color que salían de cada lado de la mancha hacia el sur.

2–. La llamarada parecía encontrarse entre a 15 y 20.000 pies de altura. Su trayectoria, a primera vista, fue calculada en 10-12 millas de la posición que ocupaba el suscrito y que se encontraba a tres millas al norte de la puerta principal del PAFT. Su curso era con rumbo norte. La velocidad se estimó en 1.800 km/h.

3–. La altura del misil parecía la misma que la de la llamarada.

4–.La llamarada realizó un amplio giro hacia el este inmediatamente después de ser sobrepasada por el misil. Completó el giro 8 o 10 segundos antes de que el misil se consumiese.

5–. Después de completar el giro tomó rumbo 90–100 grados, hasta que se perdió de vista en 330 segundos.

6–. La llamarada no varió de altura o velocidad durante todo el avistamiento.

7–. Al girar hacia el este las dos colas desaparecieron. Todavía no se ha decidido si esto se debió a un cambio de altura en relación con el observador, a un incremento de distancia hasta el observador o a un cambio en la composición de fuerzas.

8–. Se señala la similitud de este avistamiento con el descrito por el Sr. ---. El Sr. Aldrich vio una llamarada con

parecida trayectoria de vuelo, la noche del alborotado lanza-
miento del Júpiter.

...12–. Se sugiere que se realice un estudio más detallado
de las películas que cubrieron el experimento, para que de este
modo se pudiera confirmar el presente informe.

13–. Parece ser que este informe es responsabilidad del
CIRVIS, tal como se describe en JANAP 146 C.

Los hechos ocurrieron durante el lanzamiento del cohete *Viking*, el primero del programa *Vanguard*, en la base auxiliar de la Fuerza Aérea en Cabo Cañaveral (Florida). El significado del informe es más que relevante, porque demuestra cómo aquellas pruebas balísticas estuvieron "espiadas" por "objetos desconocidos". Se consideró que los hechos afectaban a la seguridad nacional, en virtud de la ley JANAP 146 C, una normativa del Ejército que explica que los comunicados sobre observaciones vitales de inteligencia desde aeroplanos debían ser comunicados por las vías de transmisión usuales, siempre que lo referido tuviera una vital importancia. El artículo 201 de esa misma ley señala que los avistamientos de objetos no identificados entran dentro de esa valoración y que su comunicación debe ser precedida de una señal de urgencia internacional. Esa ley sigue vigente...

BASES CONTROLADAS POR OVNIS

Como ya he señalado, existe, por parte de la CIA, un interés especial por controlar cuanto ocurra en las instalaciones militares americanas. Parte de los informes desclasificados señalan que al menos cuatro bases del NORAD, Mando de la Defensa Aérea Americana, fueron "espiadas" por objetos desconocidos en 1975.

Vayamos con alguno de los casos ocurridos en la base de Malmstrom (Montana).

El director de la Región 24 del NORAD reflejó en su informe algunos de los avistamientos de la siguiente forma:

29 de octubre, 06.30 horas Z: ...aterrizaje de un helicóptero desconocido en la zona de almacenamiento...

...8 de noviembre, 07.53 horas Z: La 24 región del NORAD informa de huellas desconocidas a 12.000 pies. Son de uno a siete objetos... Dos cazas F–106 despegaron de Great Falls... A las 08.35 los equipos de alerta de sabotaje informan de contacto visual... cuando los F–106 estaban en la zona los objetivos apagaban las luces, y cuando los F–106 se marcharon, volvieron a encenderlas.

Los avistamientos se produjeron en esta y en otras tres bases del continente en Ontairo, Maine y Michigan a diario y durante los días inmediatamente anteriores y posteriores al caso citado, que nos sirve de ejemplo. Hubo días en que se produjeron diversas observaciones, con detección por radar y salida de *scramble* en al menos una docena de veces durante ese mes.

Pero hagamos una composición de lugar. Si durante algo más de un mes una serie de objetos no identificados surgen en las pantallas de los radares del NORAD; provocan *scrambles*; se pasean sobre bases aéreas y llegan a aterrizar en instalaciones militares (un cúmulo de fenómenos que jamás se habían dado tan concentrados en el tiempo) es evidente que algo desconocido estaba surcando los cielos, desafiando los sistemas defensivos de aquel país. Quizá amistosamente, pero jugando con ellos, demostrando que el fenómeno posee una tecnología capaz de ridiculizar a nuestra más moderna técnica.

¿Por qué realizó este "estado de situación"? Sencillamente por un motivo: si los tribunales eximieron a las agencias de inteligencia de informar sobre hechos OVNI que afectaran a la seguridad nacional, es de suponer en un ejercicio de lógica que los acontecimientos de noviembre de 1975 en Norteamérica no supusieron ninguna amenaza para la seguridad nacional... y eso es mucho decir.

Entonces, ¿qué contendrían aquellos documentos que afectaban a la seguridad nacional y que no han sido desclasificados?

¿POR QUÉ ES SECRETO EL ENIGMA OVNI?

He perdido la cuenta de cuántas veces me han efectuado esta pregunta. A uno le gustaría tener una respuesta absoluta para esta cuestión, pero... no la tengo. Nadie la tiene. Al menos, nadie entre la población civil. Eso sí, después de tanta información recogida y recopilada, algo sí tengo claro. Son deducciones fundamentadas en dicha información. Y son las siguientes:

Los Ovnis son secreto porque suponen una amenaza.

Por su propia definición, los Ovnis son artefactos volantes no identificados y, como tales, cuando las autoridades militares saben de su presencia en los cielos, pasan a ser presuntos agresores "enemigos". Por lo tanto, su presencia quiere decir que los espacios aéreos de las diferentes naciones, protegidos por sofisticados instrumentos tecnológicos sufragados con el dinero de los ciudadanos, son incapaces de hacer frente a esa presunta amenaza. Además, esta argumentación es válida incluso para aquellos Ovnis que luego resultan ser avionetas que no notificaron su plan de vuelo, cazas de otros países que erróneamente penetraron en un espacio aéreo vedado o para cualquier otro objeto volante humano.

Los Ovnis sirven para encubrir proyectos secretos.

En ocasiones, los ejércitos de diferentes países se ven obligados a ensayar con sus prototipos de misiles, aviones u otro tipo de armas aéreas. Esos ensayos, en ocasiones, son observados por ciudadanos ubicados cerca del lugar en donde se efectuaron esos experimentos. Dichas observaciones trascienden como avistamientos de Ovnis y eso, para las autoridades militares, es incluso bueno, porque prefieren que la opinión pública se atrape en debates sobre si lo visto fue un OVNI o no, a que lo hagan pensando que lo avistado fue el último modelo de avión o de misil.

Pero los estados también mantienen el secreto OVNI porque desconocen a qué se están enfrentando.

Los archivos OVNI de muchos países están repletos —y lo digo porque conocemos parte de esos archivos, como por ejemplo el del Ejército del Aire— de infinidad de reportes de avistamientos de No Identificados tras cuyo análisis se ha descubierto que no responden a explicación natural o racional de ningún tipo. El desconocimiento por parte de las autoridades de la verdadera naturaleza e intenciones del enigma al que se enfrentan obliga a que este asunto sea clasificado como secreto.

Los informes sobre Ovnis pueden contener informaciones tecnológicas de gran interés.

Si los investigadores civiles del enigma OVNI han sido capaces, utilizando la deducción y el análisis en profundidad, de extraer conclusiones teóricas de cómo se desplazan este tipo de artefactos, ¿qué no podrán obtener con todos los medios al alcance los expertos autorizados por los países más poderosos del planeta? Quizá, gracias a los Ovnis, pueden derivarse nuevos métodos de propulsión para futuras aeronaves. De hecho, ya ha pasado. Por ejemplo, el ingeniero francés Jean-Pierre Petit, tras analizar cientos de avistamientos de Ovnis, concluyó que estos artefactos se movían utilizando un sistema de propulsión que denominó "magnetohidrodinámica". Según Petit, los Ovnis anulan la gravedad empleando para ello fluidos y fuentes energéticas diferentes a las empleadas habitualmente por nuestra tecnología. Desde entonces se han desarrollado infinidad de modelos tecnológicos basados en la "magnetohidrodinámica", que incluso la NASA ha comenzado a desarrollar para prototipos que algún día podrían convertirse en realidad. Esto, aplicado a la ingeniería militar, podría justificar el secretismo que rodea al enigma OVNI.

*... *Y los Ovnis son secreto porque quizá, en el pasado, sus restos se han recuperado.*

Por una cuestión de espacio –llevaría un libro entero abordar este asunto– no he entrado en esta materia. Sin embargo, hay indicios más que concluyentes para pensar que al menos en una ocasión se han recuperado restos de Ovnis estrellados. En Roswell, en 1947, parece que fue así. A las pruebas documentales hay que añadir que existen más de 350 testimonios de testigos directos del incidente. Si esto fue así, la posesión de estos restos probablemente no diga nada del origen e intencionalidad de dicho OVNI, pero al menos sí supone una prueba de poder respecto a otras naciones. Además, la posesión de esos artilugios puede ser utilizada para "duplicar" la tecnología de los presuntos "platillos volantes". De hecho, son muchos los estudiosos que opinan que en el Área–51, una gigantesca extensión de tierra perteneciente a la base aérea de Nellis, se están desarrollando prototipos derivados de tecnología de supuesta procedencia extraterrestre. Muy poco ha trascendido sobre el origen de las tecnologías empleadas allí. Los rumores y supuestas revelaciones al respecto apuntan a que las teorías más atrevidas son correctas, pero este extremo no ha podido demostrarse. Lo que sí poseemos son imágenes –la mayor parte de ellas furtivas, pero auténticas– que muestran cómo son las naves que se desarrollan en el Área–51... ¡Y son verdaderamente parecidas a muchos de los Ovnis que se ven en medio mundo! No olvidemos que allí, por ejemplo, se desarrollaron algunos de los modernos cazas invisibles al radar, una característica que siempre se asoció con los Ovnis.

Posiblemente, hay más razones para el secreto que las que he expuesto, pero como indica el tópico, no están todas las que son, pero sí son todas las que están. Aun con todo, y como profundo amante de la libertad, y como defensor a ultranza que soy de la realidad OVNI, entiendo que la humanidad se beneficiaría del conocimiento que sobre los No Identificados pueden tener algunas potencias mundiales. Quizá, y no lo niego, a nivel militar y a nivel político, las razones expuestas para el secreto OVNI tengan justificación, pero a nivel personal, como investigador y periodista, prefiero quedarme con la máxima de un hombre sabio que también estudió el misterio de los No Identificados: "Uno sólo puede decir que la política de ocultación OVNI es la menos psicológica y más estúpida que se podría adoptar. Nada ayuda más a los rumores y al pánico que la ignorancia. Y resulta evidente que se debería contar la verdad al público". Quien lo dijo era, nada más y nada menos, que el padre del psicoanálisis, Carl Gustav Jung.

Epílogo

¿QUÉ SABEMOS SOBRE LOS OVNIS?

EN BUSCA DE RESPUESTAS

—**A**sí que... ¿Cree usted en los Ovnis?

—No, no creo en Ovnis. Sé que existen —replico a quien, desde la credulidad o el escepticismo, desde la sorpresa o la arrogancia, desde la ingenuidad o la insidia, me interroga sobre mi supuesta fe en los No Identificados.

Los Ovnis no son cuestión de creencia, sino de información.

Quien se tome la molestia de indagar sin prejuicios en este enigma, buscando testimonios, pruebas, documentos, evidencias... no podrá —¡jamás!— dudar de la existencia de los Ovnis como tales, como lo que son: Objetos Volantes No Identificados.

La expresión OVNI es un acrónimo. Son siglas, sin más. No tienen significado común como lo tiene un sustantivo, por eso escribo OVNI y no ovni. Si lo hiciera en minúsculas, me vería obligado a apostar por una definición del estilo de "nave supuestamente extraterrestre". Eso sí sería una creencia, respetable, pero creencia al fin y al cabo. Porque —y es así de sencillo— no tenemos una sola prueba definitiva de la procedencia extraterrestre de los Ovnis. Bien es cierto que es una hipótesis –a la que incluso podría adscribirme, a la que de hecho me adscribo, pero sólo desde la esfera de la opinión–, pero todavía hoy los investigadores, estudiosos y periodistas que "perseguimos" Ovnis no podemos demostrarla, si bien podemos justificar, con argumentos sobrados de peso, que los Ovnis existen. De hecho, este libro en cuya recta final acabo de adentrarme viene a circular sobre la senda de exponer evidencias que demuestran la realidad del misterio al que nos enfrentamos.

Como decía el físico William Crookes, "yo no digo que puede ser: digo que es".

Hagan mía esa sentencia…

TRES PRINCIPIOS FUNDAMENTALES

El investigador de Ovnis (y no voy ahora a entrar en distinciones de si es mejor investigador el que estudia el misterio desde la perspectiva científica, periodística o sociológica, puesto que lo importante es aproximarse al tema de forma crítica) atraviesa a lo largo de sus peripecias varias etapas muy marcadas.

Cuando uno comienza a inquietarse por el asunto a menudo es un joven rebosante de idealismo. Esa actitud conduce a la "fascinación". Creo que ésa es la palabra que define al investigador en sus primeros años. Pero, a menudo, esa fascinación provoca más de un quiebro a la lógica. De este modo, y que me perdonen los jóvenes estudiosos, a veces puede llegar a tenerse la sensación de que uno se lo cree todo.

Posteriormente, llega una etapa de desencanto. La razón es sencilla: el investigador, aún joven, pero despojado de tanto

Los análisis
efectuados por
J. J. Benítez desvelaron
que tras esta fotografía
de un OVNI invisible se
"escondía" un artefacto
semisólido compuesto
básicamente de luz.
¿Es ésta la clave
de la tecnología
casi mágica de los
OVNIs?

idealismo, descubre que dentro del fenómeno OVNI también hay fraude, engaño y exceso de credulidad. Ésta es, pese a todo, la etapa más importante que atraviesa un buscador de Ovnis. Llegar a alcanzarla es de por sí un mérito, porque quedarse atrapado en los preceptos de la primera etapa es lo mismo que certificar el fin del estudioso como digno perseguidor de respuestas. Pero esta segunda fase es la más compleja, porque el desencanto del estudioso puede alcanzar cotas insalvables. Puede descubrir que el estudioso al que adoraba y seguía con devoción en sus primeros años no es en realidad quien creía que era; puede averiguar que esos avistamientos y encuentros OVNI clásicos que llenaban libros y libros, revistas y revistas, no son tan "perfectos" como suponía; puede encontrarse que su propia vida como estudioso no es esa aventura perenne que había creído intuir previamente…

Y fruto de esta etapa de desencanto pueden pasar dos cosas nefastas: en primer lugar, que el investigador abandone el barco hastiado o, en segundo término, que se convierta en un resentido, enarbolando la bandera del "negativismo" y el falso escepticismo.

De los primeros, poco se sabrá, y sus trabajos, pocos o muchos, acabarán por olvidarse. Los segundos, en cambio, son unas personas de difícil catalogación. Su resentimiento hacia el tema OVNI se vuelve patológico. Dejan de investigar, pero permanecen vinculados al asunto desde corrientes preclaras. Acuden a debates para intentar demostrar que los Ovnis no existen, que todo es un fraude y que nada interesante reporta el estudio del misterio. Incluso en tiempos desquiciados en medios de comunicación (tiempos como el actual) podrán dedicarse profesionalmente al negativismo. Pero éstos son individuos que –en la totalidad de los casos– no alcanzaron la tercera etapa como investigadores. Los negativistas o disidentes verán cómo sus antiguos compañeros de ideales escriben artículos, siguen investigando, publican libros… y ellos, por falta de capacidad, de sacrificio o de valor, no lo hacen. Se vuelven entonces contra su antigua búsqueda. Que me perdonen el comentario… Es como el dicho: "No hay peor cura que el rebotado".

Pero si se supera esa segunda etapa –y para ello no hay otra herramienta más que el sentido crítico–, entonces estamos ante un investigador íntegro. ¿Por qué? Porque habrá sabido valorar el verdadero "peso" de las cosas, separando el trigo de la paja y, en su búsqueda, tendrá verdaderamente claro qué es cierto y qué no dentro del complejo mundo de los Ovnis. Éste es el verdadero investigador, un hombre que en su camino llega a la irremediable conclusión de que nos enfrentamos ante un misterio de muy difícil resolución.

Ese investigador –como muy bien explica el más importante de los ufólogos españoles, J. J. Benítez– acaba compilando multitud de pruebas a favor y en contra, tiene multitud de sospechas sobre qué puede o no puede haber detrás de los Ovnis, pero tiene arraigadas unas pocas pero firmes convicciones.

A nivel personal, y después de haber conocido tanta y tanta información y de procesarla, puedo resumir las convicciones del investigador en tres, que he ido desglosando a lo largo de este libro. Se trata de tres principios fundamentales que nos "muestran" los Ovnis:

1–. Son reales.
2–. Tienen naturaleza física.
3–. Se comportan de modo inteligente.

¿QUÉ SABEMOS SOBRE LOS OVNIS?

Se dice que son más de 40 millones de avistamientos. Los hay que todavía elevan la cifra. Es muy difícil saber cuántas veces se han dejado ver los Ovnis, pero lejos de la cifra expuesta, los casos documentados en todo el mundo son varios cientos de miles. El investigador norteamericano Larry Hach ha reunido en torno a 20.000 "expedientes". Sin embargo, y pese a que su trabajo es el más amplio que existe a nivel mundial, apenas dos centenares de episodios corresponden a España. Pero los catálogos españoles, como el efectuado por el periodista Javier García Blanco, reúnen entorno a 4.000 sólo en España. Si esta proporción la extrapolamos a todo el mundo, quizá podemos hablar de unos 400.000 casos OVNI conocidos por los investigadores de todo el planeta.

La cifra es, sencillamente, impresionante. Podemos verlo de otro modo. A lo largo del año 2002, recogí en fichas uno a uno todos los avistamientos de los que tenía noticia a nivel mundial. Y entre enero y junio recopilé en torno a 600 casos. Aproximadamente, la media anual es de 1.200 si exceptuamos los años extraordinarios en cuanto al número de avistamientos. Es una media que se toma en consideración desde 1940, que es cuando se comienzan a producir casos en gran cantidad. La multiplicación nos reporta casi 75.000 avistamientos. Y evidentemente, no he conocido ni todos los que se han divulgado de algún modo ni todos los que se han producido, pero si a estos episodios sumamos los sucedidos antes de 1940, y los que se me han "escapado", la cifra, con toda probabilidad ha de estar muy por encima de los 100.000 casos.

Tomemos este último dato como orientativo para averiguar cuántas personas han visto Ovnis. Porque hay episodios —y muchos— en los que hay más de un testigo por avistamiento. Hay estudios estadísticos que analizan este parámetro. Por ejemplo, uno reciente efectuado por el NIDS (Instituto Para el Avance de las Ciencias). Si extrapolamos esos datos, tenemos que habría del orden de 500.000 personas en todo el mundo que han visto No Identificados. Si tomamos como referencia a Hach, la cifra se eleva a 2 millones de testigos. Y un dato importante: en esta estadística no se cuentan los macroavistamientos, que provocarían multiplicar de forma casi indefinida esta cifra.

Ante este maremagno de datos sólo deseaba que quedase claro uno: la magnitud del enigma al que nos enfrentamos.

Y es que los Ovnis no son un fenómeno ocasional, y los testigos de su paso no son cuatro tipos aislados. Es más: se han efectuado estadísticas que reflejan que entre el 1 y el 3% de la población asegura haber visto en el cielo algo extraño en alguna ocasión.

Por tanto, tan inmensa base documental nos puede conducir a conclusiones respecto al comportamiento de los Ovnis y a sus características concretas. Muchas de ellas estoy estudiándolas de forma precisa y estadística, y en un futuro espero que puedan conducir a respuestas satisfactorias.

Sin necesidad de entrar en números y cifras, en detalles concretos, de los informes OVNI podemos extraer una serie de conclusiones muy asentadas en los archivos de los estudiosos.

Analicemos algunas de estas características de forma somera.

Los Ovnis dejan huella.

Prueba de su realidad física como objetos tridimensionales. Me refiero a huellas de "presión" o de "tracción", aquellas que dejan al aterrizar. A veces son orificios provocados por algo parecido a un "tren de aterrizaje" y en otras ocasiones hendiduras en el terreno. Puede parecer intrascendente, pero estos datos significan que los Ovnis tienen peso.

Interfieren en el entorno.

Al margen del tipo de huellas referidas, existen otras, como por ejemplo las quemaduras en los testigos o en el terreno sobre el que han aterrizado o volado. Este hecho, analizado suficientemente en capítulos previos, incide en la realidad física del fenómeno e incluso lo sitúa en nuestro mundo. Es decir, ya no estamos hablando de un efecto asociado a aquello que haya estado en contacto directo con el objeto, sino a lo que hay alrededor. Esto significa que además de ser físicos emiten algún tipo de energía.

*Modifican el ecosistema.

Aquí subimos un peldaño más. Recordemos por ejemplo los episodios de Ovnis aterrizados en Rusia y en los cuales se había descubierto que la microfauna del entorno sufría modificaciones severas en su organismo, incluso tiempo después del suceso. Por tanto, tenemos que los Ovnis no sólo son físicos, sino que afectan a lo que ha estado alrededor de ellos, incluso a su ecosistema.

*Los Ovnis se desmaterializan: aparecen y desaparecen.

Miles de testigos que han visto ovnis aseguran que estos artefactos se han desvanecido en menos de un suspiro delante de sus ojos. "Estaba ahí, y de repente, ya no estaba", "es como si se hubiera apagado un televisor" o "lo estaba viendo y siguiendo con la vista, ni siquiera parpadeé, y es como si hubiera atravesado una puerta invisible hacia otro lugar", son algunas descripciones que he oído de voz de muchos testigos. No se trata de casos aislados; ocurren muy, muy a menudo.

Una rápida interpretación de cualquiera de estos sucesos —a los que los investigadores denominan desmaterializaciones— nos remite a la arriesgada idea de que el OVNI "atravesó una puerta hacia otra dimensión o mundo paralelo".

Y claro, eso es lo que parece.

Pero ni siquiera sabemos si existen otras dimensiones o mundos paralelos. Hay teóricos de la física cuántica que explican y justifican diversos mecanismos que rigen el Universo solidificando la sospecha de la existencia de esos "otros planos". Pero, repito, sólo es una hipótesis.

Déjeme el lector arriesgar un poco más.

Si trasladamos lo dicho a una lectura en clave tecnológica, esto quiere decir que la inteligencia que opera tras los No Identificados es capaz de manejar a su antojo esas —insisto, permítame el lector el atrevimiento— "puertas dimensionales".

"Puertas" que, en todo caso, no están localizadas, porque este tipo de avistamientos se han producido en mil y un lugares diferentes, probablemente nunca dos veces en el mismo sitio. No son por tanto "puertas" que estén ahí y que estos artefactos aprovechan para escapar de nuestro mundo tridimensional. Son "puertas" que ellos mismos crean. Y para hacerlo deben tener la extraordinaria capacidad de crear un entorno energético que modifique la realidad en la que vivimos. Por tanto, y si es así, hemos de suponer que disponen de unos conocimientos y una tecnología que está a años luz de la nuestra, pero que comenzamos a atisbar en el horizonte. Recientemente, sin ir más lejos, *Nature*, la eminente publicación científica, presentaba un experimento en el que habían participado expertos de varias universidades que habían sido capaces de teleportar un rayo láser, es decir, de hacerlo desaparecer en un punto y volver a hacerlo aparecer en otro. Los científicos advertían de que sólo era un ensayo efectuado con luz, pero podía ser la antesala de un logro similar, pero con materia física.

Aunque en raras ocasiones, las desmaterializaciones han podido ser fotografiadas. Una de las veces que se logró fue en 1957 en Fort Belvoir. El autor obtuvo una secuencia en la cual en torno al objeto se forma una nube antes de que desapareciera de su vista. ¿Acaso esa nube esconde el secreto de la desmaterialización?

Pueden ser invisibles a nuestros ojos.

Después de leer las reflexiones que siguen, usted quizá decida acudir a sus álbumes fotográficos. Y es muy probable que se encuentre con más de una sorpresa. Mentiría si dijera que son cientos las personas que han fotografiado Ovnis invisibles en alguna ocasión, porque en realidad son miles...

Suele ocurrir así: alguien toma una fotografía de un paisaje, de un monumento, de unos amigos o del mar; nadie

Imagen del OVNI invisible tomada en Benidorm. La imagen es
elocuente. Nadie lo vio, solo la cámara fotográfica, gracias a
la especial sensibilidad del negativo, captó
la presencia del artefacto.

ha visto nada extraño, ni siquiera el fotógrafo... Pero cuando
la imagen se revela "algo" extraño aparece en ella. En muchas
ocasiones, es un defecto del negativo. Pero no pocas veces es
algo que estaba ahí y que nadie vio. Y que nadie vio no por
casualidad, sino porque era invisible.

Recuerdo lo que le ocurrió a una buena amiga. Había
estado pasando sus vacaciones en Benidorm (Alicante) en
agosto de 1989. Un día, al mediodía, decidió tomar una foto
del peñón que hay frente a la costa. Le llamaba la atención y
quiso traerse ese recuerdo. Cuando reveló el rollo fotográfico,
sobre el mismo peñón aparecía un disco volante, una especie
de "sombrero chato" de aspecto metálico. Ella había mirado
al peñón antes de sacar la foto; no vio nada, ni entonces ni

Inocente fotografía
familiar revela
una especie de astronauta
detrás de la niña, como
lo revela la
ampliación de ese fragmento
de la foto aquí abajo.

Como se puede ver en el detalle de la foto, arriba a la derecha,
los análisis demostraron que no se trataba de nigún error. Los OVNIs
pueden llegar a ser invisibles y los humanoides...
también, con todo lo que esto supone.

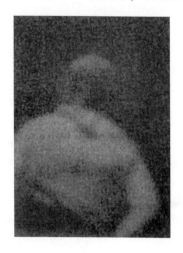

cuando afinó su vista por el mirador de la cámara. Sencillamente, allí no había –aparentemente– nada, pero la fotografía captó ese objeto que podría tener unos 10 metros de diámetro. De haber sido visible, la fotógrafa lo hubiera visto, y si no ella, alguna de las miles y miles de personas que se encontraban en las playas de Benidorm.

Sencillamente, a la vista humana, el OVNI era invisible.

Y casos como éste los hay a miles. Podrían incluso relacionarse con el apartado anterior, pero –y esto no es ciencia cierta, advierto– en mi opinión presentan otro aspecto característico diferente. Porque, por ejemplo, en el caso de Benidorm, aunque nadie fue capaz de ver el OVNI, aquel artefacto estaba ahí y –para entendernos– en esta dimensión. ¿Por qué? Sencillamente, porque como se aprecia en las sucesivas ampliaciones, el OVNI reflejaba la luz solar.

Es importante señalar que la película fotográfica detenta una sensibilidad mayor que la del ojo humano. Si nosotros vemos un espectro de lo visible que, para entendernos, abarca el 80% de la gama lumínica, el carrete fotográfico común capta un 90% de dicho espectro. Si además dicho carrete es de "alta sensibilidad" –por ejemplo carretes de 400 ASA, cuando los comunes son de 100 ASA– o de infrarrojos, captará el 95% y por tanto inmortalizará cosas que a simple vista no podemos ver porque "vibran" a un nivel superior al perceptible por el ojo humano.

Dicho esto, hay que añadir que ese espectro imperceptible por nosotros es sólo de luz. Nuestros científicos no han sido capaces de fabricar objetos invisibles, aunque, por supuesto, todo se andará. No vemos los rayos X, ni los ultravioleta o los infrarrojos, pero existen y en determinadas ocasiones pueden captarse. Quién no ha visto la típica secuencia propia de películas de acción en la que un ladrón entra en un banco o en una joyería con una especie de visor que capta las proyecciones lumínicas que conforman la red de alarma. El ojo humano no detecta esos rayos rojizos y si el sistema de alarma capta que un objeto sólido interrumpe la línea de estos rayos, salta el "sirenazo". Sin embargo, el visor de infrarrojos sí permite al ladrón saber cómo está distribuida esa tela de araña de rayos "invisibles".

Y algún día nuestros científicos seguramente serán capaces de obrar ese milagro de la invisibilidad con objetos sólidos. Tiempo al tiempo...

Por tanto, ¿quién nos dice que la inteligencia que opera detrás del fenómeno no dispone de ese grado de desarrollo que para nosotros es ciencia ficción? A fin de cuentas, el objeto de Benidorm estaba ahí, dentro de nuestro mundo tridimensional, pero invisible a nuestros ojos, aunque no ante las cámaras.

Incluso podríamos aventurarnos más allá y presuponer que ese futuro "estado" tendrá que estar a mitad de camino entre las características de la luz y las de los sólidos. Todo apunta a que el misterio de los Ovnis invisibles se desliza por ahí. Hace ya muchos años, en un congreso ufológico celebrado en El Vendrell (Tarragona), Roser Castelví, una mujer vinculada al estudio de los No Identificados y en especial al de los supuestos contactados por extraterrestres, me mostró una fotografía obtenida cerca de Cuzco, en Perú, por Ramona Criballés. La imagen se obtuvo en el llamado Valle Sagrado de los incas. Cuando se tomó, la autora no vio nada en el cielo, pero al revelar la película apareció un sorprendente fenómeno en el cielo, algo parecido al costillar humano que forma la caja torácica pero completamente luminoso. La imagen fue sometida a un análisis por el investigador J. J. Benítez, que en su libro *Mis Ovnis favoritos* (Planeta, 2001) expone los resultados del citado estudio, que concluyeron que el objeto fotografiado "era un cuerpo de naturaleza semisólida integrado básicamente por luz", estudio que confirma lo que antes señalaba sobre ese "estadio intermedio".

A este tipo de hecho habría de sumarse el inmenso arsenal documental que existe sobre Ovnis captados en radar, a veces reflejando manifiestamente comportamientos inteligentes y propios de una avanzada tecnología, que sin embargo, pese a estar perfectamente localizados, nadie ve en los cielos. La casuística ufológica está llena de avisos recibidos por pilotos de caza y de aviones comerciales a los que se advierte de la presencia cerca de ellos de aeronaves no identificadas que –pese a estar ahí, de lo contrario el radar no las detectaría– son incapaces de avistar.

En los archivos secretos del Ejército del Aire español existen varios informes de estas características, entre ellos uno harto excepcional relativo a un suceso ocurrido el 14 de enero de 1975 cuando a la base de Talavera la Real (Badajoz) se aproximaba en un avión DA–20 el ministro del Agricultura, Allende y García Baxter. Los radares de la base detectaron sobre las proximidades de las instalaciones nada menos que ocho ecos no identificados. Los operadores preguntaron al piloto del vuelo oficial si traían escolta… La respuesta fue negativa. El DA–20 volaba solo, aparentemente… Los objetos llegaron incluso a situarse tras el avión aproximándose a la cabecera de la pista, escoltando al avión oficial y respondiendo de forma inteligente a las señales electrónicas que enviaba el radar. Nadie vio a aquellos objetos, pero estaban ahí, invisibles para el ojo humano…

La "invisibilidad" de los Ovnis nos puede sumergir en auténticos debates. Más que por lo que supone a nivel tecnológico, por una interpretación puramente filosófica. Si los

Ovnis pueden ser invisibles, uno de estos artefactos puede estar ahora mismo en cualquier lugar, controlando furtivamente nuestros movimientos, detrás de nosotros, encima de nosotros, frente a nosotros...

Pero ésa es otra diatriba.

Cambian de forma.

"Era una esfera, y en pocos segundos, se trataba de un objeto alargado". Nuevamente estamos ante cientos de testigos que nos aseguran que los Ovnis son capaces de modificar su aspecto. Sí: los No Identificados pueden cambiar de forma. Y esto es difícil de admitir, muy difícil teniendo en cuenta que suponemos que se trata de objetos sólidos, pero como ya hemos visto, los No Identificados poseen características más que particulares. Sea como sea, esas transformaciones son reales y los medios tecnológicos que utilizan para conseguirlas se escapan a nuestra comprensión.

A veces da la impresión de que la inteligencia que está detrás de los Ovnis juega a la magia con nosotros. Sólo los ilusionistas son capaces de hacernos creer cosas que son imposibles... Y, ¿no será eso lo que intentan los tripulantes de los Ovnis? ¿Son... ilusionistas... magos... artistas del engaño? ¿Vemos lo que quieren que veamos? ¿Interpretamos en sus acciones lo que pretenden que interpretemos? Quien sea capaz de responder a estas cuestiones, posiblemente resuelva el enigma de los Ovnis. Servidor se siente incapaz de hacerlo... De momento.

Desafían leyes fundamentales.

Las maniobras que hacen los Ovnis vulneran una serie de principios básicos o, cuanto menos, nos presentan características que hasta ahora son dominio de la ciencia ficción.

Hace veinte años, por ejemplo, parecía imposible el diseño de un avión capaz de burlar los radares. Pero ya se ha conseguido. Entonces, es probable, más que probable, que en un futuro nuestra aeronáutica sea capaz de "imitar" alguna de las capacidades que manifiestan los Ovnis. Por ejemplo, su velocidad. Y no me refiero sólo a las grandes velocidades que desarrollan los Ovnis, sino a todo lo contrario. Se han dado casos en los cuales objetos de gran tamaño se desplazan muy lentamente a baja altura. En Bélgica, durante la oleada de 1980–90, muchos testigos vieron misteriosos artefactos triangulares desplazándose muy lentamente –de 30 a 40 kilómetros a la hora– sobre pueblos y ciudades. Se llegó a suponer que se trataba de prototipos experimentales de las grandes potencias militares, pero este hecho descalifica tal hipótesis explicativa: los modernos aviones, si viajan a tan escasa velocidad a baja altura, sencillamente, caen por su propio peso.

Y, por supuesto, viceversa. Modernas naves espaciales son capaces de volar, a una cota relativamente baja, a velocidades próximas a los 40.000 kilómetros por hora. En muy pocas ocasiones los radares han detectado Ovnis a tal velocidad, pero cuando lo hacen se produce a una altura excesivamente baja.

Más inquietante es el asunto de las aceleraciones. Quizá nuestras naves pueden en circunstancias extremas alcanzar velocidades endiabladas, pero lo que no pueden lograr es lo que en tantos Ovnis se ha registrado: aceleraciones por encima de los 40 G.

La fuerza de la gravedad –denominada "G"– puede quebrarse por un F-16 hasta 10 veces. Pero si esa aceleración es mayor, el piloto que conduce ese caza moriría aplastado. Los Ovnis, en cambio, sí son capaces de efectuar maniobras todavía impensables. Cierto es que en cohetes y en circunstancias extremas, se han llegado a superar los 20 G. Pero…

ningún piloto puede soportar tal cosa si el vuelo del artefacto que comanda ejecuta maniobras más allá de lo que es un vuelo lineal. Porque los Ovnis son capaces de llevar a cabo maniobras a más de 20 G que ningún artefacto pilotado puede hacer. Me refiero, por ejemplo, a los cambios de dirección bruscos de los No Identificados: giros en ángulo recto, picados bruscos o cambios de 180 grados en su dirección. Ninguna de esas maniobras, a esas velocidades, puede ser ejecutada por nuestras naves. Y tardaremos cientos de años en lograrlo. Quizá miles. Y cuando lo hagamos… probablemente estemos en disposición de poder ir más allá de nuestro Sistema Solar, convirtiendo nuestras naves espaciales en Ovnis para civilizaciones lejanas.

¿DE DÓNDE PROCEDEN?

La sociedad del siglo XX, gobernada por la tecnología y la influencia mediática, ha convertido a los Ovnis en sinónimo de "naves extraterrestres". Tanto es así que cuando a alguien se le pregunta si cree en Ovnis, su respuesta, en muchos casos, es algo así: "Es muy egoísta pensar que somos los únicos seres inteligentes que hay en el Universo".

Ya nadie puede romper ese binomio, pese a que no hay pruebas de que los Ovnis sean naves extraterrestres. El origen alienígena de los No Identificados no es más que una hipótesis, por mucho que sea la que quizá nos parezca la más adecuada a tenor de la magnitud del enigma que investigamos.

Abordaré brevemente el tema de las diferentes teorías que existen, descartando entre ellas aquellas que identifican los Ovnis con hechos conocidos, convirtiéndose en OVIs (Objetos Volantes Identificados). Me refiero a aquellos casos en que tras un análisis meticuloso se descubre que en realidad fueron provocados por estrellas, planetas, aviones, globos sonda, fenómenos atmosféricos, etc. A nosotros nos interesa el remanente de casos sin explicación, que algunos reducen al 2 por ciento de casos, pero que las investigaciones más críticas no han logrado rebajar del 30 por ciento.

Podemos efectuar la siguiente subdivisión entre las diferentes hipótesis existentes para explicar esta terrible incógnita:

*Terrestres:

–Los Ovnis son prototipos aeronáuticos secretos de las grandes potencias militares.

–Son fenómenos naturales desconocidos.

*Alternativas:

–Viajeros en el tiempo o crononautas.

–Intraterrestres.

–Naves de habitantes desconocidos del planeta.

*No terrestres:

–Son extraterrestres.

–Proceden de mundos paralelos o de otras dimensiones.

–Son inteligencias o formas de vida que no podemos imaginar.

Más allá de estas hipótesis, apenas ninguna otra tiene predicamento. Y eso que teorías como la de los seres intraterrestres o los habitantes desconocidos del planeta se caen por su propio peso.

Teniendo en cuenta lo expuesto anteriormente respecto a los principios básicos del fenómeno OVNI y a las características tecnológicas de los No Identificados, las hipótesis agrupadas en el apartado de "no terrestres" son las que más agradan a los expertos.

En una encuesta que efectué en la página web mundo-misterioso.com, visitada por investigadores y aficionados a los enigmas y misterios de nuestro mundo, un 46 por ciento creían que era posible la visita de seres de otros planetas y un 36 por ciento no tenía la más mínima duda de que era así. Es decir, cuatro de cada cinco visitantes interpretaban como factible esta hipótesis, sólo negada de forma tajante por el 4% de los encuestados.

Y sin embargo, las hipótesis "no terrestres" plantean también infinitas dudas. En especial, la extraterrestre. Si bien es cierto que en los últimos años el descubrimiento de planetas extrasolares y de agua fuera de la Tierra ha alimentado la esperanza de encontrar formas de vida ajenas a nosotros –y ya parece cuestión de aguardar al hallazgo–, las posibilidades de que civilizaciones alienígenas nos visiten chocan contra determinados criterios científicos. Porque, por ejemplo, viajar más rápido que la velocidad de la luz es imposible. También es cierto que en tiempos fue una quimera pensar en volar –era anticientífico pensar que algo más pesado que el aire pudiera desplazarse sin tocar tierra–, y tiempos después también se aseguraba que hacerlo más rápido que la velocidad del sonido quebraba las verdades científicas. Sin embargo, las leyes de Einstein se nos antojan invulnerables. Su famosa fórmula nos explica que cuando un objeto alcanza la velocidad de la luz su masa crece de forma infinita. Por tanto, los famosos 300.000 kilómetros por segundo son insuperables. Así pues, si los Ovnis son naves de otros mundos, o bien han logrado superar esa velocidad de algún modo para poder efectuar desplazamientos interestelares sin que se demoren miles de años en cruzar el espacio, o bien han encontrado otro modo de desplazamiento, quién sabe si a través de los famosos agujeros de gusano, los agujeros negros o mediante teleportación o "puertas espacio-temporales".

El hecho indiscutible es que tenemos un fenómeno absolutamente documentado y que se manifiesta de forma masiva. Un fenómeno que tiene origen inteligente y que se muestra ante nosotros haciendo demostración de excelentes dotes tecnológicas. Un fenómeno que existía mucho antes de que se desarrollaran nuestros aviones y que sigue ahí, presente, vivo y obligándonos a un esfuerzo intelectual que choca frontalmente contra todo lo conocido. Un fenómeno que plantea enormes dudas filosóficas (¿Por qué los Ovnis dejan huellas de combustión sin son naves tan avanzadas?, ¿por qué si vienen de tan lejos no se les detecta entrando por la atmósfera salvo en contadas ocasiones?, ¿por qué se comportan de forma tan absurda, como si interpretaran una función surrealista?, etc), pero que, al margen de ellas, existe.

Ahora bien, el comportamiento de los Ovnis es esquivo. Salvo de forma puntual, no deja pruebas definitivas de su existencia. Juegan a una especie de política del "mírame y no me toques". El fenómeno tira la piedra, y luego esconde la mano. Por un lado es innegable (véase la infinidad de casos sólidos, documentalmente hablando, que he expuesto en este libro) y, por otro, es tremendamente escurridizo.

Y hay otra cuestión más irritante: la ausencia de contacto con las inteligencias que operan detrás de los Ovnis, que a mi entender, y sólo a mi entender, resultan próximas a las hipótesis "no terrestres".

Vamos a abordar, desde esta perspectiva, esta cuestión que tanto y tanto ha dado que hablar.

¿QUÉ PASARÍA SI ENTRARAN EN CONTACTO CON NOSOTROS?

Una voz profunda y firme atravesó los aparatos de radio de millones de ciudadanos norteamericanos la noche del 30 de octubre de 1938. Aquella impactante emisión comunicaba al mundo entero, entre explosiones y gritos, que el contacto con los extraterrestres se estaba produciendo, pero que los visitantes estaban arrasando todo lo que encontraban a su paso, reduciendo a escombros ciudades enteras.

Una ola de pánico comenzó a recorrer el país. Miles de personas se lanzaron a las calles gritando; otras saltaron al vacío desde los rascacielos neoyorquinos...

Y, sin embargo, todo era la representación radiofónica del libro *La guerra de los mundos*...

La voz del joven actor Orson Welles se encargó de comunicar el relato con toda la intensidad y terror que se merecía.

Ahora, seis décadas después, seríamos incapaces de responder a una inquietante pregunta: ¿Qué ocurriría si los extraterrestres entraran en contacto con nosotros? ¿Cómo sería su actitud, hostil o pacífica? ¿Entraríamos en una nueva era o seríamos presa de un "atasco" evolutivo que acabaría con nuestra civilización?

Lo cierto es que nueve años después de aquella emisión, los platillos volantes comenzaron a aparecer en los mismos cielos que Orson Welles imaginó cubiertos de agresivos marcianos. A esos objetos, más tarde llamados Ovnis, se les atribuyó un origen ajeno a nuestro planeta y hoy siguen surcando los cielos, dando pruebas parciales de su existencia, pero sin manifestarse abiertamente, generando la gran duda: ¿Entrarán en contacto con nosotros? Y así mismo, levantando una gran sospecha: ¿Responde su extraña actitud a un lento plan de concienciación de la humanidad hasta que llegue el día en que se manifiesten abiertamente?

Veamos lo que piensan algunos ufólogos…

Juan José Benítez cree que "estas civilizaciones quizá estén preparando al mundo para ese lejano pero ineludible apretón de manos cósmico". Carlos Ortiz de la Huerta, un investigador mexicano, opina que el objeto de la aparición masiva de Ovnis en nuestro planeta "es derribar las barreras psicológicas y culturales, abriendo la mente humana a otras realidades". Ignacio Darnaude, especialista sevillano que es uno de los grandes estudiosos OVNI de nuestro país, considera que semejante cantidad de apariciones de Ovnis son parte de "un espectáculo para domesticar la recalcitrante mente humana, que acabará aceptándolos como un fenómeno rutinario, algo así como un vasto plan educativo a largo plazo".

En definitiva, son muchos los investigadores que coinciden en que el extraño y elusivo comportamiento del enigma OVNI responde a una especie de lento proceso de concienciación. Desde luego, eso parece, a excepción de que seamos incapaces de poder comprender qué pretenden los "visitantes", lo cual, por qué no, también es más que posible.

Pero si algo nos llama la atención es la forma en la que se lleva a cabo ese plan. Las investigaciones de campo del fenómeno OVNI han llevado a algunos investigadores –incluyendo a quien escribe estas líneas– a la conclusión de que el fenómeno juega, como anteriormente decía, a un irritante "mírame y no me toques", como lo definió el director de la revista *Año cero*, Enrique de Vicente, convirtiéndose todo en un absurdo teatro en donde naves y tripulantes tienen formas y comportamientos inexplicables.

Pero, en cincuenta años, el fenómeno OVNI ha impactado tan fuertemente en el psiquismo colectivo que cualquier cosa puede ocurrir, como si hubiéramos entrado en lo que Javier Sierra, director de la publicación *Más Allá* definió como "punto de no retorno". Aunque lo que se ha conseguido –y de ahí que ésta sea una de las cuestiones que más se hacen quienes debaten sobre el enigma OVNI– es que asimilemos como posible la idea de que el contacto puede producirse.

Numerosos investigadores sospechan que estos seres, a los que presumimos una inteligencia superior y avanzados conocimientos, saben cuáles serían las repercusiones culturales y sociales que un contacto brusco podría causar en la humanidad. ¿No estamos, por lo tanto, preparados para ese día del contacto? Así piensan algunos estudiosos, quienes sospechan que ese "apretón de manos cósmico" precisaría de una fase previa en la que ese lazo terrestres–extraterrestres se administraría en pequeñas dosis, con el único fin de evitar las nefastas consecuencias que podría tener, por buenas que fueran las intenciones de los tripulantes de los Ovnis. Carlos Ortiz de la Huerta cree que ese plan de concienciación se realiza por dos vías diferentes: por un lado, a través de las continuas apariciones de Ovnis en el mundo y, por otro, estableciendo comunicación con determinados individuos. Si tomamos en consideración lo que los contactados nos explican, llegamos a la conclusión de que ese mensaje que transmiten los presuntos extraterrestres es más bien inmovilista, aportando poco o nada que no sepamos y haciéndonos dudar de que dichos personajes formen parte de plan alguno.

Aunque lo cierto es que si analizamos y estudiamos el comportamiento de los Ovnis llegamos a la conclusión de que lo que ellos parecen pretender es manifestarse tal y como lo hacen. Cabe suponer que "si lo desearan –explicaba el ufólogo galo Jacques Scornaux antes de apuntarse al negativismo–, podrían esconderse totalmente de nosotros", aunque existan encuentros del tercer tipo en que los tripulantes de los Ovnis rehuyen o evitan comunicación alguna con los testigos, que a veces son repelidos de forma agresiva, sin olvidar que sí se produce una comunicación con el presunto tripulante que, sin embargo, en la mayoría de los casos tiene un carácter decididamente ridículo e infantil.

Eso sí, todo apunta a que la presencia de los Ovnis es mucho más real de lo que parece, ya que como explicaba páginas atrás en muchas ocasiones los ufólogos nos hemos encontrado ante fotografías de Ovnis tomadas por personas que no pretendían fotografiar nada anormal, sino paisajes o personas. Fotografías que, tras el revelado, han delatado la presencia, invisible antes para nuestros ojos, de humanoides o de objetos de apariencia metálica.

¿ES POSIBLE EL CONTACTO?

Aimé Michel, uno de los más destacados filósofos de la ufología, argumentaba que "la ausencia de contacto es uno de los elementos del magno festival del absurdo extraterrestre y el problema número uno que nos plantea el fenómeno".

Ignacio Darnaude escribió hace unos años una documentadísima obra aún inédita titulada *Las razones del no-contacto extraterrestre*. Ahí analiza una por una las razones por las que estos seres no entran en comunicación abierta con nosotros. Explica que el primer motivo es "obstaculizar nuestra autodestrucción", ya que los nuevos conocimientos que acarrearía el contacto "se aplicarían con seguridad a fines bélicos; las naciones se atacarían mutuamente con sus flamantes superbombas y nuestra raza 'adánica' habría acabado". Por otra parte, sugiere Darnaude, los extraterrestres evitarían de esta manera un colapso cultural y la atrofia mental de nuestra civilización.

Aimé Michel, en busca de una respuesta al no-contacto, llegó a escribir: "El contacto entre razas de diferentes orígenes biológicos es imposible. Los insectos perciben el contacto con un naturalista, pero sólo a su nivel, y no están capacitados para participar en un voluntario *feedback* de información".

Jacques Scornaux y Christine Piens se plantean la probabilidad de que estos extraterrestres sean científicos interesados en el asombroso desarrollo técnico alcanzado por la humanidad después de la Primera Guerra Mundial, lo que explicaría su masiva presencia en nuestros cielos, "justificando de forma excelente la ausencia de contacto".

Antonio Ribera, el padre de la ufología española, es quizá más práctico y explica que "las razones del no-contacto, si alguna vez se saben, pueden ser tan imprevistas, tan sorprendentes, que ahora nos resulten inimaginables, por mucho que los contactados insistan en que no estamos preparados". A este respecto, resulta significativo un episodio de supuesto contacto protagonizado por el científico Andrija Puharich y el dotado psíquico Uri Geller –quien piensa que sus poderes paranormales tienen un origen ajeno a la Tierra– con una nave presuntamente extraterrestre. Sus tripulantes les contaron que "buscamos que la humanidad se acostumbre a nosotros, porque aterrizaremos en la Tierra… Conocemos a la raza humana desde hace miles de años y sabemos cómo se aterroriza, cómo cunde el pánico y cómo nos adoran de forma abyecta. Por todo ello hacemos que se acostumbren a nosotros de forma gradual".

Otras fuentes piensan que la humanidad sufre algo similar a una "cuarentena cósmica". Según esta tesis, los extraterrestres nos crearon y guiaron hasta el momento en que la humanidad se desvió del camino adecuado. Cuando reconduzcamos nuestra situación, esos dioses de otros mundos volverán a dar la cara, abandonando las "nubes del engaño" en las que se manifiestan hoy, según la acertada metáfora del investigador Andreas Faber-Kaiser.

Una línea similar fue la marcada por Dante Minazzoli en su obra *¿Por qué los extraterrestres no se manifiestan abiertamente?* Este investigador argentino analizó la cuestión desde el punto de vista del materialismo dialéctico de Marx, dando por hecho algo que nadie se atreve a negar: el Universo es un hervidero de vida. Según Minazzoli "es imposible acceder a la comprensión del fenómeno OVNI sin analizar la naturaleza contradictoria del mundo en que vivimos: un contraste evidente y aberrante entre su desarrollo tecnológico y científico y su atraso social y espiritual, lo que convierte a la Tierra en un lugar poco recomendable para establecer contacto con los humanos". Sólo cuando ese desequilibrio desaparezca, podríamos optar al contacto cósmico…

Pero existe un problema aún mayor: los múltiples y diversos tipos de naves y humanoides observados a lo largo y ancho del globo terráqueo sugieren que los Ovnis podrían tener una diversidad de orígenes tal que implicaría diferentes intenciones, siendo el problema del contacto aún mayor. Pero claro, esto supondría que somos visitados por diferentes razas de alienígenas, lo que nos provoca una nueva diatriba filosófica: ¿Por qué somos un centro de atención cósmico? Por ello –y a título personal– muchas veces me he decantado por pensar algo que ya he sugerido: el fenómeno OVNI actúa deliberadamente así, como pretendiendo transmitir una idea, como si se tratara de un enorme teatro en el que vemos la apariencia, pero no el fondo.

Carl Gustav Jung, gran explorador del inconsciente colectivo y fascinado por el enigma de los Ovnis, también se planteó la posibilidad del contacto definitivo con los extraterrestres. Las consecuencias, según él, serían nefastas: "Nos arrebatarían las riendas de nuestras manos y encontraríamos nuestras aspiraciones intelectuales y espirituales tan desfasadas que nos veríamos paralizados por completo". Y es que los precedentes históricos son reveladores: cuando una civilización entra en contacto con otra de mayor adelanto tecnológico, la primera se colapsa e incluso desaparece, como ocurrió con las civilizaciones precolombinas tras el descubrimiento de América. Scornaux es de esta opinión: "Surgirían relaciones de dueño a esclavo, e incluso sin desearlo, la civilización exterior nos destruiría". Roberto Pinotti, un muy buen investigador italiano, predice que tras el contacto "llegaría la anomia, una falta total de reglas que desencadenaría la desintegración de la estructura social". Igual de pesimista es Aimé Michel, para quien "nuestra sociedad estallaría en mil pedazos, hundiéndose nuestra cultura, nuestra moral, nuestras religiones…, entrando en un caos del cual ninguna catástrofe histórica podría darnos ni siquiera una idea".

Nuestra ciencia, que es a fin de cuentas la que hace progresar al ser humano en busca de un profundo conocimiento de las cosas, quedaría estancada y reducida a simple curiosidad: bastaría con preguntar a esos extraterrestres y tendríamos respuesta o soluciones para casi todo. Por no hablar del choque que dicho contacto supondría para las diferentes religiones del mundo: ¿Qué ocurriría si descubrimos que ellos practican otras creencias? ¿Y si han tenido sus propios "Hijos de Dios"? ¿Sus propios Jesucristo, Buda,

Mahoma…? El padre Antonio Felices y otros sacerdotes que han estudiado el fenómeno OVNI sostienen que "la muerte de Jesús de Nazaret por los hombres sirvió de redención para todos los habitantes del Universo". Pero tal cosa es una soberana incongruencia. Vamos, que viene a significar que presuntos habitantes de un planeta en torno a la estrella de Alfa Centauro leen los evangelios. O lo que es peor: los tripulantes de los Ovnis vendrían aquí para robarnos Biblias. No: este mensaje antropocéntrico de la Iglesia, sugerido también por el cardenal Corrado Balducci, muy próximo al Papa, es una solemne tontería. Más bien, hemos de pensar que si en la propia Tierra existen diversos cultos religiosos fundamentados en las enseñanzas de diversos profetas, ¿qué no ocurrirá fuera de aquí? Lo que sí es probable es que, siendo como estoy suponiendo que son –civilizaciones tan avanzadas como para visitarnos– han tenido que superar la confrontación entre credos, que no es sino el origen de todos y cada uno de los conflictos. Sólo una civilización planetaria que haya atravesado esa etapa –quién sabe si necesaria para subir al siguiente escalafón– podría aunar esfuerzos tecnológicos en la conquista espacial. De todas formas, muchos piensan que en la aparición de las religiones participaron activamente los supuestos extraterrestres. Es más, según afirma Jacques Vallée, "el modo de actuación del fenómeno OVNI sigue el modelo de los milagros religiosos". Y, ¿por qué es así? Me atrevo a sospechar que, probablemente, porque la dependencia de la religiosidad es una fase que debemos atravesar, al igual que tendremos que "romper" hacia otra forma de espiritualidad en el futuro. Y el fenómeno OVNI, y lo que en sí significa, invita a ello. Visto así, quienes piensan en que atravesamos una "fase de concienciación" pueden estar en lo cierto, salvo en que tras ello sea necesario el establecimiento de un contacto.

MIEDO AL CONTACTO

Las consecuencias del posible contacto, a medio y a largo plazo, se prevén tanto o más nefastas. Darnaude predice un caos absoluto: "La sobreexcitación produciría disturbios. Las vías de comunicación quedarían bloqueadas y las fuerzas de seguridad se verían impotentes ante una ola de vandalismo y saqueos. Se instauraría la ley marcial y proliferarían los suicidios y los derrumbes emocionales. La oligarquía financiera y las multinacionales (que perderían su poder y dominio sobre el hombre, su consumo y costumbres) se aliarían con la mafia… En cualquier caso, supondría el paroxismo de la violencia y un conflicto total y autodestructivo para la especie humana". Mal color, por lo tanto, admitiendo incluso que tras el *shock* y el caos iniciales triunfara el contacto, que aparentemente generaría unas relaciones sociales menos dominadas por los anteriores poderes establecidos.

También la NASA se ha preguntado cuáles serían esas consecuencias. De hecho, en un informe de 1959 solicitaba una investigación sociológica "puesto que las consecuencias de tal descubrimiento serían impredecibles". El estudio se le encargó al Instituto Brookings, que llegó a la conclusión de que "sociedades seguras de su propia situación se han desintegrado cuando se han enfrentado a una sociedad superior, mientras otras han sobrevivido gracias a esos cambios", pero se hizo hincapié en que, en nuestra desconcertante situación actual, ese contacto tendría consecuencias tan dramáticas como las ya expuestas anteriormente. La USAF, por su parte, realizó en aquellas fechas otro estudio en el cual se insinúa que el contacto acabará con los intereses creados.

Sin embargo, otros estudiosos van más allá.

Roberto Pinotti es uno de ellos. Piensa que las máximas autoridades de la Tierra saben las consecuencias que tendría ese contacto, e incluso sugiere que a escala extraoficial ya podría haberse producido. Para ocultarlo, esos órganos de poder estarían tras las campañas de negación de la realidad OVNI, con el objetivo de que asimilemos lentamente la presencia extraterrestre. Pinotti cree que el proyecto SETI, Búsqueda de Vida Extraterrestre Inteligente, también se incluye dentro de ese plan educativo. Darnaude opina que hay campañas de desprestigio para desorientar a la opinión pública, puestas en marcha por un "poderío subterráneo" que se opondría a un contacto abierto, bien porque el contacto supondría el fin de sus privilegios o bien porque se creerían en la responsabilidad de evitarlo a toda costa, a sabiendas de sus dramáticas consecuencias.

Quizá toda esa componente absurda del fenómeno OVNI se deba a que los modelos de pensamiento de los extraterrestres, y por lo tanto su forma de actuar, son muy diferentes a los nuestros. Scornaux estima que el hombre se siente "obligado a proyectar sobre los extraterrestres sus propias acciones" y tal vez acierte, ya que nadie puede demostrar que los parámetros de pensamiento de entidades desarrolladas en otros planetas sean iguales a los nuestros. Quizá lo comprensible para nosotros sea incomprensible para otras inteligencias y el contacto con un pensamiento estructurado de forma diferente no entre en sus planes. Al menos, según lo que entendemos nosotros como contacto. "Si han seguido una línea evolutiva distinta, su inteligencia se habrá desarrollado en otra dirección, con mecanismos sensoriales diferentes", argumenta Darnaude a la hora de justificar el no-contacto.

Aimé Michel aboga por la posibilidad de un contacto invisible que incluso se podría haber producido ya "a otro nivel indiscernible para nosotros". Ese nivel podría estar en nuestras conciencias, aunque seamos incapaces de percibirlo. Y ya hay quien sugiere que están llevando a cabo el contacto de forma subterránea, activando nuestras conciencias y actuando como agentes de demolición cultural, según Carl Raschke, del Departamento de Estudios Religiosos de la Universidad de Denver (EE.UU.). Por lo tanto, la ausencia del contacto sería sólo aparente y éste estaría establecido en otros parámetros más lógicos para la psicología extraterrestre. A fin de cuentas, la presencia de los Ovnis, con lo que éstos suponen de reto, ha contribuido a cambiar al hombre mental y culturalmente. De momento, sólo podemos especular, porque la magnitud del problema parece estar lejos de nuestra comprensión.

Un grito de esperanza

José Antonio Silva, fallecido recientemente, era piloto de líneas aéreas, químico, periodista y escritor. Surcando los cielos llegó a observar objetos desconocidos que escapaban a su comprensión; retransmitió para TVE la llegada del hombre a la Luna y fue autor de un clásico de la ufología: *Mística y misterio de los Ovnis*. Al final de su obra se planteó la posibilidad del contacto definitivo con los extraterrestres de la siguiente forma:

"Dominan técnicas que nosotros desconocemos totalmente y son, comparados con nosotros, lo que nosotros representamos para las hormigas. Vienen en son de paz, o ya nos hubieran barrido, y están llegando ahora y estableciendo los primeros contactos con una humanidad de borregos en donde siempre hay algunos de diferentes colores. Seres singulares, muchos de los cuales los han previsto".

"Con ellos y por ellos –prosigue Silva– comenzará el contacto y la expedición extraterrestre cumplirá sus objetivos y se podrá desarrollar entre nosotros la semilla de la sabiduría, aunque sólo el tiempo podrá decirlo. Pero un día, lejano o cercano, el primer contacto se producirá y nuestra vida habrá cambiado profundamente. Una legión de hombres y mujeres espera ese encuentro. Y no habrá miedo cuando éste se produzca. En definitiva, los estaban esperando, y ya tardaban demasiado".

Ojalá el bueno de Silva –y ésta es mi esperanza– tenga razón y algún día podamos asistir, cuanto antes mejor, a la que sería la noticia más importante de la historia de la Humanidad: el contacto con otras inteligencias.

Después de perseguir a estos misteriosos objetos por pueblos y ciudades, bosques y desiertos, creo –y si me apuran, sé– que estos seres son "medianamente" (sustituyan esa calificación por "mágicamente") inteligentes, tanto como para matizar y controlar las consecuencias del previsible y, según algunos, nefasto *shock* que supondría el contacto abierto.

Sería maravilloso asistir a ese momento.

Porque ese día nuestro futuro estará en el mismo lugar que nuestro pasado: ¡en las estrellas!

Bibliografía

Este libro es fruto de muchos años de trabajo e investigación. Las piezas documentales que conforman el trabajo efectuado se fundamentan en una impenitente labor de información. Investigaciones personales, intercambios con otros estudiosos, publicaciones especializadas, informes elaborados por ufólogos de todo el mundo... Se exponen a continuación algunas obras en castellano que el lector puede conseguir, bien en librerías generales o bien en librerías de viejo.

BALLESTER OLMOS, Vicente Juan y GUASP, Miguel. *Los OVNIs y la Ciencia*. Barcelona: Plaza & Janés, 1982.

BENÍTEZ, J.J. *La quinta columna*. Barcelona: Planeta, 1990.
---. *Mis OVNIs favoritos*. Barcelona: Planeta, 2001.
---. *La gran oleada*. Barcelona: Planeta, 1982.
---. *Materia reservada*. Barcelona: Planeta, 1993.
---. *Incidente en Manises*. Barcelona: Plaza & Janés, 1980.
---. *Alto secreto*. Barcelona: Planeta, 1992.

BOURRET, Jean-Claude. *La nueva ola de platillos volantes*. Barcelona: ATE, 1975.

CARBALLAL, Manuel. *Los expedientes secretos*. Barcelona: Planeta, 2001.

CARDEÑOSA, Bruno. *Los archivos secretos del Ejército del Aire*. Orense: Bell Book, 1998.

DANYANS, Eugenio. *OVNIs: enigma del espacio*. Barcelona: Plaza & Janés, 1980.

DURRANT, Henry. *Humanoides extraterrestres*. Barcelona: ATE, 1978.

EDWARDS, Frank. *Platillos volantes... aquí y ahora*. Barcelona: Plaza & Janés, 1976.

FABER-KAISER, Andreas. *Las nubes del engaño*. Barcelona: Planeta, 1984.
---, *OVNIs: el archivo de la CIA*. Barcelona: ATE, 1981

GÖSTA REHN, K. *Dossier OVNI*. Barcelona: Martínez Roca, 1978.

JIMÉNEZ DEL OSO, Fernando. *El síndrome OVNI*. Barcelona: Planeta, 1984.

JIMÉNEZ, Iker. *Encuentros*. Madrid: EDAF, 2002.

MURCIANO, Carlos. *Algo flota sobre el mundo*. Madrid: Prensa Española, 1967.

PEYRO, Miguel. *¿OVNIs? Sí, pero…*. Barcelona: 7 1/2, 1979.

RIBERA, Antonio. *El gran enigma de los platillos volantes.* Barcelona: Pomaire, 1966.
---. *Galería de Condenados.* Barcelona: Planeta, 1984.
---. *El túnel del tiempo.* Barcelona: Planeta, 1984.
---. *Encuentros con humanoides.* Barcelona: Planeta, 1982.
---. *Los humanoides* (en colaboración con Michel, Vallée, Creighton y Lorensen). Pomaire, 1967.
---. *Cartas de tres herejes* (con Michel y Vallée). Madrid: Corona Borealis, 1999.

SHEAFFER, Robert. *Veredicto OVNI.* Gerona: Tikal, 1994.

SIERRA, Javier. *Roswell, secreto de estado.* Madrid: Edaf, 1996.

STEIGER, Brad. *Proyecto Libro Azul.* Madrid: Edaf, 1977.

VALLÉE, Jacques. *Pasaporte a Pagonia.* Barcelona: Plaza & Janés, 1976.

VARIOS AUTORES. *Enciclopedia Más Allá de los OVNIs.* Madrid: Heptada, 1992.

VARIOS AUTORES. *Enciclopedia Lo Inexplicado.* Barcelona: Delta, 1981.

Revistas

Año cero, América Ibérica.

Enigmas del Hombre y del Universo, América Ibérica.

Más Allá de la Ciencia, M.C. Ediciones.

Mundo Desconocido, desaparecida en 1982.

Karma-7, desaparecida en 2001.

Contactos extraterrestres, desaparecida en 1981.

Espacio y Tiempo, desaparecida en 1993.